比較認知科学

藤田和生

比較認知科学（'17）
©2017　藤田和生

装丁・ブックデザイン：畑中　猛

s-39

まえがき

　ヒトは動物界の中ではかなり風変わりな存在である。二本脚で直立して歩き，空いた手で器用に道具を操り，家を建て，広場を作り，陸生動物であるにもかかわらず海に潜り，空を駆け，果ては宇宙にまでその足跡を広げようとしている。自ら「賢いヒト（Homo sapiens）」と名乗るほどの複雑な情報処理装置としての巨大な脳を持ち，知恵を絞り，ひ弱な体でありながら集団で大きな動物を倒し，農業を興し，多くの動物の繁殖を制御して家畜にし，文明を築いた。このような動物は，地球上ではヒトだけである。

　しかし，いかに風変わりな動物であろうと，ヒトが38億年の生物の進化の所産であることに疑いはない。にもかかわらず，ヒトは自身を特別視したがる。ヒトは動物界において，他の動物たちとは一線を画した特別な存在だと考えがちである。こうしたヒト至上主義は妥当なのだろうか。本当にそう言えるほど，私たちヒトは他の動物のことをよく知っているのだろうか。

　ヒト至上主義が掲げる根拠は，「〇〇ができるのはヒトだけだ」，という思い込みである。言葉を話すのはヒトだけだ，日常的に道具を作り使うのはヒトだけだ，文化を持つのはヒトだけだ，などが挙げられよう。しかし，野外における動物の行動研究や実験室における動物の知性の研究が進むにつれ，これらはいずれも間違いであり，チンパンジーのようなヒトに近縁の動物はもとより，系統的には遠く離れたさまざまな動物にも，少なくとも原初的な形では，これらの能力が備わっていることがわかってきた。いまや，最後の砦と目される意識や内省なども，動物にその萌芽が見られるらしいことがわかってきたのである。

友人がどんな特技を持っているかは，それを見るまではわからない。同様に，ある動物がどんなに素晴らしい能力を持っていたとしても，それを見る機会がなければその能力を知ることはできない。動物をぼんやりと眺めているだけでは，そのような観察をすることは難しい。そのつもりで見なければ目には見えてこないのだ。だからこそ，ヒトは自身が特別な存在だと誤解してきたのである。

　この講義では，近年飛躍的発展を遂げた比較認知科学という学問分野の成果を簡明に紹介する。比較認知科学とは，ヒトを含めた種々の動物の認知機能を分析し比較することにより，認知機能の系統発生を明らかにしようとする行動科学である（藤田，1998）。近年では感情機能の諸側面の分析を含めた広義の認知機能がその対象となっている。すなわち，現在のこの学問分野の目的は，こころの働きがいかに進化したのかを明らかにすることである。本講義では，それを通して，さまざまな動物たちのこころの働きのゆたかさを知るとともに，ヒトとは何か，ヒトという存在を動物界の中にどのように位置づければよいのかを，考え直したい。そして私たちとその仲間たちが息づくこの地球が危機に瀕しているこの時代に，我々は何をすべきかを考えたい。地球化時代の新しいヒト観の構築が，いま必要とされている。

　本講義の構成をかいつまんで紹介しよう。
　まず第1章から第3章までは，我々を含めた動物が，環境への応答としていかに行動を変えていくのかを学ぶ。「学習」と呼ばれるこうした行動変容の原理は，動物たちのこころの働きを知るために必要な知識である。同時にそれは，環境に巧みに適応した動物たちのこころの働きを示す良い事例ともなっている。

第4章と第5章では，動物たちの基礎的な外部環境の認識として，色の知覚と形の知覚について学ぶ。動物たちが環境から抽出しなければならない情報は種によって異なる。それに対応するように，動物たちの環境認識のしかたは多様であり，当たり前だと思っているヒトの環境認識が，実は絶対的に正しい唯一究極の解なのではなく，数多くのあり得る解の1つに過ぎないことを学ぶ。

　第6章から第8章では，より高度な認知機能として記憶，コミュニケーション，思考について学ぶ。さらに第9章と第10章では，社会的対象に対して発揮される欺きや協力などの知性と，複雑な感情の働きについて学ぶ。こうした高度なこころの働きも，さまざまな形で動物たちに認めることができるのである。これらからヒトのこころの働きとヒト以外の動物たちのそれとの連続性を説得的に論じる。

　第11章から第14章までは，3人のゲスト担当講師を迎え，近年研究が著しく進展したいくつかの身近な動物たちのこころの働きを，トピックとして論じる。それらは，ヒトに最も近縁な動物であるチンパンジー，ヒトの生活圏において巧妙に生き抜くカラス，ヒトの最良の友といわれるイヌ，及び海洋という全く異なる環境に適応してきたイルカである。それぞれの動物の持つ系統的位置と生活史が，どのようにそれぞれのこころの働きを作り上げてきたのかを学ぶ。

　そして最後の第15章では，意識と内省という，現時点では最もヒトらしいと考えられている自らを省みる能力について学ぶ。近年の研究で，複数の動物にそのような働きが存在しているらしいことが明らかにされてきた。

　こうした多様な動物の多様なこころを知ることから，ヒトのこころの働きを諸動物のそれらの中にどのように位置づけるのが適切であるか，

またヒトはいま何をすべきか，いかに生きるべきかについて，聴講者それぞれが考えてほしい。

2016 年 9 月
藤田和生

引用文献

藤田和生『比較認知科学への招待―「こころ」の進化学』（ナカニシヤ出版．1998）

目次

まえがき　　藤田和生　　3

1 | 学習1－行動の分類と反射行動の変容原理　　｜藤田和生　11

1．学習とは何か　11
2．反射行動の変容原理　14

2 | 学習2－オペラント条件づけと強化スケジュール　　｜藤田和生　23

1．オペラント行動の変容原理　23
2．強化スケジュール　31

3 | 学習3－学習の生物学　　｜藤田和生　38

1．学習の生物学的制約　38
2．プログラムされた学習　44
3．本章のまとめ　48
4．学習の総まとめ　50

4 | 認知1－動物たちの色の知覚　　｜藤田和生　53

1．色知覚の基礎　53
2．ヒト以外の動物の色覚　56
3．色覚の行動的研究　59
4．本章のまとめ　66

| **5** | **認知 2 －動物たちの形の知覚** | 藤田和生 | 69 |

　1．明示的な形の識別　69
　2．明示的でない形の認識　75
　3．本章のまとめ　81

| **6** | **認知 3 －動物たちの記憶** | 藤田和生 | 85 |

　1．記憶とは何か　85
　2．動物の記憶　89
　3．本章のまとめ　100

| **7** | **認知 4 －動物たちの　　　コミュニケーション** | 藤田和生 | 103 |

　1．コミュニケーションとは何か　103
　2．ヒトのコミュニケーション　105
　3．自然界に見られる動物のコミュニケーション　109
　4．動物の言語習得訓練とその成果　118
　5．本章のまとめ　120

| **8** | **認知 5 －動物たちの思考** | 藤田和生 | 122 |

　1．比較認知科学における思考研究　122
　2．概念の形成－帰納的思考　122
　3．推理－演繹的思考　131
　4．本章のまとめ　136

9 認知6－動物たちの社会的知性　　藤田和生　140

1．社会的知性とは何か　140
2．戦術的社会技能　142
3．社会的知性の諸要素　148
4．本章のまとめ　154

10 認知7－動物たちの感情　　藤田和生　159

1．動物の感情研究への招待　159
2．エピソード報告　160
3．実験的研究　164
4．本章のまとめ　173

11 トピック1－チンパンジーのこころ　　平田聡　176

1．チンパンジーとは　176
2．物理的世界の理解　177
3．社会的世界の理解　182
4．他者のこころの理解　187

12 トピック2－カラスのこころ　　伊澤栄一　192

1．カラスとは　192
2．カラスの社会生態　193
3．カラスの社会的知性　194
4．カラスの物理的知性　202

13 トピック3－イヌのこころ　｜藤田和生　209
1. イヌという動物　209
2. イヌの知覚　210
3. イヌの発達　213
4. イヌの社会的認知・社会的知性　215
5. 本章のまとめ：これからのイヌ－ヒト関係　224

14 トピック4－イルカのこころ　｜友永雅己　228
1. 森のこころ，海のこころ　228
2. イルカとは何者か　229
3. イルカの感覚・知覚　233
4. イルカの認知　238
5. おわりに：より正しい理解のために　249

15 認知8－動物たちの意識と内省　｜藤田和生　256
1. 意識と内省　256
2. メタ認知　257
3. エピソード記憶　264
4. 本章のまとめ　270
5. 本講義の総まとめ　271

索引　275

1 | 学習1―行動の分類と反射行動の変容原理

藤田和生

《**目標&ポイント**》 行動は，主体が随意的にその出現を制御できるオペラント行動と制御できない反射行動に分けられる。本章では，反射行動の変容原理を，非連合学習，連合学習に分けて学ぶ。
《**キーワード**》 反射行動，非連合学習，馴化(じゅんか)，鋭敏化，連合学習，古典的条件づけ

1. 学習とは何か

（1）学習の定義

「経験による比較的永続的な行動の変容」を学習と呼ぶ。経験による行動の変容であっても，感覚器の順応（たとえば騒音に慣れて気にならなくなるなど）のように，末梢で生じる行動の一時的変化や，事故や病気で片脚を失って歩けなくなったなどの永久的な行動の変化は，学習とは呼ばない。しかし，毎日同じ職場の騒音にさらされているうちに順応が速くなったとすればそれは学習であるし，義足を装着して歩けるようになったなどの変化は学習である。

行動の変容にはさまざまなものがある。パソコンで毎日ブログを書くようになったなどの新しい行動の形成，お料理のレシピを本を繰って探していたのがインターネットで調べるようになったなどの行動の形態の変化，メールをする時間帯が夜から朝になったなどの時間帯の変化，ネ

ットサーフィンをしている時間のような行動の持続時間の変化，メールの回数が増えたなどの頻度の変化，場所が大学から自宅になった，歩きながらスマフォを操作するようになったなどの行動の出現場所の変化，これらはいずれも学習である。朝食を食べなくなった，夜の歯磨きをしなくなったなどのように，何かをしなくなることも学習である。

（2）学習の必要性

　学習は，ヒトやヒト以外の動物（以下，本書では単に動物と記述する）が環境に適応して生きていくために，極めて重要な働きをしている。生涯が短く，限られた一定の環境で生活する動物にとっては，すべての行動を遺伝的に決定するのも良い解決策かもしれない。しかし，通常，少し時間が経てば環境は変化するし，場所が少し移動しただけでも環境は変化する。こうした場合，環境の変化に応じて行動を調節することができない動物は淘汰されてしまうだろう。また動物が必要とする環境情報の中には，遺伝子に組み込むことができない情報もある。生まれた場所の地理や地形，養育者や仲間の顔かたちなどを生まれる前から知っておくことはできない。つまり，学習は，有用なだけでなく，適応のために不可欠な要素なのである。

　学習には，ヒトを含め多くの動物に共通した基本的原理によって生じるものと，種特異的にプログラムされたものがある。本章と次章では，多くの動物に共通の学習の基本的原理について解説する。

（3）行動の分類

反射行動

　反射行動は，それを引き起こす刺激が主体の感覚器に取り込まれると，自動的に誘発される不随意的な行動である。これは遺伝的に組み込まれ

たもので，たとえば，口中に酸を入れると唾液が分泌される**唾液反射**，目に空気を吹きかけるとまばたきが生じる**眼瞼反射**，不意に大きな音などがすると体がびくっとする**驚愕反射**，などさまざまなものが挙げられる。**レスポンデント行動**と呼ばれることもある。反射行動の中には，訓練や意思の力によって，その行動の強度あるいは出現そのものをある程度制御することのできるものもあるが，完全に抹消することは困難である。純粋な反射行動は，後述のように，それに引き続いて生じる環境変化の影響を受けない。

　新生児には，**原始反射**と呼ばれる特有の反射行動が数多く備わっている。たとえば唇にものが触れるとそれを強く吸う**吸乳反射**，ほおに指などで触れると，そちらに顔を向ける**ルーティング反射**，手のひらに細い棒を押しつけるとそれを強く握る**把握反射**などがある。これらは通常出生後数ヶ月までに消失する。反射行動は生存のために不可欠なものである。

オペラント行動

　オペラント行動は，主体がその行動の出現を制御できるタイプの随意的行動である。反射行動と異なり，それを誘発する特定の刺激はなく，環境がある条件を構成すると反応が自発される。また第2章で述べるように，オペラント行動は，その結果生じた環境変化により，その強度や自発頻度が影響される。

　我々が普段おこなう行動の多くはオペラント行動である。字を書くことも，おしゃべりをすることも，パソコンのスイッチを押すことも，ゲームをすることも，いずれも随意的に制御可能な行動である。オペラント行動は，主体が環境に働きかけてそこから好ましい結果を手に入れるための道具として用いられる行動なので，時に**道具的行動**とも呼ばれる。

2. 反射行動の変容原理

(1) 非連合学習

反射を誘発する刺激を反復して提示すると，反射の強度や頻度が変化する場合がある。これには複数の刺激や反応の組み合わせは関与しないので，一括して**非連合学習**と呼ばれる。進化的には最も初期に発生した学習であろうと思われ，広範囲の動物で見られる。

馴化

雷のように大きな音を突然耳にすると，先述のように驚愕反射が生じて，一瞬からだがすくむ。しかし何度も雷を聞いているうちに，次第に慣れてきて，ついにはほとんど反射が生じなくなる。このように同じ刺激を繰り返して提示すると反射強度が弱まっていく現象を**馴化**，あるいは**慣れ**と呼ぶ。

馴化が生じた後，時間が経過すると，その刺激に対する反射は回復する。これを**自発的回復**と呼ぶ。しかしこれは，馴化が筋肉疲労などで反射が起こらなくなったから生じるものであることを意味していない。雷の音に馴化した人に，たとえば突然の地震が襲ってきたとしたら，その人は再び驚愕反射を示す。馴化はそれを生じさせた特定の刺激に対して起きている現象なのである。これを馴化の**刺激特異性**と呼ぶ。ただし厳密に同じ刺激でなくとも，それによく似た刺激に対しては，同じように反射が弱くなっていることがある。これを**刺激般化**と呼ぶ。

馴化が生じた後，馴化刺激とは無関係な刺激を提示すると，馴化した反射が回復する場合がある。たとえば雷の音に馴化した人に，強い光などを当てると，雷に対する反射が回復することがある。これは**脱馴化**[注1]と呼ばれる。脱馴化の存在も，馴化が筋肉疲労などの原因で生じるものではないことを示している。

注1）ある刺激に対して馴化が生じた後，別の刺激を提示したときに，同じ反応が回復することを指して脱馴化と呼ぶこともある。これを利用して，2つの刺激が区別されているかどうかを調べることができる。2つめの刺激に対して反応が回復す

馴化には，環境内の重要でない刺激を無視するという大きな意義がある。生体は環境内のすべての刺激に常時注意を払っていることはできない。注意という資源は有限なのである。これを有効に利用するためには，無害な刺激は無視する方がよい。

鋭敏化

　馴化とは逆に，同じ刺激を反復すると反射強度が増す場合がある。これは**鋭敏化**と言われる。たとえばお化け屋敷に入った直後に恐ろしい目に遭い，心拍上昇や鳥肌などの恐怖反応が生じると，それ以降は，音がする，影が動くなどのちょっとした刺激で，同様の恐怖反応が生じやすくなる。

　馴化に比べると鋭敏化は刺激特異性が弱く，より多様な刺激に容易に般化する。馴化が環境内の重要でない刺激の振り分けに役立っているとすれば，鋭敏化は環境内の重要な刺激の早期検出に役立っていると言えよう。危険が潜在する環境では，間違うリスクを犯しても，危険信号を確実に検出できるようにした方が得策である。

　刺激を単独で反復提示したときに，馴化と鋭敏化のどちらが生じるのかを予測することは難しいが，一般的には，弱い刺激を短い間隔で一定の場所に提示すると馴化が生じやすい。逆に強い刺激を低頻度で異なる場所に提示すると鋭敏化が生じやすい。たとえば時計のチクタクという音などにはすぐ馴化が生じて気にならなくなるが，巨大地震などに対しては恐怖反応が鋭敏化し，弱い余震に対しても強い恐怖反応が生じることがある。

（2）連合学習

　刺激間，あるいは刺激と反応の間の関連づけが生じるあるいは変化する学習を，一括して**連合学習**と呼んでいる。連合学習の基本過程には，

れば，2つの刺激の区別がついていると考えるのである。この手法は馴化・脱馴化法と呼ばれており，言語的なテストを用いることのできない乳児や動物の知覚や認知を調べるときに，しばしば利用される。

以下に述べる古典的条件づけと，第2章で述べるオペラント条件づけが区別される。前者は反射行動の連合学習，後者はオペラント行動の連合学習である。

古典的条件づけ

　生体にとって特に意味のない刺激（中性刺激）を提示した後，反射を誘発する刺激を提示することを繰り返すと，その中性刺激を提示しただけで，同様の反射が生じるようになる。パブロフ（Pavlov, 1927）は，イヌにメトロノームやベルの音などを聞かせ，数秒後に酸や肉片をイヌの口中に入れた。酸や肉片が口に入ると，イヌは生得的な反射行動として唾液を分泌する。これを何度も繰り返すうちに，イヌはメトロノームやベルの音がしただけで，唾液を分泌するようになった。イヌは新しい反射行動を獲得したのである。図1-1に，パブロフの実験の様子を示した。

　もともと反射を誘発する機能を持っていた刺激を**無条件刺激**，それによって誘発されていた反射を**無条件反射**，新たに反射を引き起こす機能

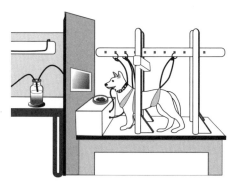

図1-1　パブロフによるイヌの古典的条件づけ実験の様子

を獲得した中性刺激を**条件刺激**，条件刺激によって誘発されるようになった反射を**条件反射**と呼び，この学習過程を**古典的条件づけ**，**レスポンデント条件づけ**，あるいは発見者の名をとって，**パブロフ型条件づけ**と呼んでいる。図1-2に，この条件づけ過程を模式的に表した。

<u>強化</u>　この学習が生じるための必要条件は，中性刺激と無条件刺激を対提示することである。この手続きを**強化**と呼ぶ。第2章で述べるオペラント条件づけと区別するために，特に**レスポンデント強化**と呼ぶこともある。古典的条件づけでは，オペラント条件づけと異なり，行動の結果生じた環境の変化は学習に影響しない。多くの日本人は梅干しを見ると唾液が出るが，これは梅干しの姿と梅干しの酸味が，繰り返される対提示によって古典的条件づけされ，連合したからだと考えられる。これは反射行動なので，行儀が悪いと叱られてもそれを止めることはできない。

<u>種々の条件づけ手続き</u>　古典的条件づけの成立のしやすさは，中性刺激の提示と無条件刺激の提示との間の時間的関係によって変化する（図1-3）。中性刺激の提示からおおむね5秒程度以内に，中性刺激に続けて無条件刺激を重ねて提示する手続きを**同時条件づけ**[注2]と呼び，最も条件づけは容易である。中性刺激と無条件刺激の提示時間のずれを長くすると，条件づけはそれに伴って困難になる。これを**延滞条件づけ**と呼び，条件反射は条件刺激（中性刺激）の提示からその分遅れて生じる。同時

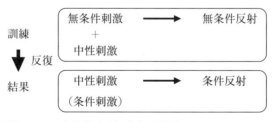

図1-2　古典的条件づけの図式

注2）同時条件づけは中性刺激を先行させず，無条件刺激と同時に，一斉に提示する手続きを指すこともある。中性刺激が先行していないこの事態では，条件づけは難しい。この場合中性刺激を短時間だけ先行させる手続きは，短時間延滞条件づけ，長時間先行させる手続きは，長時間延滞条件づけと呼ばれる。

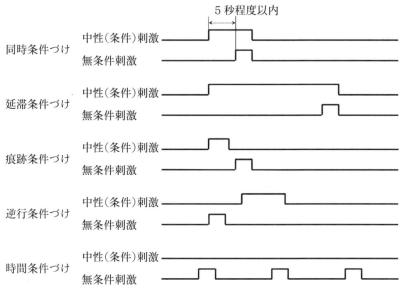

図1-3 種々の古典的条件づけ手続き

条件づけと同じやり方で，中性刺激を消してから無条件刺激を提示する手法を**痕跡条件づけ**と呼ぶ。この場合も同時条件づけに比べて学習は難しくなる。中性刺激と無条件刺激の提示順序を逆にすると条件づけは著しく困難になる。これは**逆行条件づけ**と呼ばれている。特殊なものとして，無条件刺激だけを一定の時間間隔で提示する手続きがあり，**時間条件づけ**と呼ばれている。この場合，条件反射は一定の時間間隔で生じるようになる。時間経過が条件刺激となったものと考えることができる。

消去と自発的回復 条件づけの成立後，条件刺激だけを単独で反復提示すると，条件反射は次第に弱くなり，ついには消失する。先述のイヌの例で，条件づけに用いたメトロノームなどの音を提示し，酸や肉片は注入しないことを繰り返すと，音はもはや唾液反射を誘発しなくなる。こ

の手続き，あるいはこれによる反射の減衰を消去と呼ぶ。条件反射が消失した後でも，長時間が経過すると，それが再び生起するようになることがある。これを馴化同様，**自発的回復**と呼ぶ。自発的回復は，消去が反射を消し去る過程なのではなく，それを抑制する過程であることを示している。

刺激般化　条件づけが成立すると，条件刺激に似た別の刺激に対しても，ある程度の反射が生じる。これも馴化同様に**刺激般化**と呼ぶ。たとえばイヌの条件づけに使用したメトロノームの拍数やブザーの音の高さを少し変えたとしても，ある程度の条件反射は生じる。刺激般化は，学習をあいまいなものにしてしまうと思われるかもしれない。しかしこれには，限られた学習経験を，新奇な事態に柔軟に適用するという重要な意義がある。個体は環境内のすべての刺激について学習をすることはできない。未経験の刺激に対して過去の類似した経験を応用することができれば，個体は新奇事態によりうまく適応することができる。

分化強化と弁別　他方，刺激般化の及ぶ範囲の刺激であっても，一方の刺激では強化，他方の刺激では消去というように条件づけの手続きを変えると，反射は強化された刺激でだけ生じるようになる。たとえば，100拍のメトロノームの音では酸を注入し，120拍の音では酸を注入しないようにすると，唾液反射は100拍の時にだけ生じ，120拍の音では生じないようになる。こうした手続きを**分化強化**，分化強化によって生じた反応の分化を**弁別**と呼ぶ。

高次条件づけ　条件づけが成立した後，第2の中性刺激と条件刺激を対提示すると，第2の中性刺激が条件刺激としての機能を獲得する。たとえば，メトロノームの音で唾液反射を示すようになったイヌに，光を提示して短時間の遅延の後メトロノームの音だけを提示する（酸や肉片は与えない）ことを反復すると，やがて光は唾液反射を誘発するようにな

る。これは 2 次条件づけと呼ばれる。こうして作られた第 2 の条件刺激を用いて，さらに 3 次，4 次と条件づけすることも理論上は可能である。これらの手続きを**高次条件づけ**と呼ぶ。

<u>条件性制止</u>　たとえばメトロノームの音で唾液反射を条件づけたイヌに対して，光とメトロノームの音を同時に提示し，このときには酸や肉片を注入しないことを繰り返すと，音だけのときには唾液反射を示す一方で，音と光が組み合わさった場合には反射を示さなくなる。このように別刺激の存在が，条件づけられた反射の出現を阻害する現象を**条件性制止**と呼ぶ。この場合には，光が条件反射を抑制する機能を獲得したと考えることができる。

<u>隠蔽と阻止</u>　たとえば光と音のように，2 つの中性刺激を組み合わせた複合刺激を中性刺激として条件づけをおこなうと，いずれの刺激も同じだけ無条件刺激と対提示されているにもかかわらず，どちらか一方の刺激だけが，条件刺激としての機能を獲得することがある。たとえば音に対しては唾液反射が生じるが，光に対しては生じないというようになることがある。これは，その個体にとって，いずれの刺激がより目立ちやすいか（刺激の顕著さ）を示しており，条件づけにおいて一方が他方を「隠蔽」した，と言われる。

　よく似た現象に「阻止」と呼ばれるものがある。これは，ある刺激を中性刺激として十分に条件づけをおこない，条件刺激とした後，第 2 の刺激とその刺激を複合刺激として提示し，条件づけを続けても，第 2 の刺激がほとんど条件刺激としての機能を獲得しない現象である。

古典的条件づけの意義

　古典的条件づけは，重要な無条件刺激の予兆を学習する過程と捉えることができる。こうした準備的な行動は，たとえば食物を口中に入れる前に，あらかじめ口内の状態を適切にしておくことに役立つだろう。ま

たネズミは，ネコなどの危険な捕食者の接近を，その音や臭いなどで素早く検出することができれば，不動状態を取る，巣に逃げ込むなどによって，より安全にその危険をやり過ごすこともできる。

　他方，古典的条件づけは，恐怖症や依存症，異常な性的執着などの情動系の問題行動にも関連している。これらは，経験により，強い不快あるいは快の情動的反応が特定の刺激に条件づけられたものと考えられる。これらの治療法として，古典的条件づけを利用したいくつかの方法が工夫されている。恐怖症の克服には，**系統的脱感作**（かんさ）と呼ばれる方法が利用されている。これは恐怖の対象となる刺激を，恐怖反応を引き起こさない極めて弱い状態から提示し始め，患者が平静な状態を保つことができるようにしながら，少しずつ，刺激強度を強めていくことにより，条件づけられた恐怖反応を消去していく方法である。依存症や異常な性的執着の治療には，**拮抗条件づけ**という手法が用いられることがある。これは当該の刺激と嫌悪を生じさせる無条件刺激（催吐剤や電撃など）を対提示することにより，当該刺激に連合した快の情動を打ち消す手法である。

　古典的条件づけは，日常いろいろな機会に起こっている。意識に上ることのないこの学習は，おそらく我々の行動を，気がつかないうちに強く制御しているものと思われる。

引用文献

Pavlov, I. P. (1927). *Conditioned reflexes*. Oxford: Oxford University Press.

参考文献

ジェームズ・E・メイザー(2006), 磯博行・坂上貴之・川合伸幸訳『メイザーの学習と行動 日本語版第3版』(二瓶社, 2008)
実森正子・中島定彦『学習の心理―行動のメカニズムを探る―』(サイエンス社, 2000)

学習課題

1. 日常生活の中から, 馴化・鋭敏化という非連合学習や, 古典的条件づけが起きている場面にはどのようなものがあるか, 考えてみよう。

2 | 学習2—オペラント条件づけと強化スケジュール

藤田和生

《**目標&ポイント**》 認知や知性により関連の深い随意的行動の変容原理であるオペラント条件づけと，オペラント条件づけされた反応の生起パターンを特徴的に制御する強化スケジュールの効果を学ぶ。
《**キーワード**》 連合学習，オペラント条件づけ，強化，罰，強化スケジュール

1. オペラント行動の変容原理

　この章では，生体が随意的に制御できる行動——オペラント行動——の変容原理であるオペラント条件づけについて解説する。反射行動が刺激により誘発され，後続する結果の影響を受けないのに対し，オペラント行動は，自発された結果生じた，後続する出来事の影響を受ける。これはオペラント行動の最も重要な特性である。オペラント行動は，それが自発されるための環境側の必要条件である**弁別刺激**と，当該の**オペラント反応**，およびそれに後続して生じる環境変化である**強化刺激**，の3つの項目で記述され，これは**3項目随伴性**と呼ばれている。

（1）オペラント条件づけの基礎
ソーンダイクの実験と効果の法則
　ソーンダイク（Thorndike, 1911）は，問題箱と呼ばれる装置にネコなどの動物を閉じこめた。問題箱には掛けがねやヒモなどの仕掛けが取

り付けてあり，中からそれを外せば，扉が開いて動物は外に出られるようになっていた。最初のうち動物はやみくもに隙間から手を出したりしていたが，そのうちに偶然仕掛けが外れて無事脱出した。これを何度も繰り返すうちに，無駄な反応は減少し，閉じこめるや否や，動物はすぐに脱出するようになった。この観察からソーンダイクは，動物は最初でたらめな行動を試すが，その中で，良い結果（快）をもたらすものは強められ，悪い結果（不快）をもたらすものは弱められることにより学習が進むと考えた。そしてこの原理を**効果の法則**，こうした学習のしかたを**試行錯誤**と呼んだ。

オペラント条件づけ

この例のように，ある環境条件の下で自発された反応が，それがもたらした結果によって強められたり弱められたりする学習の原理を**オペラント条件づけ**と呼んでいる。あるいは，個体は環境から良い結果を引き出そうとする働きかけとして反応を自発していると見ることができるので，**道具的条件づけ**と呼ばれることもある。図 2-1 にオペラント条件づけの原理を図式的に表示した。

我々は，この学習の原理を日常意識することなく使っている。子ども

図 2-1　オペラント条件づけの図式

やイヌの望ましい行動におやつを与えたり褒めて伸ばしたり，他方望ましくない行動は，叱るなどして再び生じないようにしたりする。簡単に言えば，オペラント条件づけはアメとムチの原理と言ってもよい。

強化と消去

　オペラント条件づけの原理はスキナー（Skinner, 1938）の手によって整理され，体系的な知識にまとめられている。

　オペラント条件づけの成立する要件は，反応が自発されたあとに環境の変化が生じることである。これは古典的条件づけが，反応の結果には影響されなかったのと好対照である。反応が自発された後に環境の変化が生じて反応が強められることを**強化**，あるいは古典的条件づけと区別するために，特に**オペラント強化**と呼んでいる。環境変化の結果，逆に反応が弱められることを**罰**と呼んでいる。

　条件づけられた反応が，もはや環境変化を引き起こさなくなると，その反応の強さは，条件づけを始める以前の強さ（**オペラントレベル**）に戻る。この手続き，あるいはこれによって生じた反応強度の復旧を**消去**と呼んでいる。反応が強化されていた場合には，反応はオペラントレベルまで減少し，罰されていた場合には，反応はオペラントレベルまで回復する。

刺激性制御

　オペラント条件づけでは，個体は環境側の必要条件であるところの弁別刺激が整えられると反応を自発する。その意味では反応が生じるか否かは，反射的行動とは異なり，個体にゆだねられている。しかし，環境を操作して，弁別刺激を提示すると個体の当該のオペラント反応の出現を促すことができるので，弁別刺激は個体の行動を制御する要因の１つになっているということができる。このように弁別刺激によってオペラント反応の出現が制御されることを**刺激性制御**と呼んでいる。

非常に良く条件づけられたオペラント反応は，弁別刺激を提示することにより，極めて高い確率で生起させることができるので，あたかもその弁別刺激が反応を誘発する条件刺激になっているかのように見えることがある。ゲーム好きの人がゲームセンターの前を通りかかると「条件反射で中に入ってしまった」というような冗談を聞くが，これはその好例である。しかし，ゲームセンターに入るのはオペラント行動なので，厳密にはこれは正しい表現ではない。

（2）さまざまな強化と罰

オペラント反応の結果として提示すると反応を強める強化刺激を**正の強化刺激（強化子）**あるいは**報酬**と呼び，これにより反応が強められることを**正の強化**と呼んでいる。上手にお手ができたときにイヌにおやつを与えるのはそれにあたる。逆に提示すると反応を弱める強化刺激を**負の強化刺激（強化子）**，**嫌悪刺激**，あるいは**罰子**と呼び，これにより反応が弱められることを**罰**あるいは**正の罰**と呼んでいる。イヌが家具をかじったときにきつく叱るのはそれにあたる。

オペラント反応の結果として，これらの強化刺激を剥奪したり，提示を遅らせたりすると，その効果は逆になる。つまり，反応の結果，正の強化刺激が剥奪されると，反応は弱められる。これは**負の罰**と呼ばれている。イヌが吠えると食事を片付けるのはそれにあたる。反応の結果，負の強化刺激が消失したり，その出現が遅延したりすると，反応は強められる。これは**負の強化**と呼ばれている。イヌが機嫌の悪い飼い主から離れて隠れるのはそれが負の強化を受けるからである。

これらの4タイプの強化と罰は，表2-1に整理されている。

なお，しつけ等の実際場面で罰を使用する場合には，以下のような理由で，慎重な配慮が必要であり，可能な限り避けるべきだと言っても良

表 2-1　4種類の強化と罰

強化子のタイプ	出現	消失
正の強化子	正の強化	負の罰
負の強化子	（正の）罰	負の強化

い。第1に，それは倫理的に見て問題のある場合が多い。第2に，罰は望ましくない行動をさせないようにするには有効であるが，望ましい行動をするように導くには有効ではない。第3に，罰の効果は往々にして一時的なものであり，繰り返すと効果が弱くなる。この場合，同じ効果を持たせるには罰の強度を上げていかなければならない。特に，弱い罰から始めて徐々に強度を上げていくと，かなり強い罰でも効果を持たなくなる場合がある。これを回避するには，最初から十分な強度の罰を与えなければならないが，適切な強度の設定は容易ではない。第4に，罰が来なかったとき，学習者には望ましくない行動をしなかったから罰が回避できたのか，それとももう罰は来なくなったのかがわからないので，当該の行動が再び出現する場合が多い。第5に，罰の出現する場面には，親の存在などの明瞭な弁別刺激が付帯している場合が多いので，当該の望ましくない行動の減少は，そうした弁別刺激の存在下でしか見られない場合がある。つまり隠れてこそこそと悪事を働くようになることがある。第6に，罰は学習者にさまざまな嫌悪的な反応を引き起こすので，それが新たな好ましくない行動を生起させることがある。第7に，学習者は，罰を回避するために，罰を与える仕掛けを破壊したり，訓練者を攻撃したりする場合がある。

（3）条件性強化刺激

　動物には，生得的に強化刺激として機能する刺激がある。空腹の動物に対する食物，のどの渇いた動物に対する水，性的活動期における異性，睡眠剥奪時の睡眠の機会，寒い環境に置かれた場合の暖房などのほか，適切な強度の光，音，映像などがそれである。これらは一括して**一次性強化刺激**と呼ばれる。

　それに対し，一次性強化刺激と対にして提示された刺激，一次性強化刺激の到来を示す刺激，あるいは一次性強化刺激と交換可能な刺激なども，強化刺激としての機能を発揮する。これらは一括して**二次性強化刺激**あるいは**条件性強化刺激**と呼ばれる。条件性強化刺激は，それを支える一次性強化刺激が強化機能を持つ――つまり個体がその一次性強化刺激に対する動因を持つ――限りにおいて，その強化機能を発揮する。たとえば赤ランプが点くと食物が提示されることを十分に経験した動物にとって，空腹時に点灯した赤ランプは強化機能を持つが，飽食した直後には強化機能を持たない。しかし，たとえばお金のように，多様な強化刺激と交換可能な条件性強化刺激は，そのときの動因の状態とは無関係に，常時，強力な強化機能を発揮する。こうした強化刺激のことを，**般用条件性強化刺激**と呼ぶ。

　さらに，二次性の強化刺激と対にされた刺激は三次性の強化刺激，それを対にされたものは四次性の強化刺激というように，**高次条件性強化刺激**を作ることもできる。人の文化的活動や文化的アイテムの中には，こうした高次条件性強化刺激が数多く含まれており，それらはさまざまな学習の機会を提供している。

（4）刺激般化と弁別

　たとえば笛を吹いたら戻ってきておすわりすることを，おやつを使っ

てイヌに訓練したとしよう。笛は弁別刺激，戻ってきておすわりすることがオペラント反応，おやつが強化刺激である。十分に訓練した後，少し音色の違う笛を吹いてみる。そうするとイヌは，少しいつもより反応は遅くなるかもしれないが，やはり戻ってきておすわりするであろう。このように学習時の弁別刺激に類似した刺激に対しては，学習した同じオペラント反応が，少し強度は弱まるにせよ，出現する。古典的条件づけと同様に，これは**刺激般化**と呼ばれる。

　刺激般化の重要性は古典的条件づけと同じことである。同じ笛を使ったとしても，その鳴り方は毎回異なるであろう。弁別刺激が飼い主の呼び声であれば，さらにその変化は激しいだろう。学習があまりにも特定の刺激に限定されてしまうと，応用が利かない。

　しかし，通常は刺激般化の及ぶ刺激であっても，2つの刺激の下でオペラント反応の強化の仕方を変えると，その2つの弁別刺激の下での反応の生じ方を変えることができる。この手続きを**分化強化**，それによって2つの弁別刺激の下での反応の生じ方に違いができた状態を**弁別**と呼ぶ。古典的条件づけにおけるそれと区別するため，特に**オペラント弁別**と呼ばれることもある。上の例で，笛Aのときには戻ってきておすわりすることを強化し，笛Bのときには強化しないようにすると，イヌは笛Aのときにだけ戻ってきておすわりするようになる。あるいは笛Bのときには別の反応を強化することもできる。これを利用して，「おすわり」「伏せ」などの異なった音声に対して別々の反応を学習させることができる。

(5) 行動形成

　オペラント条件づけは，何かを学習させるときの極めて強力な手段であるが，非常に大きな弱点が1つある。それは，反応はあくまで個体が

自発するものなので，古典的条件づけのように，当該の反応を確実に生起させる手段がないことである。反応が出なければ，強化のしようがない。そこで，放置しておけばなかなか出現しない反応を作り上げるためのさまざまな方法が工夫されている。以下に，**行動形成**と呼ばれるこれらの手法のうち代表的なものを述べる。

誘発法　形成したいオペラント反応によく似た反射的行動，あるいは反射に近い起こりやすい行動があれば，学習させたい弁別刺激とともに，それを安定して引き起こす刺激を提示して，生じた行動をオペラント的に強化することができる。これを**誘発法**と呼ぶ。たとえばイヌにおすわりを教えるとき，「おすわり」と言いながら，ご褒美を持った手をイヌの目の前で上に向けて動かすと，イヌの顔はそれを追って上を向き，それに伴っておすわりの姿勢に移行しやすい。そこで強化をすることを繰り返すと，手にご褒美を持たなくても，イヌは手の動きと「おすわり」という合図に対して，おすわりの姿勢を取るようになる。

成型法　学習者の手や足を取って，必要な行為をおこなわせて強化し，徐々に介助を減らしていく方法である。たとえばイヌにお手を教えるとき，最初は「お手」と言いながらイヌの前肢を取って持ち上げ，強化する。徐々に持ち上げる距離や力を弱めていくと，ついには「お手」に対して自発的に前肢を持ち上げるようになる。この方法は，訓練者と良い関係を作ることのできる学習者であれば効果的に適用することができる。

模範提示法　学習者の前で，形成したい行為を演じて見せ，学習者に模倣させ，強化する方法である。ヒトのように，模倣が安定して生じる学習者であれば，これは非常に効果的な方法であるが，一般にヒト以外では模倣はそれほど容易に生じないので，適用できる範囲は限られる。

逐次接近法　学習者の行為のレパートリーの中から，目標となる行為に少しでも近いもので比較的生起頻度の高いものを選び出し，それを強化

することから始めて，徐々に目標の行為に近づけていく方法である。たとえばイヌに部屋の隅にあるテレビのスイッチを押してもらうように訓練する場合を考えてみよう。まずイヌが一瞬テレビの方を見たら，すかさず「いい子ね」などと褒めてご褒美を与える。これを何度か繰り返すと，イヌは何度もテレビの方を見るようになるだろう。そうなったら，次は基準を上げて，イヌがテレビの方に少しだけ近づいて行ったら，すかさず褒めてご褒美を与える。これができるようになったら，さらに基準を上げて，テレビの前まで行くようにする。次にテレビの前でテレビの方を向いて静止することを強化する。さらにテレビに向かって立ち上がる行為を強化し，電源ボタン付近に手を掛ける行為，最後に押す行為，というように順序立てて訓練をする。

　基準を上げるときには，必ず前基準の行為を消去することが重要である。というのは，それまで強化されていた行動が消去されると，学習者はさまざまな探索的な行動を始めるからである。つまり消去は行動の変異性を増すので，その中に次の基準を満たす，あるいはそれに近い行為が出現する可能性が高くなる。

　また対象となる行為を直後に確実に強化することが重要である。そのためには，まず確実な条件性強化刺激を素早く提示し，その後にご褒美を与えることが必要である。強化が遅れると，思わぬ行為を学習させてしまうことになる。上記の例では条件性強化刺激として，「いい子ね」という音声を用いたが，より確実な条件性強化刺激としてクリッカーというカチカチ音を出すおもちゃが，イヌの訓練ではよく用いられる。

2. 強化スケジュール

　ここまでの事例では，オペラント反応が1回出現すると1回の強化が与えられる場面だけを考えてきた。しかし実を言うと，オペラント反応

は毎回強化を与えられなくても維持されるのである。オペラント反応の出現と強化の提示の間に設けられた頻度的あるいは時間的関係を，一括して**強化スケジュール**と呼んでいる。後に述べるように，強化スケジュールはオペラント反応の出現パターンを変える最大の要因と言ってよい。

　オペラント反応の出現パターンを視覚的に明示する方法として，**累積記録**と呼ばれる記録法がある。累積記録とは，横軸に時間経過，縦軸に反応の累積数をプロットした図である。これを描くには，ロール紙を一定速度で送り，その上に置かれたペン先を，反応が1回ある度に，紙に対して垂直上方向に1ステップずつ動かしていけばよい（図2-2）。反応が全く生じていないときには，描かれる線は紙と平行である。反応が高頻度で生じているときには，累積記録は切り立ったものになり，低頻度のときには寝たものになる。反応の加速・減速も曲線の変化で一目でわかる。

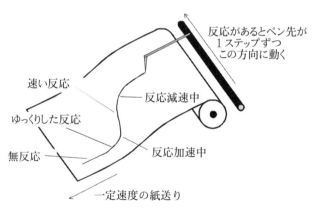

図2-2　累積記録器の模式図

（1）基本強化スケジュール

反応を毎回強化するスケジュールを，**連続強化**（Continuous Reinforcement: CRF），反応をときおり強化するスケジュールを**間欠強化**（Intermittent Reinforcement），あるいは**部分強化**（Partial Reinforcement）と呼んでいる。

間欠強化で維持されたオペラント反応は，連続強化で維持されたそれに比べて弱いと直感的には思われるが，実際には逆で，それは連続強化よりもはるかに強固である。オペラント反応を消去に入れたときにそれが持続する時間や回数を**消去抵抗**と呼ぶが，間欠強化で維持された反応は消去抵抗が高い。つまり消去されにくい。これはしつけ等の実際場面で肝に銘じておくべき重要なポイントである。

間欠強化の方法は無限に考えることができるが，以下に述べる4つはその中で最も基本的なものである。それぞれの強化スケジュールのもとでの反応の生起パターンを示す累積記録の例を図2-3に表示した。

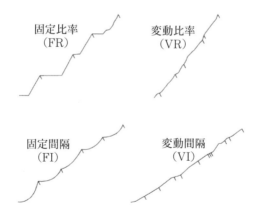

図2-3　4つの基本強化スケジュールのもとでの典型的な累積記録（Mazur 1994をもとに描く）

固定比率強化（Fixed-ratio: FR）　反応が定められた回数貯まったときに強化が与えられるスケジュールである。要求回数がn回の場合，FRnと表記される。

　このスケジュールにおける反応出現パターンの特徴は2つある。1つは，強化後休止と呼ばれるもので，強化（図2-3の曲線上で，＼で示されている）のあと反応が生起しない時間があること，もう1つは，反応がいったん始まると，一定の時間あたり反応回数（反応率と呼ばれる）で要求された回数まで休みなく続くことである。この特徴的なパターンは，**休止と連続作業**（pause and run）と呼ばれている。日常場面では歩合給やお買い物ポイントサービスが，これに近い。

変動比率強化（Variable-ratio: VR）　反応が平均して定められた回数貯まったときに強化が与えられるスケジュールである。毎回の要求回数は一定していない。要求回数がn回の場合，VRnと表記される。

　このスケジュールでは，固定比率スケジュールに見られるような反応休止がほとんど生じず，強化直後からほぼ一定の高い時間あたり反応率（一定高率）で反応が持続する。このスケジュールはギャンブルによく見られるスケジュールである。パチンコやスロットマシンは，ある確率で当たり（強化）が出るが，いつそれが出現するか予測できない。このようなスケジュール下では，長期間強化が提示されない場合でも，非常に長い間反応が維持される。つまり消去抵抗は非常に高く，消去するのは大変である。いったん消去されても，一度また反応が強化されると，反応は多くの場合すっかりもとに戻ってしまう。ギャンブルの恐ろしさはこのスケジュールの性質にある。

　子どもが何度も駄々をこねると，多くの親は根負けしてお菓子やおやつを買い与えるが，これは子どもが駄々をこねるオペラント反応を変動比率で強化していることに他ならない。多くの場合，子どものわがまま

は子どものせいではなく，親が作っているのである。

固定間隔強化（Fixed-interval: FI）　直前の強化から一定時間が経過した後の最初の反応に強化が与えられるスケジュールである。時間がtの場合，FItと表記される。

　このスケジュールでは，強化の後，しばらくの間は反応が出現しないが，時間経過に伴って少しずつ反応の出現率が上がり，強化の直前に最も時間あたり反応率が高くなる。そのため累積記録は，徐々に傾きが急峻になる特有の曲線を描く。その形状がホタテガイの殻の形に似ていることから，これを**スキャロップパターン**と呼んでいる。

　日常では厳密な固定間隔スケジュールは少ないが，一定間隔で来るバスを待っているときにバスの来る方向を見る反応や，風呂のお湯張り，オーブンでお菓子を焼いているときなどに様子を見に行く行動などがそれに近い。

変動間隔強化（Variable-interval: VI）　直前の強化から平均してある一定時間が経過した後の，最初の反応に強化が与えられるスケジュールである。時間がtの場合，VItと表記される。

　このスケジュール下での反応の出現パターンは，変動比率スケジュールに類似するが，時間当たり反応率はずっと低い。一定低率と表現される。これは反応率が高くても，強化の数にはほとんど影響がないからである。消去抵抗は非常に高く，時間を追って，極めてゆっくりと反応率が減少していく。

　日常では，いつ来るかわからないバスを待つときのバスの来る方向を見る行動や，話し中の多いお客様相談窓口への電話などがそれに近い。

（2）迷信行動

　日ごろ我々は，縁起を担いだり，おまじないをしたりといったさまざ

まな奇妙な行動を取る。多くの人々は，それらが非科学的な行為であることを認識しているにもかかわらず，やめようとしない。このことの理由の一部は，オペラント条件づけと強化スケジュールの効果で説明することができる。

　スキナー（Skinner 1948）は，ハトを実験箱に入れ，ハトが何をしようが無関係に15秒に一度，食物を提示した。するとハトは，ひたすら待っていればよいだけであるにもかかわらず，ぐるぐる回る，床をつつくなどの，個体によって異なるさまざまな行動を繰り返し見せるようになったのである。スキナーはこれを，食物の提示前に生じていた反応が偶然強化された結果であると考え，**迷信行動**と名づけた。

　いったんこうした無意味な行動が強化されると，その出現頻度は高まり，その結果さらにその行動が強化される機会が多くなる。多くのルーティーンはこのような偶然の強化の結果生じたものかもしれない。しかもこうしたルーティーンは，強化との因果関係はないのだから，毎回強化されるわけではなく，間欠強化を受ける。そうすると，こうした迷信行動はますます強固になっていく。雨乞いや人柱やさまざまな恐ろしい宗教的儀式も，もとをたどればこのような偶発的強化によって形成されたものかもしれない。

引用文献

Skinner, B. F. (1938). *The behavior of organisms.* New York, Appleon-Century-Crofts.

Skinner, B. F. (1948). Superstition in the pigeon. *Journal of Experimental Psychology,* 38, 168-172.

Thorndike, E. L. (1911). *Animal intelligence.* New York, Macmillan.

参考文献

ジェームズ・E・メイザー (2006),磯博行・坂上貴之・川合伸幸訳『メイザーの学習と行動 日本語版第3版』(二瓶社,2008)
実森正子・中島定彦『学習の心理―行動のメカニズムを探る―』(サイエンス社,2000)

学習課題

1. 普段の生活には,どのようなオペラント条件づけの場面が織り込まれているか考えてみよう。
2. 何気なくおこなっている普段の行動が,どのような強化スケジュールで強化・維持されているか考えてみよう。

3 | 学習3——学習の生物学

藤田和生

《目標&ポイント》 学習には，古典的条件づけやオペラント条件づけだけでは理解の難しい現象も数多くある。それらを多様な事例を通じて学び，学習が動物にとってどのような実際的意義を持つのか，またヒトの学習の特徴はどこにあるのかを理解する。
《キーワード》 学習の生物学的制約，プログラム学習，選択的連合，食物嫌悪学習，刷り込み，本能による漂流

1. 学習の生物学的制約

　前2章では，学習の基本原理について解説した。中でも，複雑な学習行動を支える古典的条件づけとオペラント条件づけという2つの連合学習の原理は，体制の複雑な動物にとって，極めて重要な意味を持っている。

　本章では，これらの学習原理の一般性を考える。ここでいう一般性には2つの意味がある。第1に，種や年齢や個体性，あるいは身体的心理的状態などによらず，同じ原理が成立するのか，第2に，刺激や反応の形態や強化刺激によらず，同じように学習が進むのか，である。

　学習研究の初期には，多くの研究者は学習の一般性を主張していた。しかし1960年代以降，それに反する事実が次々報告されるようになった。どのような刺激を用いても，同じように学習が進むわけではないし，反応や強化刺激の組み合わせによって，学習の効率は大きな影響を受け，

時にはほとんど学習が進まないことすらある。あるいは，学習の途上で，学習行動が瓦解してしまう場合もある。つまり連合学習は全く自由に成立させることのできるものではなく，主体が生物として持つ特性から強い制約を受けて生じるものなのである。これらは一括して**学習の生物学的制約**と呼ばれている。以下にその事例をいくつか紹介する。

（1）選択的連合
食物嫌悪学習

　ガルシアら（Garcia, Ervin, & Koelling, 1966）は，ラット（*Rattus norvegicus*）に甘味のついた水を飲ませた後，5〜22分経ってから，腹腔内に食あたりの症状を引き起こす薬物を注射した。ほどなくラットは苦しそうにうずくまった。翌日同じラットに同じ甘味水を与えてみると，ラットの甘味水の摂取量は激減していた。ラットはあたかも甘味水が食あたりの原因であり，それを避けるという行動を学習したように見える。

　この学習は，手続きの面から見ると，古典的条件づけと同じ仕組みになっている。つまり甘味水が中性刺激，薬物が無条件刺激であり，それらの対提示によって甘味水が食あたりを予期する条件刺激になった結果，ラットはそれを避けるようになったというわけである。

　しかしこの学習には，古典的条件づけとして理解するにはいろいろと不可解なことがある。第1に，通常古典的条件づけでは，中性刺激と無条件刺激の対提示が反復されることが学習の条件であるにもかかわらず，ただ一度の対提示で学習が生じた。第2に，古典的条件づけでは，中性刺激と無条件刺激が時間的に近接して提示されることが重要な要件である（第1章参照）。しかしこの実験の場合には，通常の時間的許容範囲をはるかに越える遅延時間が甘味水と薬物の間に挿入されている。それに

もかかわらず，学習は容易に生じた。第3に，無条件刺激である薬物とより時間的に接近している刺激は，注射針，手袋，実験者の白衣，実験装置などいくらでもあるにもかかわらず，無条件刺激と連合したのは，それから時間的に遠く離れた甘味水であった。

ガルシアらの続く実験は，この第3の特徴をさらに明瞭に示している(Garcia & Koelling, 1966)。彼らはラットを4群に分け，第1群には甘味あるいは塩味で味付けした水を飲ませた後，X線の照射で気分を悪くさせた。第2群は同じく味付け水を飲ませたが，その後に電気ショックを与えた。第3群には光と音を伴う水を飲ませた後，X線を照射し，第4群には光音付き水を飲ませた後，電気ショックを与えた。この操作の後，ラットに味付け水あるいは光音付き水を与えたところ，いずれの群も，特徴のある水を飲んだ後に嫌な経験をしているにもかかわらず，それらの摂取量が減少したのは第1群と第4群だけだったのである。

つまり，摂取するものの味は気分の悪さと結びつきやすい一方，光や音といった物理的な性質は，電気ショックのような物理的な痛みと結びつきやすいのである。このような，刺激や反応の間にある結びつきやすさの違いを**選択的連合**と呼んでいる。

その後の研究で，飲食物を摂取した後に食中毒を起こすと，その飲食物を嫌悪するようになる学習が，広範な種で見られることがわかった。条件づけられるのは飲食物の味だけではなく，種によって，匂いや視覚像などがその対象となる。そのため，当初これは味覚嫌悪条件づけと呼ばれたが，現在では**食物嫌悪学習**と呼ばれることが多い。食物嫌悪学習は古典的条件づけの1種であると考える研究者もいるが，学習の速さ，遅延の長さ，連合の選択性などの諸特徴を考えると，特別なタイプの学習と考えてもよいと思われる。

この学習はヒトでも明らかに生じる。ガンの化学療法や放射線治療な

どで気分が悪くなると，思いがけない食材が嫌悪されるようになることがある。理由はわからないが食べられない食物があるのは，生涯のどこかの時点で，その食物に対する嫌悪が学習された可能性がある。当該の食物が原因でなくとも，風邪などの他の原因で気分が悪くなると，因果関係はなくとも，その時に食べた食物が嫌悪されるようになることがある。飲めない人が無理して酒を飲んで吐くことを繰り返すと，酒が嫌いになる。この学習は，アルコール依存症やニコチン依存症の治療にも応用されている。

オペラント条件づけに見られる選択的連合

　選択的連合はオペラント条件づけでも見られる。たとえばシェトルワース（Shettleworth, 1975）は，ゴールデンハムスター（*Mesocricetus auratus*）の日常的な行動を食物あるいは巣材を用いて強化したり，電気ショックで罰したりしてみた。すると，行動と強化刺激の組み合わせによって，学習の容易さは大きく異なっていた。たとえば後肢立ちは，食物や巣材では容易に増加するが，電気ショックではほとんど減少しなかった。逆に顔洗いは電気ショックですぐ減少するが，食物や巣材では増えなかった。

　行動実験にしばしば用いられるハト（*Columba livia*）は，キーをつついて食物を手に入れることを容易に学習する。しかしラクリン（Rachlin, 1969）がハトにキーをつついて電気ショックを切ることを学習させようとしたところ，それは非常に困難だった。一方壁から出たキーを翼で叩くようにすると，ハトは簡単に電気ショックを切ることを学習した。

　キーをつつくことはハトにとって容易な行動であるのに，なぜ特定の文脈ではそれが難しいのだろうか。ボウルズ（Bolles, 1970）は，回避学習の容易さには，危険な目にあったときにその種が示す生得的な防御

反応（**種特異的防御反応**）が関係していると主張している。上記の例で言えば、ハトは電気ショックを受けると羽をばたつかせて暴れ回る。これがハトの種特異的防御反応である。翼で出っ張ったキーを叩くことはこの行動に合致しているので学習が容易だが、キーをつつく行動は、これと拮抗する反応である。ハトがキーをつついて電気ショックを切ることを学習できないのは、それが種特異的防御反応と拮抗した反応だからだと言える。

「地震が起きたら、まず落ち着いてガスの火を消し、元栓を閉めなさい」という対処がなかなか取れないのは、それがパニック時の人の通常の防御反応——泣き叫ぶか、あわててその場から逃れるか——と拮抗しているからだと考えることができる。選択的連合はヒトにも見られるのである。

（2）本能による漂流

本能による漂流とは、訓練をすればするほど学習が崩れていく不思議な現象である。学習研究の大家スキナーのもとで学んだブレランド夫妻は、会社を作り、オペラント条件づけを用いていろいろな動物を訓練してショーなどに出演させていた。彼らの仕事はおおむねうまくいっていたのだが、ときおり強化の原理がうまく働かず、動物が思い通りに訓練できないことがあることに気づいた（Breland & Breland, 1961）。

たとえば、ある時彼らは、金塊に見立てた木片を拾って箱に入れることをブタ（*Sus scrofa domesticus*）に訓練していた。「ブタさんの金鉱掘り」である（写真3-1右）。ブタは木片を箱に入れるとご褒美に食物をもらうことができた。ブタは食欲も旺盛で、最初のうち、訓練は順調に進んだ。ところが、訓練が進むにつれて、ブタは木片は拾うものの、なかなか箱に持って行かなくなった。ブタは木片を落として鼻ずりし、

写真3-1　左：舞台の上で音楽に合わせて「踊る」ニワトリ。右：金鉱掘りをするブタ。(Gleitman, H., Fridlund, A. J., & Reisberg, D. 1999. *Psychology*, 5th ed. New York, W. W. Norton & Company, p.152 より)

また拾ったかと思うと落として鼻ずりをする，という行動をしつこく繰り返すようになったのである。鼻ずりをすることは，強化を遅らせるだけである。つまり鼻ずりはここで負の罰を受けている。それなのに，ブタはなぜそのような無駄な行動をするのだろうか。

　アライグマ（*Procyon lotor*）にコインを拾って貯金箱に入れさせる訓練をしていたときにも，同じような問題が生じた。このときにはアライグマは，コインを貯金箱に「ひたして」は取り出し，ごしごしとこするようになった。

　ブタの場合もアライグマの場合も，実はこれらの奇妙な行動は，彼らが食物に対して示す生得的な行動である。訓練を始めたとき，木片やコインはただの「物体」だった。しかしこれを運び入れて食物を受け取る，ということを繰り返すと，それらの物体は食物を示す条件性強化刺激としての機能を獲得していく。そうすると，本来は食物に対して示される生得的な行動が，その条件性強化刺激に対して示されるようになっていく。そして学習が瓦解し，生得的な行動パターンへと漂流していく。皮肉なことに，学習を重ねれば重ねるほど，この効果は強大になっていく

のである。

　しかし、ブレランドたちは転んでもただでは起きなかった。「サミー、なぜ踊る？」と題したニワトリ（*Gallus gallus domesticus*）の芸では、ニワトリはジュークボックスのスイッチを入れてから、横に置かれた舞台の上で足を交互に引っ掻いて「踊る」（写真3-1左）。実は、この芸はブレランドたちが当初計画したものではなかった。彼らはニワトリが舞台の上でじっくりと音楽を聴くようにしたかったのである。しかし訓練を進めると、ニワトリは舞台を引っ掻くようになった。これはニワトリが落ち葉や地面の下の虫や穀物などを探す動作である。ブレランド夫妻は、ただの「物体」であった舞台が食物の信号として機能するようになったことにより生じた漂流を、見事な芸に仕上げたのである。

2. プログラムされた学習

　生物学的制約があるにせよ、古典的条件づけやオペラント条件づけは、さまざまな予期できない環境の変化に適応するための一般的な学習の原理として極めて重要な働きをしている。しかし動物が示す学習の中には、古典的条件づけやオペラント条件づけとは全く異なった形のものも多く見られる。それらは動物が、当該の種としての典型的な生活をしていく上で、必ず学習しなければならないものごとを確実に学習するためにプログラムされたものである。以下にいくつかの例を示そう。

（1）昆虫の場所学習

　ミツバチ（*Apis melifera*）の働きバチは、毎日巣を飛び出して蜜や花粉を集め、長距離を飛行して巣に戻ってくる。ちょうど我々が職場に行って、夕方帰宅するのと同じだ。我々はこれを長期的な場所や情景の記憶に頼っておこなっている。ミツバチも同じだろうか。

グールド（Gould, 1982）は，ミツバチが眠っている間に，巣箱を移動してみた。しかしそのようにして数マイルも巣箱を移動しても，ミツバチは何の苦もなく巣に戻ってくるのである。ところが，ミツバチが巣から飛び出していった後，帰ってくるまでの間に巣箱を移動すると，移動距離がほんの数フィートほどであっても彼らは大混乱するのだった。ミツバチは巣から飛び出した後，体軸を巣に向けたまま左右に繰り返し飛び，次第に距離を取って巣から離れていく。ミツバチはこの特殊な飛行の間に，巣の回りの情景を毎日１回記憶しているらしい。自然界では外部の景色は予告なく変わる。嵐があれば状況は一変するだろう。そのようなとき，毎日一度学習するようにしておけば困らずに済む。

　ジガバチの１種 *Ammophila pubescens* は狩りバチで，土の中に作った数個から10個程度の巣に発達段階の異なる幼虫を住まわせ，毎日獲物を運んできて給餌する。ハチは毎朝全部の巣を訪れ，幼虫の様子を調べた後，狩りに出発し，戻ってきて，幼虫の大きさに合った餌を与える。ハチは長期的に巣穴の場所と幼虫の大きさの関係を記憶しているのだろうか。ベーレンズ（Baerends, 1941）は，試しに親が朝パトロールに来る前に，こっそりと幼虫の場所を入れ替えた。そうすると，狩りから戻ってきたハチは，やはり幼虫の大きさにあった獲物を給餌したのである。ではハチは，給餌するときに餌の大きさを調節しているだけだろうか。ベーレンズは，今度は朝のパトロールの後，親が狩りに出かけている間に幼虫の場所を入れ替えてみた。狩りから戻ってきたハチは，何と，入れ替えられる前の幼虫の大きさに従って給餌したのである。つまり，ハチは，朝一番のパトロールの時に，巣穴の場所と幼虫の大きさの関係を毎日一度学習し，当日はその記憶に基づいて行動したのである。給餌時の幼虫の大きさは全く考慮されていない。

　このように，ハチ類の場所学習は，極めて高度ではあるが，いつどの

ようにして学習するかが限定されたプログラムに基づいておこなわれるものなのである。

(2) 刷り込み

ガン・カモ類やニワトリなど，孵化後すぐに自立し移動することのできる**早成性（離巣性）**の鳥類では，孵化直後に見た適度な大きさの（できれば動く）物体に対し，ひな鳥が強い愛着を形成し，その物体に追従しようとする。この学習を動物行動学者のローレンツは**刷り込み**と呼んだ（Lorenz, 1960）（写真3-2）。養育者は誰か，を学習すると言ってもよい。皇居のカルガモ（*Anas poecilorhyncha*）の引っ越しでおなじみである。

この学習には，いろいろと面白い特徴がある。第1に，ただ一度の経験で，学習は極めて容易に，安定して生じる。第2に，学習が容易に成

写真3-2　ローレンツに刷り込まれたハイイロガン
(Gleitman H., Fridlund. A. J., & Reisberg, D, 1999. *Psychology*, 5th ed. New York, W. W. Norton & Company, p. 578 より)

立する**敏感期**，と呼ばれる時期がある。ニワトリの場合には，孵化後数時間から48時間程度である。敏感期の間，完全暗黒にするなどして刺激を一切提示しなければ，敏感期は少しの期間延長されるが，これを過ぎると学習は生じにくくなる。第3に，いったん学習が成立すると，それを別の刺激に再学習させることは難しい。

　刷り込みの対象は基本的に何でもよいが，刷り込みのしやすさには，ある程度の選別があるようである。たとえばニワトリの場合，敏感期に赤いボールと言った無意味な物体に刷り込むと，後にニワトリの剥製に刷り込み直すことがある程度可能である。しかしこの手順を逆にすると，刷り込み直すことはできない。また，敏感期の間を完全暗黒で育てると，ヒヨコは，ニワトリの形態に対してある程度の追従反応を示すようになる。これらは刷り込みが万一失敗したときのバックアップ機構なのかもしれない。

　刷り込みには，実は**親子刷り込み**と**性的刷り込み**という2つのタイプがある。親子刷り込みは上に述べたような養育者の学習であるが，性的刷り込みは，性成熟後に繁殖活動をおこなう対象の学習である。種によってはこれが同時に進行することもあり，ローレンツに刷り込まれたハイイロガン（*Anser anser*）は，成鳥になってもヒトに求愛したという。性的刷り込みは，一般には敏感期の開始が遅く，通常数ヶ月齢から始まり数週間続く（Gould, 1982）。性的刷り込みは，長期間親が給餌する**晩成性（就巣性）**の鳥類でも生じるようである。

（3）さえずり学習

　鳥類のさえずりは，テリトリーの防衛と求愛のための重要な技能である。さえずりの獲得は種によってさまざまなメカニズムでおこなわれるようであるが，種によっては，厳格にプログラムされた学習がそれを決

定していることもある。鳴禽類の1種ミヤマシトド（*Zonotrichia leucophrys*）で見られるさえずりの学習メカニズムについて紹介しよう。

この鳥は，通常の場合，両親に養育され，幼鳥の時に父親のさえずりを繰り返し聞かされる。成長して最初の繁殖期が近づくと，ひなはさえずりの練習を始める。そして徐々に上達し，最終的に，父親のさえずりに似た音声でさえずるようになる。

小西正一（Konishi, 1965）は，この学習機構を明らかにするために，さまざまな実験操作をおこなった。まず，幼鳥時に隔離して育て，同種のさえずりを聞かせないようにすると，さえずりは練習をしても上達せず，自種の典型的なさえずりとは似ても似つかないものになってしまう。幼鳥時に同種のさえずりを聞かせても，繁殖期が来る前に耳を聞こえなくすると，さえずりは完成しない。つまり，この鳥のさえずりは，幼鳥時に聞かされたさえずりの記憶を繁殖期まで保持し，自分のさえずりを聞きながらそれに合わせるように調節していくことで初めて完成するのである。

さらには，幼鳥時に聞かせるさえずりは，自種のものでなければならないらしく，近縁種のウタスズメ（*Melospiza melodia*）のさえずりを聞かせても，全く効果はない。つまりこの学習は，学ぶ対象，学ぶ時期，学ぶ方法，が厳密にプログラムされているのである。

3. 本章のまとめ

本章第1節では，まず連合学習の要素間には結びつきやすい関係とそうでない関係があることを述べ，次いで，オペラント条件づけの強化の原理により，皮肉にも学習がくずれていく現象を述べた。第2節では，昆虫や鳥類に見られるさまざまなプログラムされた学習の例を述べた。

こうした学習の生物学的制約やプログラムされた学習は，学習の自由

度を下げてしまうように思うかもしれない。学習にあらゆる自由度を与えて，何でもゼロから学習できるようにすれば，確かにより柔軟に環境に適応できるように見える。しかし，実際には動物に与えられた時間や学習の機会は無限にあるわけではないので，生きていくために必要不可欠なことは，速やかに効率よく学ぶ必要がある。すべてをゼロから学ぶのでは，時間がいくらあっても足りない。学習の生物学的制約やプログラムされた学習は，動物たちが，必要なことを必要なときに確実に学習するために進化させてきた工夫なのである。つまり，学習は生物学的適応形態の1つであり，種により，多様なものへと進化したと考えられる。一般原理による学習は，この意味では，より予測の難しい環境変化に対応するための最終手段だと見ることもできよう。

　ヒトの学習は一般的には自由度が高いと考えられているが，ヒトとして生きるための重要な技能には，やはり強い生物学的制約がかけられている。食物嫌悪学習もその1つであるし，言語の学習もそうである。言語は非常に複雑な体系で，これをゼロからコンピュータに教え込もうとしても，現在の技術では不可能である。しかし乳幼児は驚くほど容易にこれを学習する。実はこれにはヒト特有の非論理性が関係している。たとえば，母親が黄色くて丸い果物を持って「ミカン」と言うのを幼児が聞くと，幼児はその果物を見て「ミカン」と言えるようになるだけではなく，「ミカン取って」と言われると，その果物を取るようになる。当たり前のように思われるが，黄色くて丸い果物が「ミカン」だからと言って，「ミカン」が黄色くて丸い果物である保証はない。逆は必ずしも真ならず，であり，このような論理錯誤をするのは，これまで調べられた中ではヒトだけである。またそもそもその「ミカン」という言葉が，黄色くて丸い果物全体を指すという保証もない。だが幼児は，疑いもなくその果物全体が「ミカン」であり，かつ「ミカン」はその果物のこと

であると考えて,「ミカン」という単語を習得する。こうしたさまざまな奇妙な非論理的制約が,ヒトの言語習得を支えているのである。ヒトの学習も生物学的制約から自由なのではない。

4. 学習の総まとめ

3章にわたり,学習の過程を学んできた。ここで総まとめをしておこう。

1) 学習とは,経験による比較的永続的な行動の変容である。
2) 行動には大きく分けて,刺激により誘発される反射行動と,随意的に制御可能で個体が自発するオペラント行動がある。
3) 反射行動の変容原理として,馴化,鋭敏化の2つの非連合学習がある。馴化は刺激の反復により反射が減弱する過程,鋭敏化はその逆に増強する過程である。
4) 反射行動は,古典的条件づけと呼ばれる連合学習によっても変容する。これは中性刺激と反射を誘発する無条件刺激の対提示によって,中性刺激が条件刺激となり,よく似た反射を誘発するようになる過程である。
5) オペラント行動はオペラント条件づけと呼ばれる連合学習によって変容する。これはある環境刺激(弁別刺激)の下で自発された反応が,それに後続する環境変化(強化刺激)により強められたり弱められたりする過程である。
6) オペラント行動の時間や回数と強化の出現の間に設けられた関係を強化スケジュールと呼び,オペラント行動の生起は,それによって特徴的なパターンになる。
7) 古典的条件づけやオペラント条件づけといった連合学習の一般原理は重要であるが,実際には刺激間や刺激と反応の組み合わせ,ある

いは場面によって，その効率は著しく変化する。これらは学習の生物学的制約と呼ばれる。
8) 自然界に見られる学習には，こうした一般原理には当てはまらないものが数多く見られ，プログラムされた学習と呼ばれる。
9) 学習の生物学的制約やプログラムされた学習は，動物がその種の典型的な生活を送るために必要不可欠な内容を確実に学習するために進化したものであり，ヒトの学習も，こうしたことから自由ではない。

引用文献

Baerends, G. P. (1941). Fortpflanzungsverhalten und Orientierung der Grabwespe. *Tijdschrift voor Entomologie*, 84, 68-275.

Bolles, R. C. (1970). Species-specific defense reactions and avoidance learning. *Psychological Review*, 77, 32-48.

Breland, K. & Breland, M. (1961). The misbehavior of organisms. *American Psychologist*, 16, 681-684.

Garcia, J., Ervin, F. R., & Koelling, R. A. (1966). Learning with prolonged delay of reinforcement. *Psychonomic Science*, 5, 121-122.

Garcia, J. & Koelling, R. (1966). Relation of cue to consequence in avoidance learning. *Psychonomic Science*, 4, 123-124.

Gould, J. L. (1982). *Ethology: the mechanisms and evolution of behavior*. NY: W. W. Norton & Company.

Konishi, M. (1965). The role of auditory feedback in the control of vocalization in the white-crowned sparrow. *Zeitschrift fuer Tierpsychologie*, 22, 770-783.

Lorenz, K. (1960). *Er redete mit dem Vieh, den Vögeln und den Fischen*. Dtv Deutscher Taschenbuch

Rachlin, H. (1969). Autoshaping of key pecking in pigeons with negative reinforcement. *Journal of the Experimental Analysis of Behavior*, 12, 521-531.

Shettleworth, S. J. (1975). Reinforcement and the organization of behavior in golden hamsters: hunger, environment, and food reinforcement. *Journal of Experimental Psychology: Animal Behavior Processes*, 104, 56-87.

参考文献

浅野俊夫・長谷川芳典・藤田和生(訳)『動物コミュニケーション―行動のしくみから学習の遺伝子まで』(西村書店, 1998)

藤田和生『比較認知科学への招待―「こころ」の進化学―』(ナカニシヤ出版, 1998)

藤田和生(編著)・日本動物心理学会(監修)『動物たちは何を考えている？動物心理学の挑戦』(技術評論社, 2015)

学習課題

1. 同じような機能を持つ機械でも，使いやすいものと使いにくいものがある。こうした違いには，我々ヒトが持つ学習の生物学的制約が関係しているかもしれない。そうした可能性のある事例を探し出して，学習しやすいものとそうでないものの違いを考え，ヒトのその学習を容易にする（あるいは困難にする）条件を考えてみよう。

4 | 認知1―動物たちの色の知覚

藤田和生

《目標&ポイント》 本章では，基礎的な視覚的環境認識の中で，色の知覚を学ぶ。我々ヒトにとって，色知覚は，環境認識において重要な役割を果たしているが，実は色が見えるのはヒトだけではない。他の多様な動物の色知覚を知ることから，ヒトの色知覚の特徴を知る。
《キーワード》 色覚，網膜，視物質，3色型

1. 色知覚の基礎

我々ヒトは多色刷りの世界を楽しんでいるが，色が見える動物はヒトだけではない。色覚の進化史は古く，無脊椎動物の中にも色がよく見える動物は数多くいる。イヌやネコは色盲で色の区別がつかないと俗説に言うが，そのようなことはない。本章では，そもそもなぜ色は見えるのかを解説した後，さまざまな動物たちの色の知覚とその進化史について述べる。

（1）色とは何か

周囲を見渡すと，色彩にあふれた世界が見える。しかし，実は物理的世界には色はついていない。色彩は光を受容した時に我々が感じ取る主観的体験なのである。

我々の眼球には，前方に**水晶体**（レンズ）があり，それを通って屈折した光は，眼球の奥にある**網膜**の**視細胞**を興奮させる。光は長波，短波，

超短波，マイクロ波などでおなじみの電磁波の1種で，波長がおおむね780nm（ナノメートル＝10億分の1メートル）～380nmの短いものである。この範囲の波長の電磁波は**可視光線**と呼ばれ，我々ヒトの視細胞を興奮させ光として感じ取られる。波長の長いものから順に，赤，橙，黄，緑，青，藍(あい)，紫（あるいは菫(すみれ)），に見え，**スペクトル（分光）**と呼ばれる。これは当該波長についた色なのではなく，興奮した視細胞から情報が脳に伝達され経験される主観的な印象に過ぎない。赤よりも波長の長い光を赤外線，紫よりも波長の短い光を紫外線と呼んでいる。赤外線，紫外線は，我々ヒトの目には見えない。さらに波長の短いものに，Ｘ線やガンマ線がある。

（2）色はなぜ見えるか

　色を見る仕掛けは眼球のいちばん奥の**網膜**にある。網膜上には，大きく分けて**桿体**(かんたい)と**錐体**という2種類の視細胞がある。桿体は，その名の通り細長い棒のような形状の細胞で，感度が高く，主に暗いところでよく働く。桿体は色覚には関与していない。錐体は円錐形状の細胞で，感度が低く，明るいところでないと十分に働かないが，**中心窩**(か)と呼ばれる網膜の少しくぼんだところ付近に多数分布している。中心窩はものを見つめたときにその像が結ばれる場所で，通常我々は，ここでものを見ている。色覚に関与しているのはこの錐体である。

　ヒトの場合，錐体には，異なった波長に対してよく興奮する3つのタイプがあり，長い波長によく興奮するものから順に，赤錐体，緑錐体，青錐体，と呼ばれている（図4-1a）。これらは，その錐体に含まれる視物質と言われる色素のスペクトル吸収特性によって生じる違いである。

　さて，いまある波長の光（単色光）が網膜に入ってきたとしよう。その光は，赤，緑，青の3つの錐体をある割合で興奮させる。この3つの

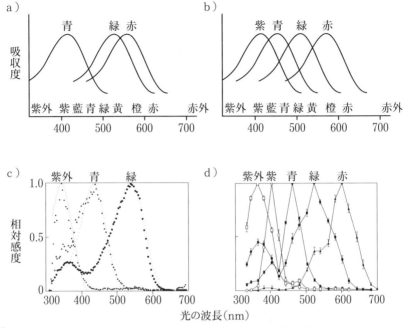

図4-1　種々の動物の色受容細胞のスペクトル感度曲線
a) ヒト，b) ニワトリ（以上，七田，2001 p.64より）。c) ミツバチ，d) アゲハチョウ（以上，蟻川，2001，p.17より）

興奮の割合は，入射してきた光の波長により異なる。可視域の光がすべて色づいて見え，相互の色の違いが見分けられるのは，このように3つの錐体の興奮のパターンの違いが，可視域全体ですべて異なるからである。**無彩色**（白色光）は，スペクトルのすべての波長の光が含まれた複合光で，これが目に入るとすべての錐体を等量興奮させる。それに対し，単色光が入射した場合には，必ず各錐体の興奮度が異なるので，それを無彩色から区別できる。これが色づいて見える理由である。このように3つの錐体で実現する色彩視のシステムは**3色型**と呼ばれる。

3色型は，スペクトルのすべての波長を無彩色から区別し，相互に見分けるために最低限必要な特性である。たとえば赤錐体と青錐体による2色型の場合を考えてみよう。緑錐体が機能しない場合である。長波長側の光や短波長側の光が入射したときには，赤錐体と青錐体の興奮度が異なるので色の区別はつくのだが，中波長，特に赤錐体と青錐体の興奮度が等しくなる波長の光が入射すると，両錐体が等量興奮するので，無彩色（白色光）が入射した場合と区別がつかない。つまりこの波長近辺は色づいて見えないのである。これを**中性点**と呼ぶ。緑錐体と青錐体による2色型，つまり赤錐体が機能しない場合も，少し中性点の位置はずれるが，同じことが生じる。2色型は**部分色盲**，特に前者は緑色盲（第2色盲），後者は赤色盲（第1色盲）と呼ばれることがある。錐体が1種類しかない場合には，すべての色の区別がつかない。これは**全色盲**と呼ばれ，ヒトでは極めてまれである。

2. ヒト以外の動物の色覚

（1）脊椎動物の色覚

　哺乳類では，ほとんどの種は2色型で，ヒトで言えば緑色盲である。イヌもネコも2色型である。色の区別はつくが，3色型のヒトほどではない。系統群として3色型が存在するのは**旧世界ザル**と呼ばれる**霊長類**のグループに限られる。旧世界ザルは，アジアやアフリカにいる霊長類であり，ニホンザルやマントヒヒ，ラングール，キンシコウなどのサル類と，テナガザル類，チンパンジー，ゴリラなどの類人が含まれるグループである。ヒトもその一員である。

　他の動物はどうだろうか。図4-1bはニワトリ（*Gallus gallus domesticus*）の錐体視物質の吸収特性である。ニワトリには4種の錐体があり，赤，緑，青，紫錐体と呼ばれている。つまりニワトリは4色

型であり，おそらくヒトよりも細かな色の区別がつくであろう。同様に錐体視物質の吸収特性を調べていくと，キンギョなどの魚類やカメなどの爬虫類にも，ニワトリ同様の 4 色型の動物がいることが示されている（七田，2001）。

　さまざまな脊椎動物の錐体視物質分子のアミノ酸配列を調べて類似度を分析すると，視物質は大きく 4 つのグループに分けられる。これらは吸収特性が長波長のものから順に，L，M1，M2，S グループと呼ばれている。上記のキンギョやカメやニワトリは，この 4 グループから 1 つずつの視物質を持っている。図 4-1 b に示した，赤，緑，青，紫のニワトリの視物質が，ほぼ均等に可視領域を分けているのはそのためである。しかし，ヒトでは S グループに属するものが 1 つ（青物質）あるほか，残り 2 つ（赤，緑物質）はいずれも L グループに属している。実際，図 4-1 a に見るように，赤物質と緑物質の吸収特性はよく似ている。ヒトは，赤から緑に移る辺りでは，わずかな波長の変化でも，赤→橙→黄→黄緑→緑というように色味の違いを明確に認識することができるが，緑付近や青付近では，広い範囲にわたって同じ色味に見える。

　ヒトが持ついわば歪んだ色覚には，哺乳類の進化史が関係している。地球上で最初の哺乳類の祖先は，中生代の最初の時期である三畳紀末期の小型のネズミのような動物であったと言われている。この時期からジュラ紀，白亜紀を通じた 1 億 5 千万年の間，地上は恐竜の天下だった。彼らと共存していくため，哺乳類の祖先は夜行性の生活を選んだ。夜行性の種では色覚はそれほど重要ではない。そのため哺乳類の祖先は，祖先から受け継いだ 4 つの視物質のうち，M1 と M2 を作るための遺伝子座をなくし，その代わりに暗闇でよく見える目を獲得したのである。こんにちのほとんどの哺乳類は，これをそのまま受け継いでいる。カラフルな魚類や鳥類に比べ，多くの哺乳類が白，黒，茶色の 3 色の地味な被

毛をまとっているのはこれと関係がある。自種を見分けるために用いることができないなら、派手な色彩は捕食者を招くだけだからである。

　哺乳類の中で、恐竜の絶滅後に繁栄するようになった昼行性霊長類の一部（旧世界ザル）は、おそらく果実食との関連で、3色型を取り戻した。しかしこの3色型の復活には、L物質を作るための遺伝子座を重複させ、吸収特性の異なるL物質の多型を配置することで実現されたもので、M1, M2を復活させたものではない。ヒトはこの旧世界ザルの遺産を受け継いで3色型を維持しているのである。

（2）無脊椎動物の色覚

　色が見えるのは脊椎動物だけではない。無脊椎動物の中にも優れた色覚を持つ動物が数多くいる。たとえば図4-1cは、ミツバチ（*Apis melifera*）の複眼中にある色受容細胞のスペクトル感度である。緑、青、紫外に感度のピークを持つ3色型である。ヒトに比べると、赤錐体に対応するものがない一方、ヒトにはない紫外線を見るための受容器が存在している。また図4-1dは、アゲハチョウ（*Papilia xuthus*）のそれのスペクトル感度である。驚くべきことに、赤、緑、青、紫、紫外の5色型であることがわかる。またサンゴ礁に棲むシャコの仲間には、13もの視物質が見つかった種もいる。まばゆいばかりの色彩に満ちた野原やサンゴ礁では、このように優れた色覚を持つことが、食物や仲間あるいは捕食者などを発見するのに大いに役立っているに違いない。

　紫外線が見えることは、昆虫類にとって重要な意味を持っている。野原に咲く花の中には、ヒトの目には一様な色に見えても、紫外線で見ると花の中心部付近だけが他の部分と著しく異なる色を持つものが数多くある。ミツバチは、蜜を集めるとき、**蜜標**と言われるこの手がかりを利用して蜜の在りかを知ることが知られている（写真4-1）。

写真4-1 蜜標〔普通のカメラ（左）と紫外線カメラで撮った（右），キク科植物 *Rudbeckia hirta* の花（別冊日経サイエンスより）〕

　他方モンシロチョウ（*Pieris rapae*）は，紫外線を雌雄の同定に用いている。モンシロチョウはヒトの目には表も裏も白く見えるが，実は紫外線の反射率に著しい雌雄差があって，紫外線カメラで撮影するとオスの羽は黒っぽいのに対し，メスははるかに白い。キャベツ畑でたわむれるモンシロチョウは，一目で相手がオスかメスかがわかるのである。

3．色覚の行動的研究

（1）色が見えることの証明

　前項の議論は，色彩視物質の解析から明らかにされたことである。しかし色を見るための生理的要件が揃っているからといって，実際にその動物が色を識別しているかどうかは厳密に言えばわからない。それを示すためには，行動的な研究が必要である。

ローレンツ，ティンバーゲンとともにノーベル賞を受賞したフォン・フリッシュは，ミツバチが色を識別していることを初めて行動的に示した（von Frisch, 1914）。彼はガラスのシャーレを多数並べ，そのうちの1つだけに蜜を入れた。蜜入りのシャーレの下には色紙，他のシャーレの下には白い紙が敷かれていた。しばらく訓練すると，ミツバチは蜜がなくても，色紙に集まるようになった。しかしこれだけでは色が見えたかどうかはわからない。見かけの明るさが手がかりになっているかもしれないからである。そこでフォン・フリッシュは，空のシャーレの下に敷く紙を，さまざまな明るさの灰色の紙にしてテストをした。このようなテストをしても，ミツバチは，赤以外の色については蜜入りのシャーレの紙の色を学習することができた。つまりミツバチは，赤はよく見えないが，その他の色はよく見えることが行動的に証明された。図4-1cの感度曲線にたいへんよく合致した結果である。

　同様の手法を用いた最近の研究で，アゲハチョウでは，赤から紫外領域にかけて，このような学習が可能であることが示されている（Kinoshita, Shimada, & Arikawa, 1999）。これもアゲハチョウの感度曲線（図4-1d）によく合致した結果である。

（2）色の対比

　2つの異なった色が隣接していると，それらの色は互いにより離れた色に知覚される。たとえば同じオレンジ色の小さな円を赤背景の中に提示する場合と黄色背景の中に提示する場合を比較すると，前者の方は黄色っぽく，後者はより赤っぽく知覚される。また中央に置かれた円盤が灰色であった場合には，周囲の色の補色に灰色の領域が色づいて見える。たとえば赤背景の中では緑がかって見え，青背景の中では黄色味がかって見える。これらは**色の対比現象**と言われている。

色の対比現象は，ミツバチにもあることが示されている。ノイマイヤーは，灰色の紙の上に，9つの異なる青緑色の領域を作り，そのうちの1つに降りることをミツバチに訓練した（Neumeyer, 1980）。訓練後のテストでは，周辺部の色が黄色あるいは青に変えられた。ミツバチがどの色に降り立つかを分析すると，黄色の背景の場合にはより緑に近い方の色，青の背景の場合にはより青色に近い方に選択がずれた。つまり，ミツバチはヒトと同じように色の対比を知覚していることが示された。

（3）色の恒常性

　前を走る車が，トンネルに入って黄色っぽい照明に照らされても，白い車は白く，緑の車は緑に見える。このように外部の照明条件が変わっても，色の見えが変わらないことを**色の恒常性**と呼ぶ。照明が変わればそれに照らされた面から反射してくる色光のスペクトルは変化するはずである。色の恒常性は，我々の知覚する色が，受容するスペクトル特性ではなく，高次の中枢で作り上げられたものであることを示している。この能力は，場所や天気，時刻によりさまざまに変化する可能性のある光条件の中で，色を手がかりにした行動を可能にするために，重要な意義を持っている。

　ノイマイヤーは，ミツバチが色の恒常性をも示すことを明らかにしている（Neumeyer, 1981）。先述の研究同様，ミツバチは白色照明光の下で，灰色背景の中の特定の色の領域に降り立つことを訓練された。次いでハチは，さまざまな黄色あるいは青の照明の下でどの領域に降り立つかをテストされた。ミツバチの反応は，どの照明下でも，ほとんど変わらなかった。色の恒常性は，アゲハチョウでも証明されている（Kinoshita & Arikawa, 2000）。色を手がかりに採食する多くの動物は，同じような能力を持っているのかもしれない。

(4) 色彩命名関数

　虹は太陽光が雨滴のプリズムを通して分解されたものである。我々ヒトは，虹をいくつかの帯に分けて知覚する。前述の赤，橙，黄，緑，青，藍，紫（あるいは菫）である。これは，波長が変化しても色合いの区別がつきにくい帯のような箇所と，少しの変化で色味の違いが知覚できる箇所が交互に現れることを示している。ヒトはこの帯の部分に色名を振っている。光の波長と色名あるいは色のグルーピングのパターンの関係を**色彩命名関数**と呼んでいる。

　虹を見たとき，他の動物も同じように色の帯を知覚しているのだろうか。それとも波長の異なる色を，明るさや大きさと同じように，単なる連続的に変化する刺激として知覚しているのだろうか。

　ライトらはハト（*Columba livia*）の色彩命名関数を調べた（Wright & Cumming, 1971）。まず3つの波長の色を選んだ。それらは512, 572, 655nm である。ヒトの目にはおおむね緑，黄，赤に見える3色である。これを用いて，**見本合わせ**という訓練がおこなわれた。水平に3つ並んだ半透明のキーの背後から色光を照射する。まず中央のキーに見本となる色光が照射された。ハトがこれを何度かつつくと，その両側に，比較刺激として，見本と同じ色光と異なる色光が提示された。ハトは見本と同じ色光のキーをつつくと報酬を手にすることができた。

　この課題を習得したハトにテストをおこなった。テストでは，訓練で使用されなかったさまざまな波長の色光が見本刺激として提示された。比較刺激は相変わらず上記3つのうちのいずれかである。つまり，ハトは種々の色光の見本を，3つのグループに分類することを求められたことになる。テストの結果，540nm付近と600nm付近を境に，反応が「緑」から「黄」に，「黄」から「赤」に切り替わることがわかった（図4-2）。

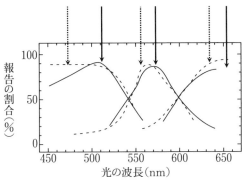

図4-2 ライトとカミングの，ハトの色彩命名関数を調べた実験の結果
実線は，512，572，655nm で訓練した結果。破線は，473，555，633nm で訓練した結果。反応が切り替わる箇所は，両条件で違いがない。
（Wright & Cumming, 1971をもとに改変）

　しかし，これは必ずしもハトがここを境に色の帯を知覚していることを保証しない。仮にハトが色光を連続的に変化しているように知覚していたとしても，どこかに切り替えポイントが来るからである。そこでライトらは，全体に少し短い波長（473，555，633nm）で見本合わせを訓練した。ハトが色味の連続的変化を知覚しているなら，同様にテストをしたときに，切り替えポイントはずれるはずである。ところが，実際にはそれは最初の実験とほとんど変わらなかったのである。つまり，上記の切り替えポイントはハトの色光の見えが急速に変化するところを示していると考えられる。

　その後の研究で，ハトには同じように色の見えが急速に変化するところが，少なくとも5箇所に存在していることが明らかにされている。これらは2つのよく似た色光を同じ場所に交互に提示して，ちらちらする

かどうかを判断させる**フリッカ法**と呼ばれる手法を用いた研究であり，色が違って感じられる最小限度の波長の変化を測定したものである。色の見えが急速に変化するところでは，この最小の波長差違が小さくなる。それが5箇所あるということは，ハトは虹を少なくとも6つの帯として知覚していると言うことである。なお，この色弁別のシャープなところのうち1つは紫外部にある。鳥類には紫外線を見ることのできる種がたくさんいるが，ハトもその仲間である。ハトにとっては，虹の幅はヒトよりも紫外部に拡がっているのかもしれない。

　種によっては，そうした急速変化点が認められないものもいる。ハチドリ（*Archilochus alexandri*）の同じような研究では，検出できる最少の違いが長波長側では全般に大きく，短波長側では小さく，はっきりした山や谷は見られない。つまりこの鳥では，色は連続的に変化するものに見えており，その変化の速さは短波長側で速いのであろうと思われる。

（5）霊長類の色覚

　これまでにおこなわれた視物質や遺伝子の検査の結果からは，調べられたすべての旧世界ザル（オナガザル上科）は3色型であることが示されている。行動的にも上記フリッカ法で調べると，ニホンザルの仲間であるマカカ属のサルではヒトと極めてよく似た波長弁別特性が得られている（de Valois, et al. 1974）。他方，中南米に棲む新世界ザル（オマキザル上科）は，ホエザルを除き，2色型である（Osorio & Vorobyev 2008）。

　サルのような果実食の多いグループで2色型の色覚が多いのは，単純に考えると適応的ではないように思われるが，実際問題として，彼らは普通に果実を見つけ出して食べるので，大きな問題にはなっていないよ

うである．他方，2色型の方が3色型よりも発見しやすい色のパターンもあり，実際2色型が有利になる場合があることは，行動的にも確認されている（Saito, et al., 2005）．また新世界ザルがよく食べる昆虫などの小動物の中には，巧妙に背景にとけ込んだ擬態を進化させたものがいるが，3色型の目には見つけられにくくとも，2色型の目には見つけられやすい色彩パターンとなっている可能性もある．進化は単純なものではなく，1つの特性が常に有利であるとは限らない．

　松沢哲郎は，チンパンジー（*Pan troglodytes*）の色彩命名関数を，**マンセルの色票**を用いて，ヒトと直接比較している（Matsuzawa, 1985）．マンセルの色票とは，相互の類似性に基づいて，色相（色合い），明度（明るさ），彩度（鮮やかさ）の3軸に沿って色を並べた立体（色立体）を構成する標準化された色紙のことである．実験ではこの各色相と各明度の中で，最も彩度の高い色票だけが用いられた．

　チンパンジーは色票を1枚見せられるごとに，キーボードから，赤，桃，茶，橙，黄，緑，青，紫，白，黒，灰を意味する複合図形を選び出して色を答えた．これらの色名は，ヒトならばその色に見える範囲にある1つのペンキの色（必ずしも代表的な色ではない）を用いて訓練されたものである．チンパンジーは何と答えてもご褒美を手にすることができた．

　これを繰り返すと，安定して同じ色名を答える色票と，時により異なる色名を答える色票が得られた．同じ色名を答える領域の中心は，訓練で使われたペンキの色になるわけではないので，色名の切り替えは，チンパンジーの色の見えが変化するところを表しているものと考えられる．全体のパターンは，同じ方法で測定したヒトの答えと非常によく似ていた．たとえば緑と答える領域は非常に広く，次に広いのは青と紫となった．それに対し，赤や橙，黄色の領域は狭く，この辺りの色味は細かく

区別されていることも共通していた。赤の明度の高いものは桃，黄や橙の明度の低いものが茶となることも共通していた。各色名が切り替わる色票は少しずつずれるものの，ヒトとチンパンジーが，ほぼ共通した色の見えを持つことが実証されたと言える。

4. 本章のまとめ

　本章では色覚のメカニズムと種々の動物の色覚について述べた。色覚の進化史はおそらく非常に長く，無脊椎動物を含む多くの動物が優れた色覚を持っている。ヒトの色覚は3色型であるが，哺乳類以外の脊椎動物や昆虫類には，4色型あるいはそれ以上の色彩視物質を持つ動物が数多くいる。また，昆虫や鳥類には紫外線を色として見ることのできる種も多くいる。ヒトの色覚は，哺乳類の中では優れたものだが，霊長類の中の旧世界ザルが赤受容体を赤と緑に分けることにより復活した3色型なので，長波長側の色弁別は優れているが，中～短波長側の色弁別はよくない。これらの意味では，ヒトの色覚は動物全般の中ではそれほど自慢できるものではない。しかし，この後の章で述べる他の知覚・認知諸特性も同じことだが，色覚はあくまでその種が持つ環境認識の特性と捉えるべきものであって，決して優劣なのではない。

引用文献

蟻川謙太郎「無脊椎動物の光感覚」(pp. 7-27). ㈳日本動物学会関東支部編『生き物はどのように世界を見ているか―さまざまな視覚とそのメカニズム』(学会出版センター，2001)

de Valois, R. L., Morgan, H. C., Polson, M. C., Mead, W. R., & Hull, E. M. (1974). Psychophysical studies of monkey vision-I: Macaque luminosity and color vision tests. *Vision Research*, 14, 53-67.

Kinoshita, M., & Arikawa, K. (2000). Colour constancy of the swallowtail butterfly *Papilio xuthus*. *The Journal of Experimental Biology*, 203, 3521-3530.

Kinoshita, M., Shimada, N., & Arikawa, K. (1999). Colour vision of the foraging swallowtail butterfly *Papilio xuthus*. *The Journal of Experimental Biology*, 202, 95-102.

Matsuzawa, T. (1985). Colour naming and classification in a chimpanzee (*Pan troglodytes*). *Journal of Human Evolution*, 14, 283-291.

七田芳則「光受容の進化」(pp. 53-79). ㈳日本動物学会関東支部編『生き物はどのように世界を見ているか―さまざまな視覚とそのメカニズム』(学会出版センター, 2001)

Neumeyer, C. (1980). Simultaneous color contrast in the honeybee *Journal of Comparative Physiology A*, 139, 165-176.

Neumeyer, C. (1981). Chromatic adaptation in the honeybee: Successive color contrast and color constancy. *Journal of Comparative Physiology A*, 144, 543-553.

Osorio, D., & Vorobyev, M. (2008). A review of the evolution of animal colour vision and visual communication signals. *Vision Research*, 48, 2042-2051.

Saito, A., Mikami, A., Kawamura, S., Ueno, Y., Hiramatsu, C., Widayati, K. A., Suryobroto, B., Teramoto, M., Mori, Y., Nagano, K., Fujita, K., Kuroshima, H., & Hasegawa, T. (2005). Advantage of dichromats over trichromats in discrimination of color-camouflaged stimuli in non-human primates. *American Journal of Primatology*, 67, 425-436.

von Frisch, K. (1914). Der Farbensinn und Formensinn der Biene. *Zoologische Jahrbücher. Abt. für Allgemeine Zoologie und Physiologie*, 37, 1-238.

Wright, A. A., & Cumming, W. W. (1971). Color-naming functions for the pigeon. *Journal of the Experimental Analysis of Behavior*, 15, 7-17.

参考文献

㈳日本動物学会関東支部編『生き物はどのように世界を見ているか―さまざまな視覚とそのメカニズム』(学会出版センター,2001)
藤田和生「動物の感覚・知覚(視覚)」(pp. 21-47).大山正・今井省吾・和気典二・菊池正(編)『新編 感覚・知覚心理学ハンドブック Part 2』(誠信書房,2007)

学習課題

1. イヌやネコは,2色型の色覚を持っていて,ある程度色を見分けることができる。彼らの行動を観察して,それを示す証拠を探し出してみよう。
2. 鳥類は優れた色覚を持っている。これは彼らの生活にとってどのような意味があるだろうか。考えてみよう。

5 | 認知2 ―動物たちの形の知覚

藤田和生

《目標&ポイント》 本章では，さまざまな動物たちの形の知覚を学ぶ。視覚に頼る動物にとって，形を正しく見分けることは，採食や繁殖や捕食者の回避などのために必要不可欠な基礎的能力である。実は動物はその生活形態に応じて，さまざまな形の知覚様式を進化させてきた。これを知ることから，ヒトの形の知覚の特徴を知る。
《キーワード》 形状知覚，主観的輪郭，錯視，補間

1. 明示的な形の識別

　動物の行動を観察していると，形を識別していることは明らかに見て取れる。たとえばイヌは，匂い手がかりが使えないような状況でも，飼い主を見分けて飛びついてくる。
　では動物たちはヒトと同じように形を見分けているのだろうか。区別のつきやすい形やそうでない形は共通なのだろうか。

（1）アルファベット文字の認識
　こうした研究領域の創始者の1人であるブラウは，ハト（*Columba livia*）がアルファベット26文字の類似性をどのように認識しているかを調べている（Blough 1985）。ハトを実験箱に入れ，壁に設けられた3つのキーに裏側からアルファベット文字を映し出した。そのうち2文字は同じ文字で，1文字だけが異なっていた。ハトはこの異なる文字の

表示されたキーをつつくことで，報酬を手に入れることができた。

　文字の組み合わせは26×25種類ある。もし組み合わされた文字がハトにとって容易に区別可能なものであれば，正答率は高くなるだろうが，もしそれが区別の難しい組み合わせなら，正答率は低くなるだろうと考えられる。2つある文字を横軸，1つある文字（正解）を縦軸に取ると，対角線の部分だけが空いた，正答率の行列ができる。この上半分と下半分のそれぞれ同じ文字の組み合わせになる箇所の2つの数字を平均すると，この数字は，組み合わされたその2つの文字の見分けやすさを示すものになると考えられる。つまり，2つの文字間の知覚的な距離が，行列となって示される。これをもとに，**多次元尺度構成法（MDS）**[注1]という数学的手法を用いて各文字を2次元平面上に置いていくと，CとG，RとP，NとMとW，IとJとTとL，DとOとQ，ZとEとFなどのように，ヒトの内観では類似して見える文字は，この平面上でも近接して配置されることがわかった。

　松沢哲郎はチンパンジー（*Pan troglodytes*）を対象に，見本合わせ課題を用いて同様の検討をおこなった（Matsuzawa 1990）。チンパンジーは提示された見本の文字と同じ文字を，2つの比較刺激の中から選択した。同じように正答率の行列を作り，多次元尺度構成法で分析すると，CとGとQ，RとP，NとMとW，IとJとTとL，ZとEとFなどはやはり近接して配置された。

　これらのことから，ハトとチンパンジーとヒト（*Homo sapiens*）では，アルファベット文字の類似性をほぼ同様に認識していることが示唆される。

（2）複合図形の特徴の抽出

　アルファベット文字は特徴が複雑で，その動物が何を手がかりにして

注1）事項間のすべての組み合わせの距離が与えられたときに，それをn次元空間に最もつじつまの合うように並べる多変量解析の1手法。通常は2次元平面あるいは3次元空間上に並べた解を求める。複数の都市相互間の距離だけが与えられたときに，それら都市を地図上に配置するような作業である。

見分けているのか分析するのは難しい。そこでブラウは、ハトが図5-1aに示したようなU字形の下に横長長方形を置いた複合図形をどのように認識しているかを調べた（Blough 1988）。U字の幅に4種類、長方形の厚み（高さ）に4種類があり、それらの組み合わせ16種類の複合図形を作った。画面には24個の図形が同時に提示され、そのうち1つだけが異なっていた。ハトの課題は、この孤立した図形（標的）を見つけ出してつつくことである。

　この研究では、ハトが標的をつつくまでの反応時間が分析された。反応時間は刺激が似ていれば長くなると考えられるので、逆数を取ること

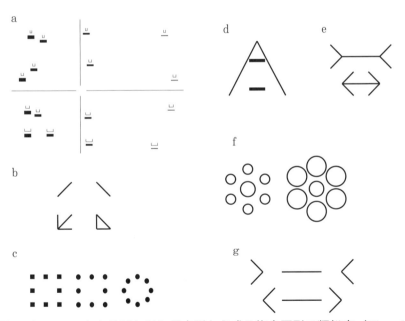

図5-1　a．ハトから見たUと長方形から成る複合図形の類似度（Blough 1988）。b．パターン優位性効果を示す図。c．全体優先処理を示す図。d．ポンゾ錯視。e．ミュラー・リヤー錯視。f．エビングハウス錯視。g．ミュラー・リヤー逆錯視。

により，前項と同様の分析がおこなえる。すると16種類の図形は，U字の幅に従って縦方向，長方形の厚みに従って横方向に並んだ。つまりハトはこの複合図形を2つの要素に分解して認識していたと言える。これはヒトがこの図形を処理するときの方法と同じであろう。

(3) パターン優位性効果

しかし，図形の処理の方法は常に動物間で共通なわけではない。たとえばヒトには，右上がりの斜め線と左上がりの斜め線の違いより，それにL字を組み合わせて，鳥の足跡のようにした図形と直角三角形の違いの方が大きく感じられる（図5-1b）。同じ図形を付加したのであるから，図形が複雑化した分だけ，その区別は難しくなるはずなのだが，付加図形によっては，もとの図形にはなかった特殊なパターンが出現し，それによって図形の知覚的な差違が大きく感じられるようになる。これを**パターン優位性効果**と呼んでいる。上記の例の場合には閉じた図形が形成されることが重要だと思われる。

しかしこれまで明らかにされたところによると，この効果には著しい種差があり，チンパンジーはヒトと同じようにパターン優位性効果を示すが，ハシブトガラス（*Corvus macrorhynchos*）とハトでは，逆に，図形を付加すると弁別が阻害される（後藤，2009参照）。これは，鳥類ではより要素に注目し，図形を要素の総和として知覚している可能性を示している。

(4) 全体優先処理

たとえばEという文字をたくさん並べて，大きなZという文字を作るとしよう。ヒトはこれを見たとき，まずZだと判断する。このように階層性を持って作られた図形を処理するとき，ヒトは刺激の全体を優

先する。これを**全体優先処理**と呼んでいる。

　これは，種々の動物で検討されているが，ヒト以外の動物は，おしなべて，部分的特徴を優先して処理する（後藤，2009参照）。つまり，たとえば，要素●で構成された大きな□（図5-1c中央）は，■で構成された大きな□（左）との弁別の方が，●で構成された大きな○（右）との弁別よりも簡単だということである。これまで調べられた中では，アカゲザル（*Macaca mulatta*），ギニアヒヒ（*Papio papio*），フサオマキザル（*Cebus apella*），ハトはすべて部分的特徴を優先して処理した。チンパンジーについては，結果は一貫していないが，要素図形間の距離が近づくと，全体優先処理の傾向が強まることが示されている。

（5）錯視

　図5-1dを見てほしい。2本の水平線分は同じ長さだが，逆V字の頂点に近い方の線分は遠い方の線分より長く見える（**ポンゾ錯視**）。図5-1eでも水平線分は同じ長さだが，上の方がずっと長く見える（**ミュラー・リヤー錯視**）。図5-1fでは，中央の円の大きさは同じだが，小さな円に囲まれた左の円の方がずっと大きく見える（**エビングハウス錯視**）。

　このようなだまし絵は，**幾何学的錯視**，と呼ばれている。錯視は，観察者の視覚情報処理の特徴を端的に表す素材の1つである。

　ヒト以外の動物が，同じように錯視を経験するかは古くから興味を惹いてきたようで，フナ（*Carassius spp.*）やツグミ（*Turdus naumanni*），ニワトリ（*Gallus gallus domesticus*），ハト，アヌビスヒヒ（*Papio anubis*），アカゲザル，チンパンジー，などのさまざまな動物種が，ヒトによく似たさまざまな錯視を経験することが示されている（藤田，2005参照）。

動物の錯視の研究例を挙げよう。中村哲之らは以下のような方法で，ハトがミュラー・リヤー錯視を知覚していることを示している（Nakamura et al 2006）。6本の長さの異なる水平線分を刺激に用いる。試行が始まると，そのうちの1本の水平線分が，画面中央に提示された。ハトは，画面下部に提示される2つのキーをつつき分けて，これを長いか短いかに分類することを求められた。一方のキーは「長い」，他方は「短い」に対応し，6本のうち長い方の3本については「長い」，残りについては「短い」と答えるのが正解であった。

　この弁別学習の完成後，同じ方向を向いた矢羽を線分の両端に付けた図形で矢羽に慣らしたのち，外向きの矢羽，内向きの矢羽を取り付けた図形（つまりミュラー・リヤー図形）を提示して，「長い」「短い」の分類を調べた。このときハトは，どちらと答えても，ご褒美を手にすることができた。

　もしハトがヒトと同じようにミュラー・リヤー錯視を知覚しているのなら，内側を向いた矢羽を付けた図形（図5-1e上の図形）の長短分類は，外側を向いた矢羽を付けた図形（図5-1e下の図形）のそれに比べて，全体に「長い」方にずれるだろうと考えられる。結果はまさにそのようになった。つまりハトは，ミュラー・リヤー図形を，ヒトと同じように知覚していることがわかる。

　しかし，実は，錯視図形によっては，動物はヒトとは全く異なる知覚を経験する場合もある。たとえば，ミュラー・リヤー錯視は，図5-1gのように，矢羽を主線から離すと，錯視の向きが逆になることが知られている。中村らは，上記と同様の方法でこの錯視を検討しているが，ハトではこの逆錯視は全く生じない。

　さらに驚くべきは，エビングハウス錯視である．中村らは，線分の長さ弁別を，円盤の大小弁別に変え，同様の方法で，ハトのエビングハウ

ス図形の知覚を調べている (Nakamura et al., 2008)。するとハトの中央の円盤の大小分類は，周囲の円盤が小さいときには小さい方に，大きいときには大きい方にずれたのである。周囲の円盤の大きさを答えているのでないことは，別実験で調べてある。つまり，ハトはエビングハウス図形に対して，ヒトとは正反対の錯覚をするのである。

エビングハウス錯視の強烈な印象を目にすると，こうした逆の傾向は信じられないほどである。ミュラー・リヤー逆錯視が生じないことと合わせて考えると，これらは，ハトが離れた図形との対比効果による知覚のゆがみを生じないことを示しているように思われる。図形の処理様式には，種による大きな違いがあるのである。

しかしこうした大きな種差は，ヒトとハトが系統的に著しく離れていることだけによるものではなさそうである。実は霊長類の間にも大きな種差があるのである。上記のエビングハウス錯視は，ギニアヒヒでは生じない。また，ポンゾ錯視図形を奥行き感のある風景写真の上に重ね焼きすると，ヒトでは，ポンゾ図形の向きにかかわらず，風景写真が正立である限り，風景写真上で「遠くにある」と判断される線分が長く見えるが，アカゲザルでは，ポンゾ図形の向きに従った錯視が強くなる。ヒトでは写真の効果の方が図形の効果より強く，アカゲザルでは逆になっているということである（藤田 2005 参照）。

2. 明示的でない形の認識

ここまでは，目に入る情報には欠落がない場合を想定して，基本的な図形処理の特徴を比較してきた。しかし，実環境では，我々が手に入れることのできる情報は不完全な場合が多い。たとえば筆者がいま作業をしているコンピュータの裏側は，ディスプレイの陰で隠れて見えない。それでも筆者は，コンピュータの両端からのぞくケーブルの姿から，こ

の裏側にケーブルがあると認識する。街を歩いていても，建物は，電信柱やケーブルなどでしばしば分断されている。しかし，我々の目には，電信柱で分断されていても，ばらばらな建物には見えない。森の中で見る景色などは，複雑に交差する枝や葉で細分化された断片の集合に過ぎない。それでも我々には，森が断片の寄せ集めには見えない。知覚系はこのように，不足する情報を補って情報を処理し，全体としてまとまった事象を認知するのである。このような働きは動物にもあるのだろうか。ここでは2つの現象を取り上げて論じる。

（1）主観的輪郭

　図5-2aの図形を見てほしい。読者にはおそらく，くっきりとした白い三角形が見えるだろう。しかし，試しに黒い部分を手で隠してみると，三角形の輪郭など，どこにもない。図5-2bは，左右にある平行な線分の集合体が，少し上下にずれて配置されているだけだが，その間には，くっきりとした境界線が見えるだろう。

　これらは，いずれも我々の知覚系が作り出している，幻の輪郭線なのである。**主観的輪郭**と総称されている。主観的輪郭は，図をまとまった全体として把握しようとしたときに，最もありそうなものとして知覚系が選択する解であると考えられる。

　つまり，たとえば図5-2aの図形で，3つのパックマン図形や線分が，たまたまこのように都合よく並ぶ確率は非常に小さい一方，円盤や線分が，1つの三角形によって覆い隠されているために，見かけ上そのようになる確率はほどほどにある。このようなとき，知覚系は，最も「ありそうな」解を自動的に選ぶのである。

　動物にも主観的輪郭は見えるのだろうか。この問いは，これまでいくつかの動物種で検討されている。

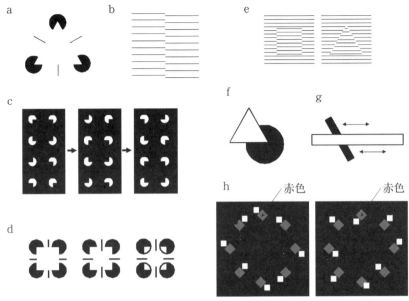

図 5-2　a．主観的輪郭（カニッツァの三角形）。b．位相の違いによる主観的輪郭。c．ネコの主観的輪郭の知覚を調べる課題（Bravo et al. 1988 をもとに描く）。d．チンパンジーの主観的輪郭の知覚を調べる課題（Fagot & Tomonaga 1999 をもとに描く）。e．メンフクロウの主観的輪郭の知覚を調べる課題（Nieder & Wagner 1999）。f．アモーダル補間を示す図形の例。g．物体の一体性の知覚を示す図。h．アモーダル補間が課題の解決を遅らせる課題の例。

　たとえば，ブラヴォらは，ネコ（*Felis silvestris catus*）に，上下に運動する実四角形が現れたときだけ反応するように訓練をした。その後図 5-2 c のように，主観的輪郭で構成される四角形が，それらを作るパックマン図形の回転で，上下に運動するように見える刺激を提示したところ，ネコはそれに反応したという（Bravo, Blake, & Morrison 1988）。

　ファゴらは，図 5-2 d のように主観的輪郭で構成された四角形が見

えるときに，線分が輪郭の「背後」にあるか「上(手前)」にあるかを弁別することをチンパンジーに訓練した（左の2図形）。その後，主観的輪郭を構成するパックマンの切り欠き部分を円弧で閉じてしまった図形（右の図形）でテストしたところ，その弁別の成績は著しく低下したという（Fagot & Tomonaga 2001）。

　これらはいずれも主観的輪郭の知覚を示唆する結果である。主観的輪郭の知覚は，このほか，アカゲザルとリスザルでも示されている。またアカゲザルやネコでは，主観的輪郭に応答する神経細胞も見つかっている。これらの応答は，ヒトの脳イメージング研究とよく一致し，少なくとも哺乳類では，主観的輪郭の知覚は同じ起源を持った相同なものであろうと考えられる。

　鳥類はどうだろうか。たとえばニーダーらは，メンフクロウ（*Tyto alba*）に，実三角形と実四角形のうち一方を選択することを訓練した。そののち，図5-2eで示されるような主観的輪郭で構成される図形を提示すると，メンフクロウはこれらを正しく見分けることができたという（Nieder & Wagner 1999）。このほか，ニワトリのヒヨコが，同心円状に配置された主観的な三角形を知覚できたという報告もある。

　興味深いことに，主観的輪郭は，ミツバチ（*Apis melifera*）にも見える，という報告がある。右下がり線分と左下がり線分の弁別を訓練したのち，その線分を主観的輪郭で構成されたものに換えると，ミツバチはその弁別を維持したという（Srinivasan 1994）。

（2）アモーダル補間

　否定的結果が，それであるゆえに報告されていない可能性はあるのだが，主観的輪郭の知覚では，現在までのところ，大きな種差は示されていない。しかし，このあと述べるアモーダル補間に関しては，著しい種

差が報告されている。

　アモーダル補間というのは，部分的に隠蔽された部分が，補われて知覚される現象である。たとえば図5-2fの図形を見ると，我々は多くの場合，黒い円盤の上に白い三角形が載っていると知覚する。実際には円盤の見えていない部分はどういう形状をしているか，全く不確定である。あるいは，そもそも三角形は黒い図形の上にはなく，切り欠きのある円盤が，白い三角形に食いついている，という可能性もある。しかし我々の知覚系は，こうした多様な可能性の中から，円盤の上に三角形という解を，ほぼ自動的に採用するのである。

　このような働きはヒトでは乳児期初期に発達することが知られている。たとえば図5-2gのように，帯の背後を2本の棒が左右に動いているのを見ると，4ヶ月の乳児は，これを1本のつながった棒と認識する。その証拠に，帯を取り去って，棒が上下2本に分かれているところを見せると，乳児は驚いてじっと見つめるのである。これは，**物体の一体性の知覚**，と呼ばれている。6ヶ月になると，棒は運動していなくても上下がつながっていることを認識する。

　動物にも同じような働きはあるのだろうか。

　たとえば筆者らは，フサオマキザルに，中央部が真っ直ぐにつながった斜め棒と，その中央部が分断された1組の棒，および，中央部が不規則形状を持ってつながっている棒2タイプの，計4種類の図形の見本合わせを訓練したのち，中央部分を帯で隠した図形を提示して，サルがこの図形を4タイプの棒のどれに合わせてくるかを分析した。サルはどれを選択しても報酬を手に入れることができたが，サルの選択は，刺激が左右に運動しているときも静止しているときも，圧倒的に，真っ直ぐにつながった棒であった（Fujita & Giersch 2005）。つまりフサオマキザルは，図5-2gのような図形を見ると，我々と同じように，帯の背

後に真っ直ぐな1本の棒がある，と認識するのである。同様の結果は，チンパンジーとニホンザルでも得られている。また少し異なる図形や手続きで，アカゲザルやギニアヒヒ，リスザルでも，アモーダル補間をすることが示されている。こうしたことから，おそらく霊長類においては，ヒトと同様のアモーダル補間が生じるものと思われる。

　しかしながら，同様の実験を，ハトを対象におこなうと，ハトは，上下の部分が左右に運動しているときでさえ，図5−2gのような図形を，2本の棒がある，と答えるのである（Ushitani et al 2001）。別の図形を用いた実験でも，ハトでは，過去，繰り返し補間に否定的な結果が報告されている。ハトは本当に補間をしないのだろうか。

　それを確かめるため，筆者と牛谷智一は，全く別のやり方でハトとヒトを比較した（Fujita & Ushitani, 2005）。まず図5−2hの左側の図形群を見ていただきたい。この中から切り欠きのあるひし形を見つけ出してほしい。この標的図形を見つけ出すのは容易であろう。では右側の図形群ではどうだろうか。見つけ出すのに少し時間がかかったのではないだろうか。

　これは，右側の標的図形のように，切り欠きの部分に他の図形がぴったりと接していると，我々の知覚系が，その「隠された」部分を，自動的に補間するからなのである。つまり，注意深く意識して見ないと，右側の図形群は，すべて完全なひし形に見えてしまう。

　これを単純化して，4刺激の中から標的図形を見つけ出し，それをマウスでクリックする課題をヒトにさせてみた。予測通り，白い四角形がぴったりと切り欠きを覆う条件では，ヒトの反応時間は圧倒的に長くなった。

　マウスクリックの代わりに，タッチパネルをつつく反応にして，ハトに全く同じ課題をさせた。まず白い四角形なしで，切り欠きのあるひし

形を見つけ出すように訓練したのちに，四角形を付け加えてテストした。そうすると，ハトの反応時間は，この四角形の追加に全く影響を受けなかったのである。つまりハトは，図5-2hの右側のような課題を，何の苦もなくこなすのである。これは，ハトが，ヒトのように補間する働きを持たないことを示す強力な証拠である。その後，実はニワトリ（チャボ）も，同じような傾向を示すことがわかった。

アモーダル補間は，我々ヒトにとってはあまりにも当たり前の機能で，直接見えていない部分には「何もない」と判断することは，正しい環境の認識に弊害をもたらすのではないかと考えがちである。しかし，補間をするためには神経系にそのための機能を組み込む必要がある。もしその種が生きていくためにこの機能が必須でないのなら，それを削った方が，より適応的である。見えない部分には何もないと判断すること自体は，何も間違ってはおらず，1つの取りうる解である。補間機能があるがために，かえってうまくできない作業もあるのである。

色知覚についてもそうであったように，進化は複雑で，1つの機能や性質や能力が，常に最も適応的であるとは限らないのである。

3. 本章のまとめ

本章では，さまざまな動物たちの環境の認識のうち，形の認識を取り上げ，相互に比較した。

まず，明示的な形の認識の特性には，多くの動物に共通して見られるものもあったが，パターン優位性効果や全体優先処理といった，ヒトで特徴的に見られる現象は，他の動物では必ずしも確認されず，霊長類の間でさえ，大きな種差があることが示された。

さまざまな錯視現象も，多くの種で共通に見られるものがある一方，図形によっては，ヒトで見られる錯視が全く見られない場合や，正反対

の錯視が見られる場合すらあることが示された。

　他方，明示的でない形の識別としては，主観的輪郭，アモーダル補間の2つの現象を取り上げた。主観的輪郭に関しては，現在のところ，大きな種差は報告されていない。ところが，アモーダル補間に関しては，ハトにおいて，他の種と著しく異なった特性が，繰り返し確認されている。

　このように，形の認識に関しては，広範囲の種に共通な機能と，著しく種差のある機能が混在する。おそらくこれらは，当該の動物種が，自身の生活様式に合わせて，知覚系の特性を，長い時間をかけてチューニングしてきた結果なのであろうと思われる。

　このことは2つの意味を持っている。第1に，動物の環境の認識のしかたは多様だということである。それは感覚器の特性で決まってくることなのではない。同じ情報を手にしたとしても，それを中枢神経系でどのように処理するかが異なっているということである。

　第2に，そのような環境認識の多様性は，我々ヒトの環境認識の様式が，数多くの可能な解の1つに過ぎないことを示している。我々は，自分たちの認識する世界が，唯一の究極の解であると思いがちだが，実際にはそれは，我々の生活に都合が良くなるように，歪められたものなのだと思われる。

引用文献

Blough, D. S. (1985). Discrimination of letters and random dot patterns by pigeons and humans. *Journal of Experimental Psychology: Animal Behavior Processes*, 11, 261-280.

Blough, D. S. (1988). Quantitative relations between visual search speed and target-distractor similarity. *Perception & Psychophysics*, 43, 57-71.

Bravo, M., Blake, R., & Morrison, S. (1988). Cats see subjective contours. *Vision Research*, 28, 861-865.

Fagot, J., & Tomonaga, M. (2001). Effects of element separation on perceptual grouping by humans (*Homo sapiens*) and chimpanzees (*Pan troglodytes*): perception of Kanizsa illusory figures. *Animal Cognition* 4, 171-177.

Fagot, J., & Tomonaga, M. (1999). Global and local processing in humans (*Homo sapiens*) and chimpanzees (*Pan troglodytes*): Use of a visual search task with compound stimuli. *Journal of Comparative Psychology*, 113, 3-12.

藤田和生「動物の錯視（3.8章）」(pp. 284-296). 後藤倬男・田中平八編『錯視の科学ハンドブック』(東京大学出版会, 2005)

Fujita, K., & Giersch, A. (2005). What perceptual rules do capuchin monkeys (*Cebus apella*) follow in completing partly occluded figures? *Journal of Experimental Psychology: Animal Behavior Processes*, 31(4), 387-398.

Fujita, K., & Ushitani, T. (2005). Better living by not completing: A wonderful peculiarity of pigeon vision? *Behavioural Processes*, 69, 59-66.

後藤和宏 (2009).「視覚認知における全体処理と部分処理―比較認知科学からの提言―」心理学研究, 80, 352-367.

Matsuzawa, T. (1990). Form perception and visual acuity in a chimpanzee. *Folia Primatologica*, 55, 24-32.

Nakamura, N., Fujita, K. Ushitani, T., & Miyata, H. (2006). Perception of the standard and the reversed Müller-Lyer figures in pigeons (*Columba livia*) and humans (*Homo sapiens*). *Journal of Comparative Psychology*, 120, 252-261.

Nakamura, N., Watanabe, S., & Fujita, K (2008). Pigeons perceive the Ebb inghaus — Titchener circles as an assimilation illusion. *Journal of Experimental Psychology: Animal Behavior Processes*, 34(3), 375-387.

Nieder, A., & Wagner, H. (1999). Perception and neuronal coding of subjective contours in the owl. *Nature Neuroscience*, 2, 660-663.

Srinivasan, M. V. (1994). Pattern recognition in the honeybee: Recent progress. *Journal of Insect Physiology*, 40(3), 183-194.

Ushitani, T., Fujita, K., & Yamanaka, R. (2001). Do pigeons (*Columba livia*) perceive object unity? *Animal Cognition*, 4, 153-161.

参考文献

藤田和生「動物の感覚・知覚(視覚)」(pp. 21-47)．大山正・今井省吾・和気典二・菊池正(編)『新編 感覚・知覚心理学ハンドブック Part 2』(誠信書房，2007)

学習課題

1. 本章で紹介した形の知覚に関する種差が，それぞれの動物種の系統グループや生活のしかたとどのように関連しているかを考えてみよう。
2. 第4章と合わせて，動物が見ている世界は，種によって著しく異なることを学んだ。それを考えに入れたうえで，イヌやネコなどの身近な動物の学習能力や行動を，再評価してみよう。

6 | 認知3—動物たちの記憶

藤田和生

《目標&ポイント》 本章では，さまざまな動物たちの記憶の働きについて学ぶ。まずヒトの記憶系の動作とそのモデルを学んだのち，ヒトの記憶系の動作に見られるさまざまな現象が動物の記憶系にも見られるのか否かを知るとともに，種特異的に発達した記憶について学び，記憶系の進化を考える。
《キーワード》 記憶，長期記憶，短期記憶，作業記憶，干渉，符号化，貯食

1. 記憶とは何か

（1）記憶の流れ

　日常的な意味では，記憶という言葉は何かものを憶えていることを指すが，情報処理の観点から見ると，この過程は，時間的に見て，3つのフェイズに分けられる。

　第1のフェイズは，**記銘**，と呼ばれるもので，感覚系が受け取った情報を憶え込むことである。

　第2のフェイズは，**保持**，と呼ばれるもので，憶え込んだ情報を維持することである。

　第3のフェイズは，**検索**，あるいは**取り出し**，と呼ばれるもので，必要に応じて，保持された情報を取り出して利用することである。

　記銘と保持がうまく動作していても，第3の検索フェイズがうまくいかないと，記憶は利用することができない。

　これら3つのフェイズの確実性や強さ，効率などを変える要因は，そ

れぞれのフェイズで異なる。

　記銘に影響する要因としては，以下のようなものがある。まず，情報を何度も反すうすると，記銘が促進される。これは**リハーサル**と呼ばれる。言語情報であれば，何度も唱えることができるし，漢字や画像などの記憶なら，何度も書く，あるいはイメージするなどが可能である。2つめに，一度学習したことを，時間をおいて反復学習すると記銘が促進される。3つめに，情報をナマのままではなく，他の情報に関連づけたりゴロ合わせをしたりして有意味化すると，記銘が促進される。こうした処理の深さの程度を**処理水準**と呼んでいる。

　保持に影響する要因としては，第1に保持時間がある。記憶痕跡は，基本的には時間とともに減衰すると考えられる。もう1つは干渉と呼ばれる外乱である。たとえば重要な刺激の出現，あるいは類似した記憶材料の記銘などがあると，記憶痕跡は突然減衰したり，あるいは混乱を来したりする。

　検索に影響する要因の1つは，記憶痕跡の強さである。当然のことながら，痕跡が強ければ検索は容易である。2つめは検索手がかりである。これはいわゆるヒントのことであり，思い出さなければならない事項に，意味的に，音韻的に，時間的に，空間的に関連したあらゆるものが，そのような手がかりとなりうる。

（2）記憶系のモデル

　研究の初期には記憶は1つのシステムの動作と考えられていたが，近年では**短期貯蔵庫**と**長期貯蔵庫**の2つの主要な貯蔵庫の相互的なやり取りで，全体として動作すると考えられている。

　このことは，悲惨な健忘症患者の症例から裏付けられている。HMという米国人の青年は，27歳の時にてんかん治療を受けた。この治療は

恐ろしいもので，**海馬**という記憶に関連する脳領域を広範に切除するものであった。術後，知能検査の成績などには変化がなかったのだが，彼は新しいものごとを，全く記憶することができなくなってしまった。普通に会話はできるので，短時間の記憶はちゃんと機能している。しかし，ほんの5分前に起こった出来事を全く思い出すことができない。そのため，同じ人に何度でも初めましてとあいさつをするし，同じ新聞記事に何度でも驚くようになってしまったのである。

　もう1つ重要な症例は，頭部外傷によって脳に損傷を負ったKFという患者である。こちらはHMとはちょうど逆で，一般の記憶課題で測定される長期の記憶には問題は見当たらないが，2桁の数を繰り返して言う，などの極めて容易な短期の課題が全くできなくなってしまったのである。

　これらの症例は，記憶系が，短期のものと長期のものに分けられるという見方を強く支持するものであった。アトキンソンらは，**2貯蔵庫モデル**と言われる記憶系のモデルを提案している（Atkinson & Shiffrin 1968）。

　このモデルの動作を説明しよう。まず外部から感覚器官に入力された情報は，ごく短時間だけ，**感覚登録器**と呼ばれるところに保存され，この中から注意を受けて拾い出されたものが，**短期貯蔵庫**に入る。短期貯蔵庫は容量が小さく，7±2項目しか入らない。またこの貯蔵庫は保持時間が短く，数十秒から長くても数分くらいの間に，情報が脱落していく。ただし，項目を唱えるなどしてリハーサルすると，情報をリフレッシュでき，いつまでも短期貯蔵庫にそれを留めておくことができる。短期貯蔵庫を利用した記憶を**短期記憶**と呼ぶ。

　短期貯蔵庫に留められた情報のうち，深く処理されたり，何度もリハーサルされたりしたものは，ある確率で**長期貯蔵庫**に転送される。長期貯

蔵庫は容量が非常に大きく，保持時間も長い。普通に言われる記憶は，この貯蔵庫に保持されている情報である。長期貯蔵庫からは，必要に応じて情報が短期貯蔵庫に引き出され，必要な処理を受ける。長期貯蔵庫に蓄えられた記憶を**長期記憶**と呼ぶ。

近年では，短期貯蔵庫は，単に情報を留めておくだけではなく，それを他の情報と照合したり，変換したりといった処理をおこなう装置であると考えられており，**作業記憶**と呼ばれることが多い。

バデリーらは，作業記憶のモデルを提案している (Baddeley & Hitch 1974)。それによると，作業記憶は，音声情報を格納する**音韻ループ**，視覚・空間情報を格納する**視空間スケッチパッド**，およびそれらを統御する**中央実行系**から成るとする。新しいモデル (Baddeley 2000) では，これに**エピソードバッファ**という視覚・聴覚・空間情報を統合した表現を保持する機構が追加されている。

(3) 長期記憶の分類

長期記憶にはいくつかの種類のものが区別される。1つは**手続き的記憶**と呼ばれるもので，熟練した動作や作業の記憶であると考えてよい。たとえば我々は自転車に乗るとき，どこの筋肉をどのように動かしているかは全く意識しないし，それを述べろ，と言われても陳述することはまず不可能である。スポーツの技能もそうであるし，話をするときの微細な筋コントロールもそうである。

もう1つは，**宣言的記憶**，あるいは**陳述的記憶**，と呼ばれるもので，必要とあれば，その内容を言語的に表現することのできる記憶である。これはさらに2つに分けられる。1つは**意味記憶**と呼ばれるもので，文字の読み方，ものの使い道，などの一般的な知識である。もう1つは**エピソード記憶**と呼ばれるもので，個人的体験の偶発的な記憶である。こ

れは後刻，必要に応じて意識的に取り出されることによって手に入る記憶で，その内容と場所と時期がセットになっている。つまり時空間的に位置づけられる記憶である。これに対し意味記憶は時空間情報を持っていない。たとえば筆者にとって，自分の飼い犬の名前がピコであることは意味記憶であるが，この名前をつけた時の思い出はエピソード記憶である。

2. 動物の記憶

(1) 記憶の測定法

　言葉を使うことなく，動物の記憶を測定するにはどのようにすればよいだろうか。20世紀初頭，ハンターは，**遅延反応課題**という方法を編み出した（Hunter 1912）。動物を1つの部屋に閉じこめ，通路の方向が見えるようにしておく。通路の先にいくつかの小部屋があり，そのうちの報酬の置かれた部屋の灯りが一定時間点灯した。消灯後，いろいろな遅延時間をおいて，閉じこめられた部屋のドアが開き，動物はどれかの小部屋に入ることができた。このような手続きで正しく点灯した小部屋に入れるかどうかを調べると，ネズミ（*Rattus norvegicus*）では10秒，アライグマ（*Procyon lotor*）では25秒，イヌ（*Canis familiaris*）では5分，ヒト（*Homo sapiens*）の子どもでは25分の遅延まで，正解することができたという。

　これは極めて簡単な手続きなのだが，記憶課題としてみると，問題がある。動物は，遅延期間中，ずっとその部屋の方を向いていることができるからである。これでは記憶を調べていることにはならない。

　そこで近年の研究では，**遅延見本合わせ**やその変形版が利用されることが多い。遅延見本合わせは，第4章でも出てきた通常の見本合わせに遅延時間を挟み込んだ記憶課題である。図6-1に，典型的な手続きを

図示した。まず見本と呼ばれる刺激が提示される。通常，動物は，これに対して数回の「見ました」反応を要求される。その後見本は消え，遅延時間に入る。遅延時間満了後，複数の比較刺激が提示される。動物は，これらの比較刺激の中から，見本に一致したものを選択することが求められる。

　この手続きでは，刺激のあった場所を体の向きで憶えておくといった直接的な戦術は使えないので，遅延時間の間，情報を保持しておくためには，より認知的なリハーサルが要求される。ブラウは，何もしなければ，ハト（*Columba livia*）の遅延見本合わせは，わずか5秒ほどの遅延ででたらめになるが，遅延期間中，見本刺激によって異なる反応を自発していた個体では，ずっと長い遅延でも成績は低下しなかったことを報告している（Blough 1959）。

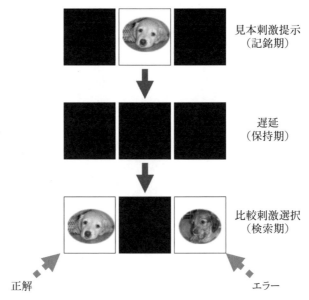

図6-1　典型的な遅延見本合わせ課題

（2）干渉効果

　ヒトの記憶に見られる特徴の1つに，干渉効果がある。これには2つのタイプがある。1つめは，**逆向干渉**と言われるものである。まずある記憶課題1をおこなったあと，別の記憶課題2をおこない，記憶課題1を思い出すテストをおこなうと，記憶課題2をおこなわなかったときに比べて，課題1のテスト成績が低下する現象である。

　もう1つは**順向干渉**と言われるもので，記憶課題1に続いて2をおこなったあと記憶課題2のテストをおこなうと，記憶課題1をおこなわなかったときに比べて，課題2の成績が低下する現象である。

　いずれの干渉効果も，2つの課題が類似しているときに強く生じる。たとえば，人の名前を10個ずつ2セット記憶するような場合には，強い干渉が生じるだろうが，人の名前10個と，花の名前10個を記憶した場合には，干渉は強くないであろう。

　動物の記憶においても，類似した干渉効果は生じるようである。たとえば実森正子らは，アカゲザル（*Macaca mulatta*）に，さまざまな霊長類の写真とさまざまな花の写真を記憶させる実験をおこなった。1日のテストの前半40試行では霊長類／花のどちらか一方だけが提示され，後半40試行では他方だけが提示された。そうすると，1日の最初は記憶成績が良いが，同じタイプの刺激が続くにつれて，成績は低下していった。ところが41試行目に違うタイプの刺激が提示されると，正答率は急激に回復し，同じタイプの刺激が続くにつれて成績は再び低下した（Jitsumori, Wright, & Shyan 1989）。

　これはアカゲザルにも類似課題の連続による累積した順向干渉が生じること，またそれは課題の大きな変化により，解放されることを明瞭に示している。

　同じタイプの刺激が連続することによって，弁別課題の成績が悪化す

ることは，ハトでも示されている。

　1つ以上前の課題について記憶を問うのは動物では容易ではないが，逆向干渉についても間接的な証拠は得られている。ダマトーらは，フサオマキザル（*Cebus apella*）に色つき図形の遅延見本合わせをさせた（D'Amato & O'Neill 1971）。最大2分の遅延の間，部屋が暗黒であった場合と，照明が点灯していた場合があった。いずれの条件でも，遅延とともに見本合わせの成績は低下したが，その成績の低下は，暗黒条件でずっと緩やかであった。暗黒条件では，遅延期間中に余計な視覚刺激は入ってこない。他方照明条件ではさまざまな視覚刺激が見えるので，これが記憶した内容に干渉しうる。つまり，逆向干渉が生じた結果，記憶成績が低下したと考えることができる。室内照明による同様の成績低下は，ハトでも示されている。

（3）系列位置効果

　一連の項目を記憶し，直後に再生すると，リストの最初の方と最後の方の項目はよく思い出せるが，真ん中あたりの項目は思い出しにくい。つまり，横軸に項目の順序，縦軸に正再生率を取ったとすると，その曲線はナベ底型になる。これを**系列位置効果**と呼んでいる。リストの最初の方の高正答率は**初頭効果**，最後の方の高正答率は**新近性効果**，と呼ばれている。

　新近性効果は，つい最近覚え込んだ項目の再生なので，短期記憶からの出力であろうと考えられる。その証拠に，最終項目の提示から，時間をおいて再生を求めると，新近性効果は見られなくなる。

　他方，初頭効果は，最初の方の項目を何度もリハーサルしたことにより，長期記憶に転送された内容の出力であろうと考えられる。その証拠に，項目間の提示間隔を長くし，リハーサルをしやすくすると初頭効果

は強くなるが，逆に提示間隔を短くしてリハーサルしにくくすると，初頭効果は弱くなる。

このように系列位置効果は，短期記憶と長期記憶の相互作用・相互関係をよく示す現象である。

動物にも同様の現象は見られるのだろうか。これは動物の記憶システムとヒトの記憶システムが相同なものかどうかを検討するために重要なポイントである。

ライトらは，**系列項目再認**という手続きで，これを検討している（Sands & Wright 1980）。この課題では，動物に一連の視覚刺激を順次見せる。複数の見本が提示されると考えればよい。最終項目の提示後，プローブと呼ばれる比較刺激が提示される。動物の仕事は，これがリストの中にあったかなかったかを，レバーを左右に動かすなどの動作で振り分けることである。このような「あったか」「なかったか」の判断は，**再認**，と呼ばれている。

図6-2は，同じ10項目の系列項目再認課題の成績を，アカゲザルとヒトで比較したものである。アカゲザルは写真，ヒトは万華鏡の色パターンが刺激に用いられた。全体の正答率こそ違うものの，初頭効果と新近性効果の生じ方にはほとんど違いがない。

ライトらは，さらに，4項目の系列項目再認課題で，最終項目提示後の遅延時間を操作し，その遅延時間による系列位置効果の違いをヒト，アカゲザル，フサオマキザル，およびハト，の4種で比較している。すると遅延時間の絶対値の違いを除けば，遅延時間の違いによる系列位置効果の変化のパターンはほとんど同じであった。つまり，短時間の遅延では新近性効果が強く表れ，逆に長時間遅延では初頭効果が強く，典型的なナベ底型の曲線になるのは，中間の遅延だけだったのである。

これらは，系統の大きく異なる上記4種で，短期記憶と長期記憶の相

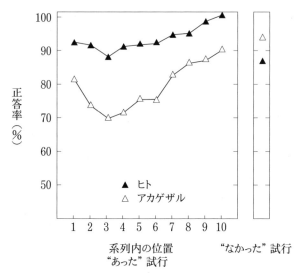

図6-2　ヒトとアカゲザルの系列位置効果（Sands & Wright 1980 より）

互作用が共通であり，記憶システム全体が相同である可能性を強く示唆している。

（4）符号化

　ここまでは，記憶した項目そのものを，遅延時間後に再生あるいは再認する作業を問題にしてきた。しかし我々の記憶を利用した作業には，記憶した内容に基づいて別の作業をするものもある。たとえば，翌日の早朝に会議があるという情報を会社で聞いたあと，帰宅して，夜寝る前に目覚まし時計をいつもより1時間早い時刻にセットする，などがそうである。

　このような場合，正しく記憶に基づいた行動をとるためには，2つの方法が考えられる。1つは早朝会議の情報をそのまま記憶しておいて，

寝る前にそれを目覚まし時計のセットに変換する方法，もう1つは，早朝会議の情報を聞いたときに，目覚ましを早くセットしなければならないという情報に変換して記憶しておく方法，である。前者のやり方を，**回顧的符号化**，後者のやり方を**予見的符号化**と呼んでいる。回顧的符号化は，提示された情報を受動的に処理していても可能だが，予見的符号化は，記憶すべき内容に対する積極的な処理がなければ生じない。つまり予見的符号化は，与えられた情報に対する記憶する主体の積極的な関わりの存在を示している。

ギャファンは，アカゲザルが，こうした積極的な記憶への関わりを示すことを報告している（Gaffan 1977）。上段左から1，2，3 … 9と番号を振られた3行3列に配置されたキーが用いられた。まず見本刺激として5番（中央）の位置に青，赤，あるいは琥珀のどれかの色が提示された。遅延時間後，サルは，見本が青の時には3番（右上），赤の時には6番（右中段），琥珀の時には1番（左上）を押すことを求められた。つまり色をキーの位置に符号化する課題である。

見本の色は，青だけが離れており，赤と琥珀色は似ている。他方正解キーの位置は，青に対応する3番と赤に対応する6番が上下に並んでいて近いが，琥珀に対応する1番は離れている。もしサルが，遅延時間の間，色をそのまま憶えている，つまり回顧的符号化をしているのだとしたら，色の似た見本に対する混同が生じるであろう。そうすると，報告キーでは，赤に対応する6番と琥珀に対応する1番の間で，より多くの混同エラーが生じるだろう。他方，もしサルが予見的に色を位置に符号化して憶えていたとすれば，隣接したキーの3番と6番，色で言えば青と赤という，似ていない見本の間の混同エラーが多くなると考えられる。サルのエラーを分析すると，後者のパターンであった。つまりサルはこの事態で予見的符号化をしたのである。同様の行動は，ハトでも示され

ている。

　動物はいつでも予見的符号化をするわけではない。見本合わせにおいて，見本刺激がAなら比較刺激Xを選ぶというような場面を，一般に**象徴見本合わせ**と呼ぶが（上記の課題は，Xが位置であったと考えてもよい），これにも遅延を挟んで記憶課題にすることができる。このような課題で，見本刺激相互間の弁別を易しくし，比較刺激相互間の弁別を難しくすると，動物は，見本をそのまま憶えて回顧的符号化をおこなうことが知られている。予見的符号化と回顧的符号化は，場面に応じて使い分けられるのである。

(5) 指示された忘却

　前項では，動物が積極的に環境情報を取り込もうとしていることを示したが，我々ヒトは，憶える必要のあることと必要のないことを峻別して，必要がなければ，あえて情報を取り込まない場合がある。これは不要な認知的負荷を減らし，認知的資源を他に振り向けるために良い方法である。

　こうした認知的な選別が動物にもあることを初めて示したのは，マキらの研究である（Maki & Hegvik 1980）。彼らは，見本刺激が提示される窓に食物が置かれていたか否かを，数秒の遅延後，色キーをつつき分けて報告する課題をハトに訓練した。ただし，見本刺激の提示中，室内灯が点いているかいないかによって，あとで色を報告させられるかそのまま試行が終了するかが決まっていた。つまり「憶えておけ」か「忘れていい」かを指示したのである。憶えておけと言われたとき，ハトの正答率は約90%であった。ところが，忘れていいという指示のあと，だまし討ちで色キーを提示してテストすると，正答率は約70%に低下した。つまり「忘れていい」と言われたとき，ハトは憶えていようとしなかっ

たのである。これを，**指示された忘却**，と呼んでいる。その後の研究では，ハトは，記銘時に遅延の長さが長いか短いかを指示される場合，「長い」と指示されると，積極的に記憶しないことも示されている。

指示された忘却は，ラットでも霊長類でも示されている。動物においても，記憶は外部の刺激を受動的に留めておくだけの過程ではない。個体はそれを積極的に用いて，より巧みな環境への適応につなげているのである。

（6）記憶の生物学―特異的に発達した記憶

ここまでは，さまざまな記憶課題で見られる動物の一般的な記憶の性質について述べてきた。しかし，学習の項で学んだのと同様に，動物にはいろいろと特異的に発達した記憶も見られる。これらはその種が生活する上で適応的な価値を持つために，進化したものだと思われる。

1つめの例として，ラットの場所記憶を挙げよう。ラットはドブネズミを実験動物化したもので，原種はヒトの環境に適応し，複雑な地理的環境の中で，巧妙に採食活動をおこなう。

ラットの場所記憶を調べるために工夫された装置の1つに，**放射状迷路**といわれる仕掛けがある（Olton 1978）。これは，中央の広場を中心に，長いアームが放射状に多数取り付けられたもので，通常，アームの先端に報酬が置かれる。動物はこれを取るために広場を介してアームを訪れる。ラットはこの装置で極めて効率よく採食する。オルトンは8本のアームのある放射状迷路のすべてのアームに餌を置き，ラットを自由に探索させた。すると，しばらく訓練すると，ラットはほとんど同じアームを再訪問することなく，すべての報酬を取るようになった。つまりいったん訪れた場所を，すべて憶えているということである。

この記憶は極めて堅固なものである。8本中4本を選択した時点でい

ったんラットを取り出し，ホームケージに戻し，再び迷路に戻すと，4時間後までの再開では，ほぼパーフェクトに訪れていないアームに入ることが知られている。

ラットはどのようなやり方でこうした優れた行動を実現しているのだろうか。方策は2つ考えられる。1つは回顧的符号化戦略で，すでに訪問したアームをすべて憶えておく方策，もう1つは予見的符号化戦略で，このあと訪れなければならないアームを憶えておく方策である。

クックらは，12本の放射状迷路でこれを検討している（Cook, Brown, & Riley 1985）。彼らはラットが，2，4，6，8，10本のアームを選択したのちにいったん取り出し，15分後に再び迷路に戻した。もしラットが回顧的符号化戦略を採っているなら，同じ場所に行くエラーの数，あるいはすべてのアームを訪れるまでの全訪問数は，すでに訪問したアームの数が多いほど増えると予測される。なぜなら，訪問したアーム数が多くなると，記憶の負荷は大きくなると考えられるからである。逆にもし予見的符号化戦略を採っているなら，この関係は逆になると考えられる。なぜなら，これから訪れなければならない本数は，すでに訪問したアームの数が多いほど少なくなるからである。

しかし実際に実験をおこなってみると，データはこのいずれとも異なっていた。エラーの数は6本選択後に最も多くなったのである。これは何を意味しているのだろうか。ラットはおそらく，すでに訪問したアームの本数が少ないときには，訪問したアームを記憶しているが，それが6本よりも多くなると，今度は今後訪れるべきアームを記憶するという戦術をとっていたのではないだろうか。つまり，憶えているべき記憶項目の多さによって，ラットは，回顧的戦略と予見的戦略を柔軟に切り替えて使っていたのではないかと思われる。こうした迷路課題におけるラットの空間探索の堅固さと柔軟性には，驚嘆すべきものがある。

もう1つの事例は，貯食鳥類の驚異の記憶力である。カラス科の鳥類には，食物を貯蔵し，のちに取り出して食べる種が多い。たとえばアメリカケス（*Aphelocoma californica*）は，秋，主にマツの実を最大約6,000個，地面に穴を掘って貯蔵し，後日取り出して食べる。マツカケス（*Gymnorhinus cyanocephalus*）は，やはり秋，マツの実を，最大25,000個も貯蔵し，冬から春にかけて取り出して食べる。さらに上手をいくのはハイイロホシガラス（*Nucifraga columbiana*）で，秋，やはり主にマツの実を最大 6,000～8,000 個もの地面の穴に，22,000個～33,000個も貯蔵し，冬から夏にかけて取り出して食べる。

こうした貯食鳥類は，単に隠した場所を憶えているだけではないことが実験的に示されている。アメリカケスにごく近縁のフロリダカケス（*Aphelocoma coerulescens*）を使った興味深い実験（Clayton & Dickinson 1998）を紹介しよう。

まずカケスに2種類の餌の性質を教え込んだ。このカケスも餌がたくさんあれば，それを隠す習性がある。砂を入れた冷蔵庫の製氷皿を2つ用意し，一方にピーナッツ，他方にハチミツガの幼虫を隠させた。その後4時間後あるいは124時間後に取り出させた。ピーナッツはいずれの条件でも食べられるが，ハチミツガの幼虫は124時間後には腐ってしまい食べられなくなる。これを教えたあと，今度は2連の製氷皿を用意し，片方に一方の餌を隠させ，120時間後，反対側に他方の餌を隠させた。その後4時間して，取り出しをさせた。この場合，ピーナッツを先に隠した場合にはどちらの餌も食べることができるが，ハチミツガを先に隠した場合には，すでに124時間が経過しているので，それは食べられない。この経験を一度だけさせたあと，最後にテストがおこなわれた。テストでは全く同じように2連の製氷皿に餌を隠させたが，取り出しのときには，匂いの手がかりがないように，餌がすべて取り除かれた。する

とカケスは，ハチミツガの幼虫をあとで隠したときには，ほとんどの場合，そちらの皿に最初の探索反応を向けた。虫の方が好きなのである。しかし，ハチミツガを先に隠していたときには，最初の探索はすべてピーナッツの方に向けられたのである。

つまり，カケスは，どこに何を隠したかだけではなく，いつそれを隠したのかも記憶していることが示された。これは時空間的に位置づけられた記憶であり，エピソード記憶の1つの性質を持ったものであるということができる。

3. 本章のまとめ

本章では，まずヒトの記憶系の性質やモデルを学んだ。ヒトの記憶系は，大きく短期記憶あるいは作業記憶と長期記憶の2つのサブシステムからなり，これらの相互作用で，全体として我々の記憶を機能させている。

次いで，さまざまな動物たちの記憶系の動作の性質を学んだ。順向干渉や逆向干渉，系列位置効果，符号化，指示された忘却といったヒトの記憶に見られるさまざまな現象が，哺乳類や鳥類にも見られることを示した。これらはヒト型の記憶系が進化的に見てかなり古い起源を持つものであることを示している。

一方，動物種によっては，驚くほど良く発達した特異的な記憶能力を示すものがあることを述べた。こうしたものは，学習と同様に，彼らの生活様式にあった適応的特殊化の効果ではないかと思われる。

引用文献

Atkinson, R.C., & Shiffrin, R.M. (1968). Human memory: A proposed system and its control processes, In K. W. Spence (Ed.), *The psychology of learning and motivation: Advances in research and theory* (pp. 89-195), New York: Academic Press.

Baddeley, A. D. (2000). The episodic buffer: a new component of working memory? *Trends in Cognitive Sciences*, 4, 417-423.

Baddeley, A. D., Hitch, G. J. (1974). Working Memory, In G. A. Bower (Ed.), *Recent advances in learning and motivation* (Vol. 8, pp. 47-90), New York: Academic Press.

Blough, D. S. (1959). Delayed matching in the pigeon. *Journal of the Experimental Analysis of Behavior*, 2, 151-160.

Clayton, N. S., & Dickinson, A. (1998). Episodic-like memory during cache recovery by scrub jays. *Nature*, 395, 272-274.

Cook, R. G., Brown, M. F., & Riley, D. A. (1985). Flexible memory processing by rats: Use of prospective and retrospective information in the radial maze. *Journal of Experimental Psychology: Animal Behavior Processes*, 11, 453-469.

D'Amato, M. R., & O'Neill, W. (1971). Effect of delay-interval illumination on matching behavior in the capuchin monkey. *Journal of the Experimental Analysis of Behavior*, 15, 327-333.

Gaffan, D. (1977). Response coding in recall of colours by monkeys. *Quarterly Journal of Experimental Psychology*, 29, 597-605.

Hunter, W. S. (1912). The delayed reaction in animals and children. *Behavior Monographs*, 2, No.1.

Jitsumori, M., Wright, A. A., & Shyan, M. R. (1989). Buildup and release from proactive interference in a rhesus monkey. *Journal of Experimental Psychology: Animal Behavior Processes*, 15, 329-337.

Maki, W. S. & Hegvik, D. K (1980). Directed forgetting in pigeons. *Animal Learning & Behavior*, 8, 567-574.

Sands, S. F., & Wright, A. A. (1980). Serial probe recognition performance by a rhesus monkey and a human with 10- and 20-item lists. *Journal of Experimental Psychology: Animal Behavior Processes*, 6, 386-396.

参考文献

藤田和生『比較認知科学への招待―こころの進化学―』(ナカニシヤ出版，1998)

学習課題

1. 身近な動物の記憶を，宝探しゲームのような課題で調べてみよう。数カ所の場所に報酬を隠し，いろいろな遅延時間をおいて，探しに行かせるとよい。

7 | 認知4―動物たちのコミュニケーション

藤田和生

《目標&ポイント》 まずヒトの最も重要なコミュニケーション手段である言語の特徴を学んだ後，諸動物の多様なコミュニケーションのありさまや動物に対する言語訓練の成果を学び，ヒトの言語との類似点や相違点は何かを考える。
《キーワード》 言語，コミュニケーション，生得的解発機構，象徴性，手話，言語習得実験

1. コミュニケーションとは何か

（1）コミュニケーションの定義

コミュニケーションの本質は個体間における情報の伝達である。しかし，個体間における情報の伝達をすべてコミュニケーションと定義すると，いろいろな不都合が生じる。

たとえば深夜，草むらにネズミがいたとしよう。ネズミが動くと草の擦れるカサカサという小さな音がするだろう。そのわずかなサインを聞きつけて，フクロウのような耳の良い捕食者はやってくるかもしれない。この例でも確かに個体間で情報は伝達されているが，それはネズミが望んだものではない。

それならば，意図的な情報の伝達だ，と定義すればどうだろう。この定義は良さそうに思えるが，動物が情報を伝達する「意図」を持ってい

ることを証明するのはそう容易なことではないし，そもそもコミュニケーションは意図がなければ成立しないものなのだろうか。ヒトは身の危険が迫れば「ギャー」と悲鳴を上げる。意図的に出される場合もあるかもしれないが，多くの場合にはこれは反射的に出される音声であろう。しかし，これによって自分が危険にさらされていることが他者に伝達され，うまくすれば救助してもらえるかもしれない。もちろん逆に敵に察知されて，捕えられることもあるかもしれない。

このように，他者に情報を伝達することには，利益もあれば不利益もある。こずえで小鳥のオスがさえずっているとしよう。小鳥にとっては，メスを引き寄せられることと同種のオスを追い払えることは利益だが，捕食者を招いてしまうことは不利益である。この小鳥がさえずりを出すことを進化が支援するのは，この利益と不利益が，総合してプラスになるときだけである。

つまり**コミュニケーション**は，平均すれば（あるいは総合すれば）個体の適応度を上げるような情報の伝達，と定義されるのである。

（2）コミュニケーションの必要性

生涯単独生活を送り，自家繁殖する動物がいたとしたら，一切の情報伝達をしないことが，この動物にとってはもっと適切な戦略かもしれない。しかしほとんどの動物は，最低限でも有性生殖をするときには他個体との接触がある。このときに「自分は同種の異性で，繁殖を望んでいる」ことを伝えられなければ，繁殖は望めない。

他方，たとえば霊長類のように，複雑な社会を作って生活する動物種にとっては，コミュニケーションは，個体間の調整のために，日常的に不可欠なものとなっている。

コミュニケーションは採食の効率を向上させるにも有用である。互い

に他者の情報を利用することができれば，よい資源にはやく到達できるだろう。捕食者の回避にも重要である。それを発見したという他者からの情報を利用できれば，効率よく危険を回避できる。相互的に情報を利用できれば，その集団はよりうまく生きていける。

このようにコミュニケーションは，多くの動物にとって重要な意義を持つものであり，それがゆえに，動物たちは，驚くほど多様なコミュニケーションシステムを進化させてきたのである。これらについては3節で述べることとし，まず我々ヒトのコミュニケーションの特徴をまとめておこう。

2．ヒトのコミュニケーション

ヒトのコミュニケーションの最大の特徴は，言うまでもなく**言語**である。言語は複雑な内容を高速に伝達できる極めて優れたコミュニケーション手段である。しかし，我々ヒトは，言語ですべてを伝達しているわけではない。一括して，**非言語的コミュニケーション**，と呼ばれる多様な手がかりが，思いのほか重要な働きをしている。

（1）非言語的コミュニケーション

非言語的コミュニケーションの手段として挙げられるものには，表情，しぐさ，身振りサイン，**プロソディ**（ことばの調子），などがある。この中には，ヒトという種に共通なものと，文化によって形作られるものがある。

表情やしぐさは，多くの部族・民族・人種に共通なもので，強い遺伝的基礎の存在をうかがわせる。写真7－1 a はそれを示すもので，これらの表情が何を示すものであるかは高い確率で言い当てることができるだろう。また上段と下段はそれぞれ対応していることもすぐわかる。

写真7-1bは，赤ん坊も同じ表情を表出することを示す写真であり，強い遺伝的基礎がこれらの表情の表出を制御していることを裏付けるも

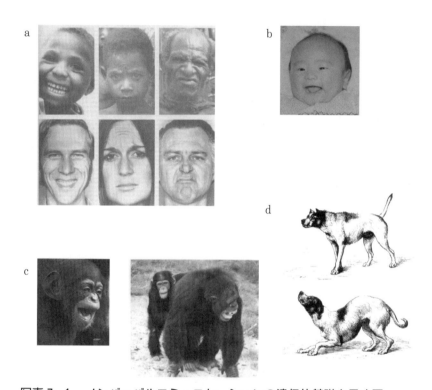

写真7-1　ノンバーバルコミュニケーションの遺伝的基礎を示す図
　a：表情の普遍性を示す写真（Atkinson, R. L. et al. (eds.), Hilgards introduction to psychology 13th ed. Harcourt Brace（2000）より）。b：赤ん坊の笑い（撮影：藤田和生）。c：チンパンジー乳児の笑い（明和政子『なぜ「まね」をするのか』（河出書房新社）（2004）より（撮影：水野友有））と恐怖の表情（deWaal, 1982（この写真は，訳書，ドゥ・ヴァール『利己的なサル，他人を思いやるサル』草思社（1998）による））。d：敵対的なイヌ（上）と友好的なイヌ（下）（Darwin 1872（この図は，ハリデイ＆スレイター『動物コミュニケーション』（西村書店）（1998）による）

のである。写真7-1cは，ひょっとすると，ある程度は近縁の種間でも共通かもしれないことを示す図である。チンパンジーは，我々にもそれとわかる笑いの表情を表出し，恐怖の表情を示す。

　しぐさにも遺伝的基礎があるものと思われる。たとえば我々は興味のないものからは目をそらす一方，見たいものは身を乗り出して観察する。他者を威圧するときには上からにらみつけ，へつらうときには姿勢を低くする。ダーウィンは，相反する情動的状態は，動作的にはちょうど対照的なもので示されることに着目し，これを**背反の原理**，と名づけている。写真7-1dはダーウィンが描く，親愛の情に満ちたイヌと攻撃的なイヌである。どちらがどちらであるかは，イヌの飼い主でなくても明白であろう。こうしたしぐさにも，ある程度は異種間の共通性が見られる。

　プロソディは，言語に付加されたことばの調子である。たとえば，同じように文字で書けば「火事だ」という発話であっても，それが平静な声で語られたときには，ヒトは「え，なんですか？」と問い返すに違いない。他方，強い切迫した調子で「火事だ！」と誰かが叫んだとすれば，人々はあわてて椅子を立つことだろう。同じように「すみませんでした」と言われても，その調子で，どれくらい本人が反省しているかはすぐにわかる。プロソディは，よく表情と組み合わされて出され，その効果を強めている。笑った顔で「おまえはアホか」と言われたときと，怒った顔で強く同じことを言われたときでは，伝わる内容はまるで異なる。

(2) 言語的コミュニケーション

　言語はヒトが獲得した独自のコミュニケーションシステムである。地球上で話されている言語には多様なものが存在するが，興味深いことにそれらには数多くの共通した特徴がある。これらは言語がヒトという種の生物学的な基盤に基づくものであることをよく示している。

第1の特徴は，その**象徴性**である。語は実際の事物を指し示す機能を持つということである。また語と実物との間には，必然的な関連性はない。尻尾を振ってワンワン鳴く動物を，「イヌ」ではなく「ネコ」と呼んでもよかったはずである。現に英語では"dog"と呼ばれるし，ドイツ語では"Hund"，マレー語では"anjing"と呼ばれる。これを言語の**恣意性**と呼んでいる。

　第2の特徴は，**代置性**と呼ばれるもので，語は時空間を超越してそれが参照する事物の代わりをするという性質である。たとえば，バナナの色は何色ですかと問われれば，ほとんどの人は黄色と答えるだろう。しかし，よく考えてみれば，ここに印刷されている「バナナ」という文字の色は黒である。この答えが黄色になるのは，この黒い「バナナ」という文字が実物の代わりをしているからである。この機能がなければ，現在ここにないものについては，何も情報を伝達することができない。

　第3の特徴は，**二重分節性**である。これは文が語に分けられ，さらに語は**音素**に分けられるということである。これは発話の多様性を実現するために非常に重要な働きで，たとえば日本人であれば，発音し分けることのできる音素は，/a/, /i/, /u/, /e/, /o/の母音と，/k/ /s/ /t/ /n/ /h/ /m/ /j/ /r/ /w/ /g/ /z/ /d/ /b/ /p/の子音など，せいぜいが数十個しかない。しかし，これらを組み合わせることにより，多様な語が生成され，それらをさらに組み合わせることにより，さらに多様な文を作ることができる。

　第4の特徴は，**生産性**と言われるもので，二重分節性により多様な文を生産でき，さらには「私は動物が好きですと彼女が言っていました」のように，文を埋め込み構造にして，より一層の多様な発話が可能になることである。

　第5の特徴は，**文法**あるいは**統語**と呼ばれる性質である。これは音素

や語の並べ方に規則があるということで，「です動物私がは好き」では，意味はわからないこともないが，正しい文にはならない。他方，意味は全くわからなくても，日本人なら「テンポコはボコベケがミチャルです」というのが文として正しいことは認識できる。

　第6の特徴は，**文化的伝達**である。言語は，学習により，当該の言語コミュニティにおいて世代を超えて伝達される文化であるということである。血は日本人であっても，ドイツで育てばドイツ語が母国語になる。言語を学ぶ能力はヒトに遺伝的に備わっているが，どのような言語を学ぶかは生後の経験で決まってくる。

3. 自然界に見られる動物のコミュニケーション

　ヒトのコミュニケーションの特徴を学んだところで，いよいよ動物たちのそれについて見ていこう。

(1) さまざまなコミュニケーション
　言語で用いられる主要な感覚様相は聴覚であるが，自然界に見られるコミュニケーションでは，さまざまな感覚様相が用いられる。それは，それぞれの感覚様相の刺激が，異なった性質を持っているからである（ハリデイ＆スレイター 1998 参照）。

視覚　視覚刺激は光によって伝達されるので，情報が極めて高速に伝わる。そのため，変化する情報を伝達するには適している。また光は直進性が強いので，刺激の発信源の定位が容易である。そのため，さまざまな動物種が，姿勢や動き，あるいは模様の提示などを信号として用いている。しかし，難点も数多くある。まず，伝達には光が必要であるし，障害物があると伝達されない。さらに受容者がこちらを向いていなければ効果はない。ホタルは，種特異的な光の明滅のパターンをオスメス間

の同種の確認と求愛交渉に用いているが，これなどは，光のない夜間，他の視覚刺激のないところで効率よく信号を伝達するために進化した驚くべきシステムである。

聴覚 音によって伝達されるので，情報の伝わり方は比較的速い。そのため，視覚同様，変化する情報の伝達には適している。音波はある程度直進性を備えているので，定位は視覚に次いで容易である。光はなくても利用できるし，光とは異なり，受容者の向きは不問である。そのため聴覚は，多くの動物に利用されている。たとえば鳥類のさえずり，昆虫の鳴き声，哺乳類のさまざまな音声がそれであり，音声言語もその1つである。しかし聴覚情報は公共性が非常に高く，望まない相手に盗聴されやすいという欠点も持っている。被捕食者では，これは文字通り死活問題である。

化学感覚 嗅覚など化学物質によるコミュニケーションも，さまざまな動物に採用されている。この方法は，伝達が緩慢で，急速に変化する状態を伝えるには適していないので，種，血縁，性別，性的受容状態，食物や身体的・社会的状態などの比較的長期的に安定した情報の伝達に多く用いられる。詳細な情報の伝達も難しく，また長期的には捕食者を招来する危険もあるが，最大の長所は，いったんその物質を放出すると，その物質は長期にわたって情報を提供し続けることである。つまり発信者はそこに滞在していなくても，存在を主張できる。イヌ（*Canis familiaris*）が尿でテリトリーをマーキングするのは，この性質を利用している。昆虫類では**フェロモン**と呼ばれる揮発性の化学物質がさまざまな形で用いられている。たとえば，羽が退化して飛べないカイコガ（*Bombyx mori*）のメスは，ボンビコールという強力な求愛フェロモンを放出してオスを誘う。オスは，風に乗って運ばれてきたフェロモンの分子を触角で受信すると，風上に向かって定位し，やってくる。アリは，

食料を巣に持ち帰るときに，道しるベフェロモンを通り道につけていく。次のアリはこのフェロモンをたどって行き，餌を見つければ同じ道をまたフェロモンをつけながら戻る。その結果，見事なアリの行列ができるのである。

<u>振動</u>　環境がそれを許せば，音以外の物体の振動もコミュニケーションに使用される。伝達速度は媒体によって著しく異なるものの，それを利用する動物は数少ないので，盗み聞きされる恐れは少ない。詳細な情報の伝達は難しいが，動物たちは，巧みにこれを利用している場合もあるようだ。たとえば造網性のクモは，網の振動をさまざまな形で利用している。振動が獲物のものであれば捕獲し，他方，それが同種のオスであればメスはじっと待っている。クモは，オスがメスに比べてはなはだしく小さい場合が多いが，オスは網を弾いて同種を示す振動信号を送り，メスからの捕食攻撃をかわすのである。アメンボの仲間は，足先に感覚毛があって，水面の波のパターンから獲物を認識し，捕食する。オオアメンボ（*Gerris elongatus*）という種では，水面を脚でたたいて振動の波を送り，同種他個体と求愛のコミュニケーションをしている（安富，2002）。ミズスマシやタガメの仲間も水面の波をコミュニケーションに利用している。水面の波は伝達も遅く，すぐに減衰するが，地面を伝わる波の伝達速度は速く，うち低周波のものは，遠くまで伝わる。最近，アフリカゾウ（*Loxodonta africana*）は，脚を踏んで地震波のような波を作り，他のゾウはそれをやはり足で受け取り，骨伝導により耳で感知しているらしいことが示された（National Geographic 2009 参照）。

他にも，超音波を利用するコウモリ，クリック音を利用するハンドウイルカ，弱い電気を出して，それによって環境を知るモルミルス科の弱電魚など，多様な動物が多様な素材をコミュニケーションに使用している。我々はつい，視覚や聴覚が高級な感覚で，化学感覚などは「原始的」

な感覚であるなどと考えがちである。しかし実際には，これらはどれが高次・低次，というものなのではなく，それぞれが持つ特性を巧みに利用し，環境と生活の必要性に応じて，その動物種が独自に進化させたものなのである。

(2) 定型的なコミュニケーションと可塑性のあるコミュニケーション

　動物たちのコミュニケーションには，定型的で，デジタル情報のように，信号があるかないかだけが示されるものと，状況によって量的あるいは質的に変化し，微妙な意味合いの違いを伝えるものがある。

　前者の例としては，イトヨ（*Gasterosteus aculeatus*）（トゲウオ）の信号が挙げられる。繁殖期になるとイトヨのオスは腹部が赤くなり（婚姻色），水中にテリトリーを作って，同種の他のオスから防衛する。ティンベルヘンは，さまざまな模型をイトヨのオスに提示して，その反応を調べた。そうすると，楕円形の板のように粗雑な模型であっても，体の下半分が赤ければ，オスはそれに対して攻撃を仕掛ける一方，非常に精密な模型であっても，体の下半分が赤くなければ攻撃を仕掛けない，ということがわかった。つまり繁殖期のイトヨのオスにとって，ライバルオスは，体の下半分が赤い，ということで代表されるものだったのである。

　他方，卵巣の成熟したメスが入ってくると，イトヨのオスは求愛のためのジグザグダンスと呼ばれる動きをする。ティンベルヘンは，同じようにこれが開始される手がかりについても調べた。すると，粗雑な模型であっても，腹部がでっぱったものであれば，イトヨはダンスを踊る一方，精密な模型でも，腹部がでっぱっていなければ，ダンスは踊らなかったのである。つまり卵巣の成熟したメスは，腹部の出っ張りで代表されていた。

オスのジグザグダンスにメスが応じると，オスはメスを水底に作った簡単な巣に導き，入り口を示す。するとメスは巣に入る。オスがメスの尾びれ付近をつついて振動を与えると，メスは産卵する。メスが出ていったあと，オスは中に入って放精する。

イトヨの場合は，この一連の行動に視覚刺激と触覚刺激を利用していたが，フェロモンを利用するものもいる。たとえばマダラチョウの1種（*Danaus gilippus berenice*）のオスは，メスを発見すると追跡し，メスの前に出て静止飛行をしながら，腹部のヘアペンシルと呼ばれる器官から求愛フェロモンを放出する。メスはこれに応じて草の上に降り立つ。オスがさらにフェロモンを浴びせ続けると，メスは羽を閉じる。これが受け入れの最終合図で，オスは隣に降りて交尾を成功させる。

このように一連の定型的反応を引き起こす特定の刺激のことを，**サイン刺激**，これにより引き起こされる行動を**固定的動作パターン**，このメカニズムを**生得的解発機構**と呼んでいる。

このような定型的な信号は，多くの情報を伝達することはできない。しかし，繁殖のために不可欠な行為を，確実に実行するためには，このように信号に枠をはめておくことが有効なのである。周囲にノイズが多い場合には，刺激を確実に捉えることもできる。時にはイトヨは，意味もない赤い物体にテリトリー防衛のエネルギーを浪費してしまう可能性もある。しかしいじわるな実験者がいればともかく，自然界ではそのような具合の悪い刺激にそう頻繁には出くわさないであろう。つまりこうした単純なシステムは，極めて効率よく必要な行為を遂行させる力を持っているのである。そうでなければ，そうしたシステムは進化し得ない。

動物の中には，可塑性のある信号を出すものも多い。たとえばステラーカケス（*Cyanocitta stelleri*）という鳥は，攻撃的な出会いで，頭部の冠毛を立てて威嚇するが，冠毛の角度は，その攻撃性の強さと相関し，

角度が高いほど，強い攻撃性を示す。イヌ（*Canis familiaris*）やネコ（*Felis silvestris catus*）は，体全体の姿勢，尾の保持位置と動き，口唇部の引き具合，および耳の角度の総合で，攻撃性と恐れの程度を示す。図7-1は，イヌの感情状態を図式的に示したものである。

アノールトカゲの仲間 *Anolis opalinus* にも，段階のある威嚇(いかく)ディスプレイを示すものがある。**ディスプレイ**とは信号刺激の表示のことである。彼らの基本ディスプレイは，首振りと呼ばれる頭部の上下運動であ

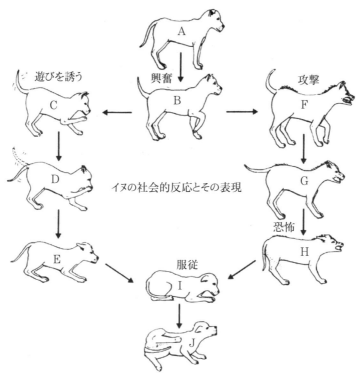

図7-1 身振りによるイヌのコミュニケーション（フォックス，1991より）

る。この基本ディスプレイは，とさか立て，のどの膨張，口開けという3つの静的修飾部と，後肢立ち，肉ひだの律動的な膨らみ，首回し，という3つの動的修飾部を伴っておこなわれ，まれなものの組み合わせほど，強い威嚇を示す。

こうした可塑性のある信号は，ノイズの多い環境ではうまく働かない可能性もある。しかし，微妙な意味合いを伝達することが，社会的交渉をうまく運ぶためには必要とされる場合もある。このようなとき，段階のある信号は大きな力を発揮する。

（3）象徴的なコミュニケーション

自然状態の動物のコミュニケーションの中には，ヒトの言語に見られるようなある程度の象徴性を備えたものも見られる。2つの例を挙げよう。

1つは，有名なミツバチ（*Apis melifera*）の**収穫ダンス**である。ミツバチの働きバチは，蜜と花粉を集めて巣に戻ってくると，巣の入り口の鉛直面で特徴的な踊りをする。1つは円形ダンスと言われるもので，これは巣の仲間に，蜜源が近くにあることを示す信号である。もう1つは8の字ダンス（図7-2）と言われるもので，その名の通り8の字を描くように動き，8の字が交差するところでは，尻を振りながら直進する。これを子細に観察したフォン・フリッシュという動物行動学者は，この直進部分が鉛直上方となす角度が，太陽の方位から見た蜜源の方角と一致していることをつきとめた。また蜜源までの距離は，一定時間当たりの8の字を回る回数によって示される。これを見たハチたちは踊り手について踊ったのち，蜜源目指して飛び立っていくのである。これは，蜜源の方角と距離を，ダンスの方向と速さに符号化しており，ある程度の象徴性を持った優れたコミュニケーションシステムである。

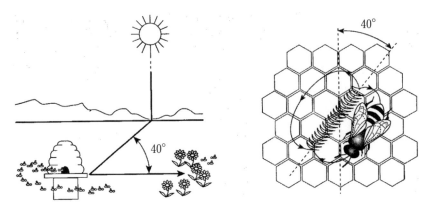

図7-2　ミツバチの8の字ダンス（Shettleworth, 1998 より）

　太陽は時間が経てば移動するので，これでは時間が経てば誤った情報が伝達される，と思われるかもしれないが，ミツバチは体内時計を持っており，かつ当該の土地のその季節における時刻と太陽の方位の関係を若いときに学習して知っている。これによって情報は補正され，正しく伝達され解釈されるのである。無脊椎動物の比較的単純な神経系が，このような複雑な作業を成し遂げることができるというのは，驚異ですらある。

　もう1つの例は，霊長類の警報音声である。霊長類に限らず，捕食者を発見したときには多くの動物が警報音声を出す。最も詳細に調べられているのはベルベットモンキーのそれである。

　ベルベットモンキー（*Cercopithecus aethiops*）はサバンナモンキー，ミドリザルとも呼ばれる美しいサルで，遊動域の重なる群れを作って生活している。彼らは，少なくとも3種類の対捕食者警報音声を持っていて，それらはワシ，ヘビ，ヒョウに対して出されるものである。これらの音声を聞いた群れのサルは，ワシ音声に対しては空を見上げるか茂み

に隠れ，ヘビ音声に対しては立ち上がって足元を見る。ヒョウ音声に対しては一斉に木の上に登る。まるで警報音声を発したサルが，捕食者の名前を叫んでいるかのように思われる応答である。動物行動学者のセイファースらは，茂みに隠したスピーカーから，あらかじめ録音したこれらの警報音声を再生し，群れの反応を確認したところ，まさにこの通りの反応が得られた。つまりこれらの音声には，捕食者が誰であるかの情報が含まれている。

　しかしこれは，サルがその音声の意味を認識しているということを必ずしも示すわけではない。意味はわからなくても，正しい反応を学習することはできるからである。

　そこでセイファースらは，対群れ警報音声を利用して，サルが音声の意味を認識しているか，表層的な音声の音響的特徴に応答しているだけかを分析した。対群れ警報音声には2つのものがあり，ウルルとチャタと言われている。この2つは音響的には全く異なるが，似たような意味を持っていて，ウルルは群れが別の群れに出会ったことを示し，チャタはそれが若干のもめ事に発展したことを示す。セイファースらは，実験対象のサルを選んで，あるサルのウルルの音声を何度か聞かせ，サルの反応が馴化したところで，同じサルのチャタを聞かせた。もしサルが意味に注目していれば，似たような刺激がまた提示されたことになるが，音響にだけ注目しているなら，全く異なる刺激が提示されたことになる。やってみると，実験対象のサルの反応は，馴化したままだった。つまりこのサルの警報音声は，音声の意味を伝達していたのである。しかし，2つめのチャタの主をウルルの主とは別の個体にすると，サルの反応は回復した。サルは音声の主と音声の意味の双方を認識しているのである。

4. 動物の言語習得訓練とその成果

初期の音声言語習得訓練

　動物はヒトの言語を習得できるだろうか。この素朴な問いは20世紀の前半から検討されてきた。初期には，ヒトに最も近い動物であるチンパンジー（*Pan troglodytes*）をヒトの家庭で養育し，ヒトの子どもと全く同じ言語的入力を与えて，チンパンジーが言語を習得するかが検討された。しかし，数回おこなわれたこれらの試みはいずれも無惨な失敗に終わった。最も成功したと言えるヘイズ夫妻のヴィキというチンパンジーの場合でも，唇を指で押さえて放すなどの積極的な発声訓練の結果，パパ，ママ，カップ，アップの4語を習得したに過ぎない。現在では，チンパンジーには発声器官の構造的制約があって，ヒトのように多様な音声は出せないことが明らかにされている。

　音声言語習得の失敗を受けて，1960年代からは，視覚性の言語を教える試みが数多くおこなわれている。この先鞭をつけたのは，ガードナー夫妻で，それはチンパンジーにアメリカ手話を教える試みだった。ウォショウと名づけられたこのチンパンジーは，130あまりの手話サインを学習し，それらを組み合わせて簡単な文を作ったのである。同じような試みは，さらに数頭のチンパンジーの他，ココというゴリラ（*Gorilla gorilla*）とチャンテックというオランウータン（*Pongo pygmaeus*）でおこなわれ，いずれも少なくともある程度の成功を収めている。またウォショウから養子のルーリスに手話が伝達されたことも報告されている。

　その他，プラスチック片を語として用いたプリマック夫妻のセイラ，キーボード上の複合図形を語としたランボーらのラナ，および室伏靖子らのアイ，アキラ，マリなど，複数のチンパンジーで，視覚性言語の習得が見られる。

類人以外では，ヨウム（オウムの1種）（*Psittacus erithacus*）のアレックスの英会話が有名である。このオウムはトレーナーのペパーバーグの英語の質問に対して，英語を話して答えるのである。
　言語理解に関しては，手旗信号のようなジェスチャを語として用いた複数語からなる命令にしたがって，ハンドウイルカ（*Tursiops truncatus*）やカリフォルニアアシカ（*Zalophus californianus*）は，さまざまな演技をすることが知られている。
　近年では，チンパンジーに近縁の類人，ボノボ（*Pan paniscus*）の言語能力に注目が集まっている。カンジと名づけられたオスのボノボは，養母のマタタがキーボードを使った言語訓練を受けているのを見ていて，自然に図形語を憶え，適切な文脈で使用した。彼はこのキーボードと身振りと物体を組み合わせて，さまざまな2～3語文を作った。また話された英語を理解する能力に優れ，5歳のときに受けた複雑な文の理解テストでは，2歳のヒト幼児に劣らない成績を示したのである。このテスト文の中には，「電子レンジの中にあるトマトを持ってこい」といった埋め込み構造を持ったものも含まれており，少なくとも言語理解に関しては，類人のそれはヒト幼児のものにかなり近いということができよう。
　以上のように，ヒトの言語を初歩的なレベルで習得する能力を持った動物が複数種いることはすでに疑い得ない事実と言える。しかしヒトとそれ以外の種の間には，ヒト型の言語の使用に関して，質的とは言えないまでも，かなりの量的な差違があることも事実である。しかしこれもやはり優劣と捉えるべきではない。ヒトが自身の言語習得を促進する種々の非論理的な遺伝的バイアスを持っていることは，第3章で述べた通りである。逆にヒトはチンパンジーのコミュニケーション体系を，チンパンジーほど上手に使えるようにはならないだろう。

5. 本章のまとめ

　本章では，ヒトのコミュニケーションの特徴を整理したのち，自然界における動物たちの種々のコミュニケーションのありさまを紹介した。自然界には多様なコミュニケーションの方法があり，これらはそれぞれの種が自身の生活のために多様に進化させてきたものであることを述べた。そうしてできあがったコミュニケーションの中には，ヒトに見られる象徴性をある程度備えた柔軟なものがあり，信号の表層的特徴ではなく，その意味が伝達されるものまで発見されている。動物たちのコミュニケーションは，思いのほか複雑で精妙なものなのである。最後に動物の言語習得実験の成果を簡単に紹介した。類人を中心とするさまざまな系統の多様な種が，ある程度ヒト型の言語体系を習得できることが示されており，動物とヒトの連続性が見て取れる。結局，ヒトのコミュニケーションも，他の動物種と進化的連続性を持ちつつ進化した，多様なコミュニケーション体系の1つなのだと言うことができる。

引用文献

マイケル・W・フォックス，平方文男・平方直美・奥野卓司・新妻昭夫訳『イヌのこころがわかる本』(朝日文庫，1991)

National Geographic (2009) Elephants make the earth move with seismic "love calls".
http://blogs.nationalgeographic.com/blogs/news/chiefeditor/2009/02/elephants-make-the-earth-move.html

Shettleworth, S. J. (1998). *Cognition, Evolution, and Behavior*. Oxford University Press.

安富和男『虫たちの生き残り戦略』(中公新書，2002)

参考文献

ハリデイ，T. R・スレイター，P. J. B., 浅野俊夫・長谷川芳典・藤田和生訳『動物コミュニケーション―行動のしくみから学習の遺伝子まで』（西村書店，1998）
スー・サベージ・ランバウ，小島哲也訳『チンパンジーの言語研究』（ミネルヴァ書房，1992）
スー・サベージ・ランバウ，ロジャー・ルーウィン，石館康平訳『人と話すサルカンジ』（講談社，1997）
ペパーバーグ，I. M., 渡辺茂訳『アレックス・スタディ』（共立出版，2003）
ロジャー・ファウツ，スティーヴン・タケル・ミルズ，高崎浩幸訳『限りなく人類に近い隣人が教えてくれたこと』（角川書店，2000）
パターソン，F., リンデン，E., 都守淳夫訳『ココ，お話しよう　新装版』（どうぶつ社，1995）
松沢哲郎『チンパンジーから見た世界』（東京大学出版会，1991）

学習課題

1．身近な動物のコミュニケーションをよく観察して調べてみよう。たとえばイヌやネコの姿勢や発声などは，他個体にどのような影響をもたらすだろうか。

8 | 認知5 ―動物たちの思考

藤田和生

《目標&ポイント》 思考の意義と，比較認知研究における思考のとらえ方を学んだのち，さまざまな動物たちの概念の形成や思考過程に関する実証的な研究を知り，ヒトの思考との連続性や相違点を考える。
《キーワード》 思考，概念，推論，演繹，帰納

1. 比較認知科学における思考研究

思考とは何か

我々は，過去に経験がなく，適切な対応の仕方を知らないさまざまな場面にしばしば出くわす。しかしそのような場面でも，我々は何とか工夫を凝らして切り抜ける。思考は，このような問題場面で生じる，情報の内的な処理を指す言葉である。

問題場面に出くわすのはもちろんヒトだけではない。では動物はそれをどのようにして解決しているのだろうか。本章では，ヒト以外の動物における，広い意味での問題解決を取り上げ，その特徴を探る。

2. 概念の形成－帰納的思考

（1）概念とは何か

我々は異なる事物をひとまとめにして同じラベルを貼ることがある。たとえば，「イヌ」というラベルは，チワワやダックスフント，セントバーナードなどの形も色も大きさもまるで異なるものすべてに対して，

共通に使われる。これは，第2章で学んだ，区別の付きにくい刺激に対する刺激般化なのではなく，互いの違いは明瞭に認識された上でおこなわれることである。このように，相互に弁別可能な一群の刺激に対して，共通な反応が示されることを，**概念の形成**と呼ぶ。共通な反応が示される対象物のことを，概念の**正事例**，それ以外の対象物を，**負事例**と呼ぶ。

共通な反応はラベルでなくてもよい。たとえば，壊れやすい商品の包装に使われる，空気を含んだビニールのシートは，「あの包むヤツ」とか「プチプチ」などと適当に表現され，ちゃんとしたラベル（気泡緩衝材）を知る人は少ない。しかし，厚みや泡の大きさや堅さにはいろいろなタイプがあるものの，共通にそれらは商品の包装，あるいはプチプチ遊びに使われる。これらは立派な概念的行動である。

これらの概念的な行動は，多数の事例を経験することから形成されたものである。すべての事例を個別に学習するのは大変だが，もし共通な手がかりを導き出すことができれば，将来，同様の事例に出会ったとき，容易に対応できるだろう。概念形成はこうした**帰納的思考**であり，複雑な環境に適応するために極めて有用な過程である。

（2）概念のいろいろ

概念にはさまざまなものがある。「イヌ」という概念のように，共通の性質を持った事例の集合は，**自然概念**，あるいは**物の概念**と呼ばれる。たとえば「ミカン」は，黄色くて，丸くて，甘酸っぱい，などの共通の性質を持った一群の果物のことである。共通の性質として，最も基本的なものは物理的特性であるが，社会的対象では行動的・社会的特性（「グルメ」，「鉄ちゃん」,「育メン」等）などが含まれる場合もある。

それに対し，親子，友人，などのように，2つ以上の刺激に共通の関係があるような事物群の集合を，**関係の概念**と呼ぶ。この場合には，1

組の刺激が1つの事例になっている。最も基礎的なものとして，同・異，という概念がある。自然概念同様，関係を支える特性には，多様なものがあり得る。

　特に共通な特性を持たなくとも，同じ働きをする刺激の集合を，**機能的概念**と呼んでいる。たとえば，実験実習の都合で，あるクラスの学生40人をでたらめに20人ずつに分けて，Aグループ，Bグループとしたとしよう。このような集合は，個別事例ごとに，「あなたはAグループ」などと定義するしかない。あるいは，止まれ，の合図は，赤信号，警官の上げた手，バリケード，「止まりなさい」の声，など多様であり，それらには特に共通の属性はないが，すべてが停止せよという同じ命令としての機能を持っている。同じ機能を持ち，相互に置き換え可能な刺激のことを，**等価刺激**と呼び，その関係を，**刺激等価性**と呼ぶことがある。「リンゴ」という文字列，「林檎」という漢字，「りんご」という音声，"apple"という英単語，これらは等価刺激の例である。

　この他，概念には特に具体的な事例がなく，明確に定義のできない，**抽象概念**と呼ばれるものがある。たとえば，美，善，正義，愛，政治，モラル，などが挙げられる。これらも，一群の刺激や行為に対してふられた言語的ラベルによって，機能的な等価性を与えられたものと捉えることができると思われるが，現在まで，これをきちんとした概念として扱った動物研究はおこなわれていない。本章では，自然概念と関係の概念の研究に絞って，研究を紹介しよう。関係の概念では，最も良く研究されている同・異の概念に絞って論じる。

（3）自然概念

　アメリカの心理学者ハーンステインらは，ハト（*Columba livia*）が自然概念を形成できるかを検討した（Herrnstein & Loveland 1964）。

大量のスライドを1枚ずつ提示して，その中にヒトが写っている場合には，キーをつついていると，変動間隔スケジュール（第2章参照）により，ときおり報酬が提示された。一方，ヒトが写っていないときには，反応は強化されなかった。ヒトの写真には，人数，人種，大きさ，性別，衣服などの面で多様なものがあった。このようにすると，ハトは，ヒトの写っているスライドの時だけ，つつき反応をするようになった。この反応はスライドを新奇なものに変えても維持された。

ハトは何を手がかりに反応していたのだろうか。最も考えられるのはヒトに共通な肌の色であろう。そこでハーンステインらはスライドを白黒写真に変えてテストした。しかしこのようにしても，ハトの反応はほとんど影響を受けなかったのである。つまり手がかりは色ではなく，何かもう少し複雑なヒトの姿・かたちであったと思われる。ハトは訓練から何か共通な属性を見抜いて，それを手がかりにしたのであろう。これはハトにも「ヒト」の概念が形成できることを示すものに思われた。

この革新的な研究を皮切りに，ハトやアオカケス，アカゲザル，イヌなどのいろいろな動物種で，さまざまな自然概念の形成が示された。たとえばハトでは，特定の人物，木，水，サカナ，ピカソの絵とモネの絵，バッハとストラビンスキーの音楽などの概念形成が示されている。

こうした自然概念形成は，その1群の刺激が，当該の動物種が持つ刺激のカテゴリーに合致したときに，最も容易になると考えられる。逆に言えば，概念形成の容易さを調べることから，動物の事物の分類がある程度見て取れる。

たとえばロバーツらは，ハトとリスザル（*Saimiri sciureus*）とヒトを対象に，3つのレベルの概念形成を比較した（Roberts & Mazmanian 1988）。1つは，カワセミ－その他の鳥，2つめは，鳥－鳥以外の動物，3つめは，動物－非生物である。そうすると，ヒトでは

動物-非生物，鳥-鳥以外の動物の学習は速く，カワセミ-その他の鳥の学習が一番遅れた。逆にハトでは，カワセミ-その他の鳥が圧倒的に速く，他の2つは遅れた。サルでは鳥-鳥以外の動物が最も遅れた。ヒトでは抽象度の高いカテゴリーが学習しやすいのに対し，ヒト以外では，共通して，カワセミと他の鳥といった具体的レベルの学習が容易であることがわかる。

　場合によっては，わずか1例の学習経験で，1群の刺激に学習が拡がることがある。ケイミルらは，アオカケス（*Cyanocitta cristata*）に毛虫の食痕のある葉のシルエットを弁別させた（Real et al 1984）。1つはスズメガの幼虫の食痕で，食べあとがきれいなカーブを描く。もう1つはドクガの幼虫で，食べあとが乱雑である。それぞれの典型的なものを1枚ずつ弁別させたのち，さまざまな別のシルエットを提示したところ，カケスはこれらをほぼ完全に分類することができた。スズメガはアオカケスにとって良い餌であるが，ドクガは避けるべき対象である。こうした生態的な要求が，食べあとの形状という特徴の概念的な弁別を容易にさせたのであろう。もともとスズメガの食痕とドクガの食痕は，アオカケスの認知的世界では異なるカテゴリーに属するものであったのだろう。

　自然概念の形成を分析するとき，常に問題になるのは，同じ概念の正事例は相互に類似しているので，刺激の類似性による単なる刺激般化との区別が難しいという点である。この点を回避するため，ダッサーはカニクイザルを対象に興味深い実験をおこなった（Dasser 1987）。

　この実験では，群れで飼育されているカニクイザルに，群れのメンバーの個体弁別を写真で訓練した。訓練には見本合わせが用いられたが，見本と正しい比較刺激には，同じ個体の別の写真が用いられた。これを十分に訓練したのちに，訓練では使われなかった新たな写真が提示された。サルは問題なく同じ個体を選んだ。さらに続くテストでは，見本の写真

で提示される身体部位と，比較刺激に提示される身体部位に重なりがないようにした。つまり頭部を胴部に合わせるといった課題である。サルはこの課題でも好成績を上げたのである。つまり，サルの反応は，刺激の類似性ではなく，ある個体，という全体像に媒介されたものだったのである。

筆者の研究室でも，足立幾磨らとともにまったく異なる手法で，イヌにおける飼い主の概念の性質を分析した（Adachi et al 2007）。少なくともヒトにおいては，自然概念は多感覚の複合した概念である。たとえば「ウシ」の概念には，多様なウシの姿だけではなく，その鳴き声や肉の味，ミルクの味など，視覚以外のさまざまな刺激がその事例として含まれている。そしてそれらの事例は互いに連合しあい，ウシの声を聞くとウシの姿を思い浮かべるというように，1つの事例は他の事例を想起させる。イヌにとって飼い主の概念は同じような性質を持ったものだろうか。

イヌをモニターの前に座らせて，裏側のスピーカーから，飼い主あるいは同性の未知人物がイヌの名前を呼ぶのを数回聞かせた。そののち，モニターに飼い主あるいは未知人物の顔写真を提示した（写真8-1）。もしイヌが飼い主の音声から飼い主

写真8-1 イヌにおける，多感覚を統合した飼い主概念を分析するための実験の様子．（撮影：足立幾磨）

の顔を思い浮かべているなら，モニターに違う人物が写ったときには驚いて，長時間モニターを見つめると考えられる。こうした手法は**期待違反法**と呼ばれ，乳児などの研究でよく利用される。実験の結果，イヌは，音声の主とモニターの写真が一致していないときには，一致しているときに比べて長い時間モニターを見つめることがわかった。音声と視覚刺激の間には物理的な類似性はない。つまり，これはイヌが多感覚の刺激を正事例とする複合感覚的な飼い主概念を持っており，声を聞くとその人物を思い浮かべることを示すものである。

(4) 関係の概念

関係の概念でもっとも多くの研究がおこなわれているのは，**同・異 (Same/Different) の概念**である。動物にもこの概念が形成できることは，多くの研究で示されている。

たとえば，サルに3つ以上の物体を提示し，その中で1つだけ異なった物体を選ぶように訓練する。こうした課題を**オディティ課題**，あるいは**孤立項選択課題**と呼んでいる。サルがこれを学習したら，物体をすべて新しいものに換える。これを何度も繰り返すと，サルは新たな物体に対し，最初から1つだけ異なった物体を選択するようになる。

しかしこうした同・異関係の概念は，動物ではすぐには成立しないことが多い。動物に，たとえば赤と緑の2色の見本合わせを訓練する。習得後，新奇な色，たとえば黄色と青の見本合わせをテストすると，ハトやサルでは，成績が著しく低下する。我々の目からすると，赤ならば赤，緑ならば緑を選択するという課題は，刺激が何であれ，「同じものを選ぶ」という課題に他ならないのだが，これまで調べられた動物の中で，そのような選択が比較的容易に生じるのは，類人（チンパンジー）だけである。多くの動物にとって，刺激間の関係は，ヒトのように容易に抽

象され，弁別の手がかりになるものではなく，彼らにとっては，赤と赤である，緑と緑であるといった刺激の絶対的特性が，手がかりとして優位なのである。つまり，AならばBを選ぶという課題で，たまたまAとBが同じものであったに過ぎないということである。

近年の研究では，ハトやギニアヒヒ（Papio papio）にとって，同じ－異なる，は二者択一のものではなく，「より同じ」から「より異なる」へと変化する連続体であることが示唆されている。

ワッサーマンらは16個のコンピュータアイコンがすべて同じ場合とすべて異なる場合を，キーを押し分けて答える課題を訓練した（図8-1）（e.g., Young et al. 1995）。そののち，アイコンの数を減らしてテストしたところ，ハトの場合もヒヒの場合も「同じ」と答える方は安定していたが，「異なる」という反応は，アイコンの数が減少するにつれて減っていった

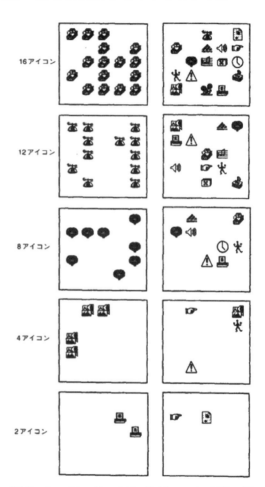

図8-1 ワッサーマンらが，ハトの同・異概念形成実験で使用した刺激（Young et al. 1997より）

のである。ワッサーマンらは，この行動が，画面上のエントロピー（乱雑さ）の度合いで制御されていると主張している。同じ行動傾向は一部のヒトにも見られた。したがって，ヒトと動物の間で見られるこうした同・異の関係の捉えられ方の違いは，量的なものに過ぎないのかも知れない。

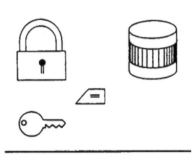

　もう一段高度な同・異概念に，関係の関係に関するものがある。たとえば，A-Aの関係とB-Bの関係は，どちらも「同じ」という関係が同じである。A-Bの関係とC-Dの関係

図8-2　プリマックらがチンパンジーに与えた関係性見本合わせ課題の例（Gillan et al 1981 より）

は，どちらも「異なる」という関係が同じである。他方，A-Aの関係とC-Dの関係は，異なっている。これは難しい課題で，類人以外では成功したという報告がない[注1]。

　プリマックらは，言語訓練を受けたセイラというチンパンジーに，関係性見本合わせのテストをした（図8-2）（Gillan et al 1981）。たとえば，セイラの前に3つの物体と1つの図形語が置かれている。3つの物体のうち左側に置かれた2つは対で，錠前とカギである。中央に置かれた図形語は「同じ」を意味するもので，もう1つの物体はペンキの入った缶であった。チンパンジーが解かなければならない問題は，ペンキの下の1つあいた場所に，錠前とカギと同じ関係になるような物体を置きなさい，というものである。選択肢として，セイラには缶切りとハケが与えられていた。いずれもペンキの缶に関係のあるものだったが，セ

注1）ワッサーマンらは，上記のアイコンの集合を1つの刺激として用いた見本合わせは，新奇アイコンに般化することから，ハトやヒヒが「関係の関係」の概念を形成できると主張しているが（Cook & Wasserman, 2007; Fagot, et al., 2001），乱雑さが同じかどうかの弁別が「関係の関係」の弁別なのかどうかには疑問が残る。

イラは缶切りを選んだ。どちらも開けるものという関係が同じである。セイラは缶切りが好きだったのではない。別の試行で左側に紙と鉛筆が置かれると，今度はセイラはハケを選んだのである。どちらも「書く」という関係が共通している。より関係が明確な幾何学的な課題として，たとえばトレイの左に大きな黒い三角形と小さな黒い三角形が置かれており，右上には黒い点のついた大きな白い円形が置かれている場合には，セイラは黒点のある小さな白い円形を置くことがすぐにできた。このように，チンパンジーは，関係の関係を処理する能力を持つようである。

3. 推理－演繹的思考

推理はいくつかの前提から，新たな命題を導き出す**演繹的思考**である。

もう少し広くいえば，間接的情報を変換したり統合したりして，問題場面を解決するための直接的手がかりを手に入れる過程であるといっても良い。

ヒトはこうした処理にしばしば言語を利用する。しかし，こうした演繹的思考が，すべて言語を媒介にしておこなわれるわけではない。たとえば，将棋を指したり，囲碁を打ったりするとき，我々は言葉に出して考えてはいない。おそらく我々の思考の多くは非言語的なもので，それを説明しようとするときに言語化されることが多いのではないかと思われる。

間接的情報を変換して直接的手がかりを手に入れる必要のある場面には，動物もしばしば遭遇するであろう。たとえば，仲間の誰かがうれしそうな表情をしたとしよう。何かそこに良いものがある，ということを推理できれば，より高い確率でごちそうにありつけるだろう。大きな新しい足跡を見つけたら，大型の捕食者が近くにいることを推理できる。そうすれば捕食を免れるかもしれない。

動物にはどのような推理ができるのだろうか。以下には，抽象的な推論ではなく，具体的場面に見られる動物たちの推理能力について述べよう。

（1）物理的情報に基づく推理

物体があると，ものはそこを通り抜けない。たとえば板を手前から倒していくと，物体に支えられて板は斜めの状態で止まる。平らな床にフラットに置かれた板の下には物体はない。コールは，このような関係が理解されているかを，3種の類人，ボノボ（*Pan paniscus*），ゴリラ（*Gorilla gorilla*），オランウータン（*Pongo pygmaeus*）を対象に調べた（Call 2007）。

2枚の木の板が置かれている。一方の下に報酬（ブドウか固形飼料）があって，板が傾いていた。類人たちは，どちらか一方を指でさして選んだ。正しい板を選ぶと，実験者はその下の報酬を類人に与えた。この条件では，類人は安定して傾いた板を選んだ。つまり傾いた板の下には物体があることを推理することができた。

しかし，片方の板が，目に見える別物体に立て掛けられていて，他方は報酬によって斜めになっている場合には，選択はでたらめになった。また，大小のバナナと大小のニンジンが報酬として対にされると，彼らは，食べ物の好みによらず，大きな方を選ぶ傾向があった。バナナの方が好きであっても，大きなニンジンを選んでしまったということである。類人は，傾きから物体の存在を推理することはできても，その物体の大きさと内容の関係を考慮に入れた選択は難しいらしい。

筆者の研究室でも，同様の実験を，イヌを使っておこなってみた（藤田ら2007）。まずイヌに2枚の布が低い台の上にフラットに置かれているところを見せる。次に，大きな骨ガムを，よく見せてから，衝立の背

後で一方に隠し，衝立をどけてイヌに選択させた。どちらの台の下にも骨ガムがあって，匂い手がかりは使えないようにしてある。そうすると，イヌは布が膨らんだ方を選んだ。しかし，一方に大きな箱，他方に骨ガムを隠すと，選択はでたらめになり，やはり大きさと内容の関係を考慮に入れた選択はできないようであった。

　また我々は，音といった異なる次元の間接的情報から，物体の存在を推理することができる。動物ではどうだろうか。

　コールはチンパンジー（*Pan troglodytes*）を含む4種の類人を使って，これについても検討している（Call 2004）。2つの不透明のふた付きのカップを置き，この一方にブドウあるいは固形飼料が入れられた。実験者は，両方のカップを順次持ち上げて2－3秒ずつ振った。報酬が入っていると音がした。両方のカップを置いて，類人に選択させたところ，約1／3くらいの個体は，安定して餌入りカップを選択した。オランウータンはこの課題に成功しなかった。からのカップだけを振った場合にも，類人は全体としては正しい選択をした。ただし個体別には30頭中ゴリラ2頭，ボノボ1頭しか成功していないので，これも難しい推理のようである。

　筆者の研究室では，これについても方法を変えてイヌで検討した（藤田ら2007）。条件1では，不透明の箱におもちゃのボールを入れて，飼い主が胸の高さで横にガラガラと振った。条件2では，ボールを入れずに振った。条件3では，ボールを入れないで振るが，ボタンを押して「プー」というブザー音を鳴らした。演技中及び演技終了後のイヌの飼い主への注視時間を調べると，条件1の時に最も長くなった。同様の結果はネコでも得られた（Takagi et al. 2015）。

　これらのことから，類人やイヌやネコは，ある程度，物体の存在を示す視覚的・聴覚的な間接的情報から，それを推理することができるよう

である．どの程度の詳細な情報まで推理することができるのかは，まだ今後の検討課題であるといえよう．

（2）社会的情報に基づく推理

我々は他個体の行動から，環境についてさまざまな内容を推理する．そうしたことは動物にも可能なのだろうか．

単純なものでは，たとえば，他個体が餌を食べていると，それを観察している個体も餌を食べる傾向が強くなる．これは社会的促進といって，推理の過程はなくても生じる現象である．

またラット（*Rattus norvegicus*）は，ある餌を食べてきた他個体の口の匂いを嗅ぐと，その餌を食べるようになる．他個体から情報が伝達されているように見えるが，これは息の匂いと餌の匂いの対提示で生じる，単純な学習であることがわかっている．

他個体の行動から動物が推理によってどのようなことが学べるのか，まだ十分には調べられていない．ここでは，高橋真らとともに筆者の研究室でおこなわれた実験を1つ紹介したい．

この実験では，フサオマキザル（*Cebus apella*）を対象に，他者の行動からその結末が推理できるかを検討した（Takahashi et al 2015）．隣り合う2つのケージ室に2箇所ずつ餌場を設ける．うち1箇所ずつは「枯渇する餌場」で，サルが一度訪れて餌を取ると，その試行では餌は補充されない．もう1箇所ずつは「補充される餌場」で，サルが餌を取ったあと，反対側の部屋に行って戻ってくると，5回までは餌が補充されていた．「枯渇する餌場」か「補充される餌場」のいずれが準備されているかは，その前に置いた衝立で表示した．これを十分に教え込んだあと，実験個体Aを2つの部屋の中間に閉じこめ，部屋の様子は見えるようにして，別個体Bを1頭，片方の部屋に導き入れた．実験個体

Aからは，このサルが衝立の置かれた餌場に入っていく様子が見えるが，中で生じている出来事は見えない。その後，B個体を外に出してから，実験個体Aを自由にさせた。

興味深いことに，実験個体は，個体Bが補充される餌場に行ったときには，自らも同じ部屋の補充される餌場に行くことが多かった。このサルは，他個体に追従する傾向を本性として持っているようである。しかし，個体Bが枯渇する餌場に行ったときには，実験個体は圧倒的に反対側の部屋の枯渇する餌場に向かったのである。つまり，サルは，別個体が餌場に入ったときにはそこで食事をし，その結果，そこの枯渇する餌場からは餌がなくなっているであろうことを推理して，それに基づき，適切に行動を調整することができたと考えられる。同様のテストは，ベランジェツパイ（*Tupaia belangeri*），ラット，シリアンハムスター（*Mesocricetus auratus*）でもおこなわれたが，いずれも成功しなかった。社会的場面における他個体の行動を利用した推理の能力には種差があるのかも知れないが，少なくとも霊長類にはある程度可能なようである。

（3）演算

我々ヒトは数の処理に長けている。霊長類を始め，さまざまな動物にも小さな数を扱う能力があることはいくつかの研究で示されている。では演算はどうだろうか。

ボイセンらはチンパンジーの足し算能力を検討した（Boysen & Berntson 1989）。部屋の3箇所の箱のうちの2つに果物を数個入れた。チンパンジーはこの箱を巡り，最後に合計の数を示す数字カードを正しく選ぶことができた。答えの最大数は4であったが，この行動は箱に入っている果物を数字カードに換えても維持された。

筆者らは，堤清香らとともに野生ベルベットモンキー（*Cercopithecus aethiops*）の引き算能力を検討してみた（Tsutsumi et al. 2011）。アパートのベランダにやってきたサルに，紙コップに餌を入れて内容を確認させる。そののち，サルに見せながら，餌をそこから取りだしてよく見せてから，その場を離れた。サルから紙コップの内容は直接見えない。サルはヒトをある程度恐れているから，紙コップの中に餌があると思ったときだけ取りに来るだろうと考えられる。すると，3頭中2頭のサルでは，最初に2個の餌が見せられてそこから1個だけ取り出したときには，1個も取り出されたときとかわらない頻度で取りに来た。2個取り出したときには，来る頻度はずっと低くなった。

小さな数ではあるが，少なくとも霊長類には，ある程度の演算能力が備わっており，それは特別な訓練をしなくとも発揮されるように思われる。しかしまだ資料は少なく，さらなる検討が必要である。

4. 本章のまとめ

本章では，動物の思考について論じた。思考は動物にとっても重要な認知機能である。まず帰納的思考として，概念形成について述べた。さまざまな鳥類や哺乳類は多様な自然概念を形成し，感覚統合的な概念の形成も示されている。また同・異という関係の概念についても動物は扱えるが，この関係の抽象は一般にヒトのように容易ではない。類人では関係の関係に関する概念的行動も示されている。後半では演繹的思考として，推理について述べた。類人やイヌやネコは，物理的な場面において間接的情報から物体の存在を推理できる。社会的情報に基づく推理の場面でも，フサオマキザルは他者の行為の結果を推理できることが示された。また霊長類には，初歩的な演算能力が備わっている可能性が示されている。このように，動物においても，多彩な思考過程が示されてい

る。動物の思考は思いのほか深く，かつ柔軟なものである。

引用文献

Adachi, I., Kuwahata, H., & Fujita, K. (2007). Dogs recall owner's face upon hearing owner's voice. *Animal Cognition*, 10, 17-21.

Boysen, S. T. & Berntson, G. G. (1989). Numerical competence in a chimpanzee (*Pan troglodytes*). *Journal of Comparative Psychology*, 103, 23-31.

Call, J. (2004). Inferences about the location of food in the great apes (*Pan paniscus, Pan troglodytes, Gorilla gorilla, and Pongo pygmaeus*). *Journal of Comparative Psychology*, 118, 232-241.

Call, J. (2007). Apes know that hidden objects can affect the orientation of other objects. *Cognition*, 105, 1-25.

Cook, R. G., & Wasserman, E. A. (2007). Learning and transfer of relational matching-to-sample by pigeons. *Psychonomic Bulletin & Review*, 14, 1107-1114.

Fagot, J., Wasserman, E. A., & Young, M. E. (2001). Discriminating the relation between relations: The role of entropy in abstract conceptualization by baboons (*Papio papio*) and humans (*Homo sapiens*). *Journal of Experimental Psychology: Animal Behavior Processes*, 27, 316-328.

Dasser, V. (1987). Slides of group members as representations of the real animals (*Macaca fascicularis*). *Ethology*, 76, 65-73.

藤田和生・高岡祥子・寺岡彩（2007）．イヌにおける物理的推論．日本動物心理学会第67回大会，早稲田大学

Gillan, D. J., Premack, D., & Woodruff, G. (1981). Reasoning in the chimpanzee: I. Analogical reasoning. *Journal of Experimental Psychology: Animal Behavior Processes*, 7, 1-17.

Herrnstein, R. J., & Loveland, D. H. (1964). Complex visual concept in the pigeon. *Science*, 146, 549-551.

Morimoto, Y., & Fujita, K. Capuchin monkeys (*Cebus apella*) modify their own behaviors according to a conspecific's emotional expressions. (submitted)

Real, P. G., Iannazzi, R., Kamil, A. C., & Heinrich, B. (1984). Discrimination and generalization of leaf damage by blue jays (*Cyanocitta cristata*). *Animal Learning & Behavior*, 12, 202-208.

Roberts, W. A. & Mazmanian, D. S. (1988). Concept learning at different levels of abstraction by pigeons, monkeys, and people. *Journal of Experimental Psychology: Animal Behavior Processes*, 14, 247-260.

Takagi, S., Chijiiwa, H., Arahori, M., Tsuzuki, M., Hyuga, A., & Fujita, K. (2015). Do cats (*Felis catus*) predict the presence of an invisible object from sound? *Journal of Veterinary Behavior: Clinical Applications and Research*, 10, 407-412.

Takahashi, M., Ueno, Y., & Fujita, K. (2015). Inference in a social context: A comparative study of capuchin monkeys (*Cebus apella*), tree shrews (*Tupaia belangeri*), hamsters (*Mesocricetus auratus*), and rats (*Rattus norvegicus*). *Journal of Comparative Psychology*, 129(4), 402-411.

Tsutsumi, S., Ushitani, T., & Fujita, K. (2011). Arithmetic-like reasoning in wild vervet monkeys: a demonstration of cost-benefit calculation in foraging. *International Journal of Zoology*, Vol. 2011, Article ID 806589

Young, M. E., Wasserman, E. A., & Garner, K. L. (1997). Effects of number of items on the pigeon's discrimination of same from different visual displays. *Journal of Experimental Psychology: Animal Behavior Processes*, 23, 491-501.

参考文献

渡辺茂(1996)『ピカソを見分けるハト』(NHK 出版, 1996)
藤田和生(編著) 日本動物心理学会(監修)(2015).『動物たちは何を考えている?-動物心理学の挑戦-』(技術評論社, 2015)

学習課題

1. イヌは飼い主の声からその姿を思い浮かべる。同じようなことは足音や匂いなどでもおこるだろうか。場面を工夫してテストしてみよう。
2. 動物は間接的な情報をどのくらい利用できるだろうか。布をかぶせる，板を傾ける，音を鳴らすなどの簡単な方法で，身近な動物の推理能力をテストしてみよう。

9 | 認知6 ─ 動物たちの社会的知性

藤田和生

《目標&ポイント》 本章では,「読心」に基づいた社会的場面における諸動物の行動調整能力について学ぶ。近年, ヒト以外の動物にも, 簡単な他者の心的状態の読み取りが可能であり, さらには他者を欺いたり出し抜いたり, あるいは他者と協力したりすることが示されている。そうした事例を学びながら, ヒトに見られる高度な社会的能力の進化を考える。
《キーワード》 社会的知性, こころの理論, 欺き, 協力, 読心, 共感

1. 社会的知性とは何か

社会的知性とは, 他個体との関わりがある社会的場面において, 適応的に行動を調整する能力のことである。社会的場面は, 他者と競合的な場合もあれば協力的な場合もあるが, いずれの場合にも必要なのは, 他者の次の行動の予測である。他者の行動は, よく似た場面における数多くの経験から統計的に予測することもできる。しかし, もし他者の行動を制御しているさまざまな内的要因, たとえば動機づけ, 見えている情景, 知識, 願望, 信念, 意図, 目的, などを的確に推測することができたならば, その予測の精度は向上するだろう。本章では, こうした「読心」とも言える能力と, それに基づいた諸動物の行動調整能力を論じる。

近年, 社会的知性は大きな注目を浴びている。それは, ヒトに見られるような高度な知性を進化させた選択圧として, これが有力視されているからである。

知性は脳で実現されている。脳の絶対的な大きさでは、クジラやゾウの方がヒトよりも大きいのだが、体の大きさを考慮すると、ヒトの脳は動物界で最大である。単純に考えれば、脳が大きければ、複雑な情報が処理できて有利なように思えるが、実のところ、そうとも限らない。ヒトの場合、脳の重さはおよそ 1400 g、体重の約 2～2.5%程度に過ぎないが、エネルギー消費を見ると、それは体全体の 20%を占める。他の器官に比べて、脳は著しく大食らいな器官なのである。なぜそのようなものが進化し得たのだろうか。

ヒトの祖先は、約 700 万年前にチンパンジーと分かれて以来、ほとんどの期間、狩猟採集生活をしていた。定住農耕を始めたのが 1 万年ほど前のことである。この時代に住んでいた人々は、遺伝的には現代人－ *Homo sapiens sapiens* －なので、もし現代に現れて教育を受ければ、我々と同じように本を読み、車を運転し、コンピュータを操作することだろう。ということは、ヒトの巨大な脳は、狩猟採集生活期間に進化したということになる。

狩猟採集の効率を上げるためには、もちろん動物の生態や植物の分布や季節性などをよく知っていなければならない。あるいは取り出しにくい食物を手に入れるために、道具を使うことも必要だろう。しかし、そのためだけに、コンピュータを駆使し、宇宙を探索するほどの知性が必要だろうか。我々の脳は無駄に大きいのではないだろうか。

この疑問に対する 1 つの答えが、**社会的知性仮説**、と呼ばれる考え方である。

社会的知性仮説では、脳を進化させた要因として社会的交渉を挙げる。社会的対象は、こちらの働きかけに対する応答が複雑である。邪魔な物体は、力を加えて押せば何も言わずに移動するが、邪魔な人物はそうはいかない。物体は 2 つ以上あっても 1 つずつ動かせばいいだけだが、人

が2人いれば，その人たちの関係によって応答は変わる。対象の数が増えれば，複雑さは指数関数的に増大する。つまり脳が巨大化したのは，複雑な社会生活がもたらすさまざまな問題を解決するためだったのではないか。我々は，社会が育てた巨大な情報処理装置を，さまざまな知的活動に応用している，と考えるわけである。

社会的交渉では，他者の行動を読んで，相手を欺いたり出し抜いたりすることが利益につながるので，初期にはこれを強調して，権謀術数を説いたイタリアの政治思想家の名前を借りて，社会的知性仮説は，**マキャベリ的知性仮説**と呼ばれていた（Byrne & Whiten 1988; Whiten & Byrne 1997）。近年では，個体相互間の協力の重要性もよく認識されている（e.g., ドゥヴァール 2010）。

社会的知性仮説が正しいとすれば，社会的知性の進化を明らかにすることが，知性の進化の研究において最も重要な課題の1つとなる。このような考え方から，社会的知性が注目を浴びることになったのである。以下では，まず動物の欺きと協力に関する観察的・実験的事実を紹介する。これらは社会的知性の実戦的使用と考えられるものであり，ここでは**戦術的社会技能**と呼ぶことにする。後半では，戦術的社会技能を実現するために必要な社会的知性のさまざまな要素に関する実験的研究の成果を述べる。

2. 戦術的社会技能

(1) 欺き行動

動物の欺き行動にはさまざまなタイプのものがある。たとえばコノハチョウのように枯れ葉そっくりの色模様を持った虫が枯れ葉に紛れると，虫の姿を発見することは非常に難しい。情報の隠蔽である。逆に羽を広げて目玉模様を出し，鳥を驚かせるなどの行動は偽情報の開示である。

これらは遺伝的に仕組まれた仕掛けであって，**擬態**と呼ばれている。前者は**隠蔽擬態**，後者は**標識擬態**と呼ばれている。

戦術的社会技能としての欺きは，状況に応じて，主体が意図的に情報を隠蔽したり偽情報を開示したりすることができるタイプの欺き行動である。

子どもと動物は正直だとよく言われるが，実際には，動物が他者を欺いたと思われる事例は，野外研究を中心に数多く報告されている。

1例を挙げよう。バーンによる報告である（Byrne, 1995）。チャクマヒヒ（*Papio ursinus*）の子どもが，固い地面から球茎を掘り出そうとしているメスを見つけた。まもなく完了というところで，子どもは辺りを見回してから大声で悲鳴を上げた。すると近くで採食していた母親がやってきて，そのメスを追い払った。母親が採食にもどったあと，子どもは球茎を拾って食べ始めた。この事例は，子どもが，いじめられたかのようなふりをして母親をだまし，食べ物を手に入れたように見える。

チンパンジー（*Pan troglodytes*）ではもっと複雑な駆け引きも見られる。これもバーンが報告しているものである。あるチンパンジーのオスが，観察者のセットした餌箱の近くを通りかかった。箱は遠隔操作で解錠できるようになっている。カチッと音がして錠が開けられた。そこへ別の高順位のオスが通りかかった。最初のオスは知らぬフリをして餌を取りに行かない。2頭目のオスはその場をそのまま通り過ぎたが，少し離れたところまで行くと，木の陰に身を隠した。最初のオスが餌箱を開けた瞬間，2頭目のオスがやってきて，餌を奪ってしまった。この事例は，1頭目のオスは情報を隠蔽して餌を手にしようとし，2頭目のオスは，だまされたフリをして確実に餌を手に入れようとしたと解釈できる。

実験的な場面でも，チンパンジーを初めとする複数の霊長類種は，他

個体を欺くことを学習する（e.g., Woodruff & Premack, 1979）。動物に見せながら，2つの不透明の入れ物の一方に餌を隠す。次に援助者がやってきて，動物にどちらの入れ物を開けるかを尋ねる。動物は餌入りの箱を指すようになる。次に「悪人」が登場する。悪人は動物が指した箱に餌が入っているとそれを奪ってしまうのである。そうすると動物は悪人に対しては逆の箱を指したり，でたらめに指したりするようになる。

　筆者の研究室では，フサオマキザル（*Cebus apella*）が，自発的に相手のサルを欺く行動をとることを示した（Fujita et al. 2002）。サルを2頭対面させ，間に2つの餌箱を置く。一方の低順位のサルからは，片方の箱に餌が入っているのが見え，またこの箱を開けることができる。向かいの高順位のサルからは餌が見えず，箱の操作もできない。しかしこのサルは，開けられた箱の中をまさぐって餌を取ることを訓練されていた。2頭を対戦させると，4頭中2頭の低順位のサルは，10%あまりの試行で，空の箱を先に開けることを自発的に始めた。ただ，面白いことに，それで特別に報酬の獲得率が上昇することはなかった。

　このように，霊長類に関しては，さまざまな形で他者を欺いたという報告が野外，実験室ともに数多く得られている。しかし，これらが本当に意図的な欺きであったのかどうかを判定することは容易ではない。何かしら利益が得られなければ欺き行動は生じないだろうから，必ずその行動は単純なオペラント条件づけの結果ではないかという批判は残される。この点では，欺きが報酬獲得率の増加につながらなかったフサオマキザルの行動が面白いかもしれない。

（2）協力行動

　協力行動は進化から見ると謎が多い。自身に直接的な利益がないから

である。しかし，たとえばアリやハチのコロニーでは，ワーカーはコロニーと女王を守るために協力する。実は，血縁個体間の協力は，自身と同じ遺伝子を持つ個体を援助することで，結局は自身の遺伝子が後世に伝わる確率を高めることになる。これは**血縁選択**と呼ばれている（Hamilton, 1964 a,b）。

しかし，血縁個体でなくとも，協力される側が受ける利益が，協力することのコストよりも大きければ，相互に協力し合う行動が維持されることがある。これは**相互的利他行動**と呼ばれている（Trivers, 1971）。

これらは，遺伝的に組み込まれた協力行動を説明する理論として重要だが，社会的知性に直接関係するものではない。

社会的知性の働きと捉えられるのは，血縁選択ではなく，自他の関係や要求，目的，文脈などにより，柔軟に変化しうる，認知的な基礎を持った協力行動である。ここではこれを戦術的社会技能としての協力，長いので略して**戦術的協力**と呼ぶことにしよう。

戦術的協力は，それによって得られる利益がコストよりも大きければ生じうる。コートジヴォワールのタイの森でチンパンジーを観察していたボッシュ夫妻は，チンパンジーが協力して樹上性のサルを狩ることを報告している。彼らは，勢子役，待ち伏せ役，追いかけ役などに分業して，効率よく狩りをするという（Boesch & Boesch, 1989）。

このように複雑なものでなくても，霊長類は，順位争い等で，日常的に連合を組んで他者に対抗するし，実験的にも，両者に利益があるならば，協力行動は容易に生じる。

たとえばドゥヴァールらは，ひとりでは引き寄せられない重い板を，隣り合うケージに入れられたフサオマキザル同士が，動作を同期させて引くことを報告している。協力の結果食物を手に入れられるのは1頭である場合にも，格子を通して食物を分け合う行動が見られ，協力行動は

維持された (Mendres & de Waal, 2000)。

平田聡らは，チンパンジーが相手の様子をうかがいながら同時ヒモ引き課題を上手におこなえることを示している。これについては第11章「チンパンジーのこころ」で詳しく紹介される。

筆者の研究室では，服部裕子らとともに，一連の動作を2頭間で分業させる課題をフサオマキザルに与えてみた (Hattori et al 2005)。2連の実験用ケージの手前側に長い板を取り付け，その上にペットボトルで作った長い角棒を置いた (図9-1)。向かって右側のケージには窓があり，ここから角棒を押すと，その下に置かれた餌を取ることができる。しかし角棒の左端にはケージ内側からストッパのベロが差し込まれていて，左のケージに行ってこれを抜かなければ角棒は動かない。角棒の左にはもう1個餌が置かれていて，角棒が押されるとこれが餌箱に落下し

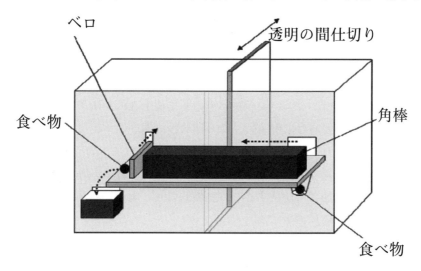

図9-1 服部ら (Hattori et al. 2005) のフサオマキザルの協力行動の実験装置

て取れるようにしてあった。

　6頭のサルに，左側でベロを抜き右側に行って角棒を押すという一連の作業を教え込んだのち，ケージの間に透明の仕切りを入れて，左右に1頭ずつのサルを入れた。この場面は初めてだったが，サルはみな協力して餌を手に入れるようになった。

　さらに，左側には餌を置かないようにして，ベロ引き役のサルには餌が手に入らないようにした。試行ごとに役割を交代するようにすると，これでも協力は維持された。つまり，即時的な利益はなくとも，将来を見越して協力する能力が，霊長類の社会的知性には組み込まれている。

　より最近の研究からは，霊長類はまったく自身に利益がなくても，他者に利益を与える場合があることが示されている。たとえばワルネケンらは，人がものを取ろうとして手が届かず困っていると，チンパンジーはそれを取って渡してくれることや，別のチンパンジーが食物をとろうとして開けない扉の前で困っていると，その扉を開ける手伝いをすることなどを示している（Warneken et al. 2007）。いずれの場合にも，援助者のチンパンジーには何も利益は供与されていない。山本真也らも，チンパンジーはリクエストに応じて仲間のチンパンジーに必要な道具を渡すことを報告している（Yamamoto et al. 2009）。

　第10章「認知7－動物たちの感情」のところで詳細は紹介するが，筆者の研究室でも，2つの選択肢のうち自身はどちらを選んでも同じ報酬が得られるが，相手にわたる報酬は価値の高いものと低いものがあるようにすると，フサオマキザルは，劣位個体に対して価値の高い報酬のわたる選択肢を引くことが示されている（Takimoto et al. 2010）。また相手に労働の一部を負担してもらうと，やはり良い餌の選択肢を選ぶ率が高まることも示されている（Takimoto & Fujita 2011）。

　もちろんこれらも，たとえば，あとで優しくしてもらえるなど，究極

的には自身の利益になる行動を取っているだけだという見方もできる。しかし他方では，このような事実は，動物が本来他者を助けようとする動機づけを持っていることを示しているとの考え方も出されている（ドゥヴァール 2010）。結論を下すことはまだ難しい。

3. 社会的知性の諸要素

（1）こころの理論

　動物，特に霊長類には，欺きや協力などの戦術的社会技能が備わっていることを述べてきた。ではこれらは，どれほど深い他者の心的状態の認知に基づいておこなわれているのだろうか。

　プリマックらは他者の知識，願望，信念，目的，意図などを推測する能力を，**こころの理論**，と呼んだ（Premack & Woodruff 1978）。近年では，他者にこころがあると認識すること，言い換えれば，こころを他者の行動の原因と考えることは，**メンタライジング**と呼ばれている（Frith & Frith 1999）。

　他者の心的状態を認識するということは，それが自分の心的状態とは異なることを認識することである。これを調べるため，ウィマーとパーナーは，**誤信念課題**と呼ばれるテスト法を考案した（Wimmer & Perner, 1983）。人形劇を子どもに見せる。男の子がチョコレートを食べている。半分食べたところで，引き出しに残りをしまい，遊びに出ていく。そこにお母さんがやってきて，料理に少しチョコレートを使ったあと，残りを台所の戸棚に片付けた。さてこの後，残りを食べようと帰ってきた男の子は，どこを探すだろうか。

　男の子はチョコレートの移動を知らないのだから，答えはもちろん引き出しである。しかし，4歳にならない幼児は，台所の戸棚と答えるのである。これは，自分が知っていることと他者の知っていることの区別

が付かないことを示していると思われる。

　数多くの研究の結果，問題を工夫するとより若い年齢でもできるのだが，この基本課題に成功するのはおおむね4歳半であることがわかっている。これと等価なテストは類人を対象としてもおこなわれているが，残念ながら肯定的な結果は得られていない。

　しかしこれは，ヒト以外の動物が一切のこころの理論を持たないことを示しているのではない。上記の誤信念課題は，こころの理論の1つの完成型であるが，他者の心的状態には多様なものがあり，それらをどれほど認知できるのかを個別に検討しなければ，動物の持つこころの理論の性質は論じられない。以下にはそうした試みのいくつかを紹介しよう。

（2）視線・注意の認識

　他者が何を見ているか，他者の注意がどこにあるかは，最も基礎的な他者の心的状態である。それが分からなければ，こっそり何かをすることも，あるいは逆に他者に働きかけたりすることも難しい。

　初期の頃，この問題は，2つの物体のうちで実験者がさまざまな形で注意を向けたものを動物が選択できるかを調べることで検討された。実験者が伸ばした手を物体の近くに持って行ったり，頭部をそちらに向けたり，あるいは目で一方を見るなどの手がかりを与えてみると，意外にもチンパンジーはこれがあまり得意ではないことがわかった。これはイヌの方が得意な課題である（第13章参照）。またチンパンジーは，目隠しをする，バケツをかぶるなどで自分のことが見えない人を避けて，自分のことが見える人に食物を要求する課題でも，せいぜいが顔の向きまでしか手がかりに使えない（Povinelli & Eddy 1996; Kaminski, et al. 2004）。ところが，場面を競合的なものに変えて，相手の目を盗んで，悟られないように餌を取る場面では，容易に他者が何を見ているか

を認知できた（Hare, Call, Agentta, & Tomasello 2001）。

　筆者の研究室でも，フサオマキザルが，実験者の目の開閉といった微妙な違いを認知していることを明らかにした（Hattori et al. 2007）。サルは，2つの透明の容器のうち餌の入っている方を指せば，その中の報酬をもらうことができた。テストとして，実験者は数秒間サルの指さしを無視して，目を開けてあるいは目を閉じて，2つの容器の間を見た。この数秒間にサルが実験者を見る時間を調べると，目を開けている時の方が長かった。他者を見るのはこのサルの通常の要求行動である。つまりサルは実験者の視線の状態に合わせて要求行動を変化させた。

　他者が何を見ているか，何に注意を向けているかの認識は，霊長類やイヌのほか，ワタリガラス，ハシボソガラス，アメリカカケスなどの鳥類でも示されている。これは多くの動物に備わった，基本的能力なのかもしれない。

(3) 知識の認識

　他者が何を知っているかを認識することも，欺きや協力のための必要条件である。他者が持つ知識を直接見ることはできないが，過去における他者の経験を目撃していれば，それを推理することはできる。

　チンパンジーは，登場する2人の人物のうち，実験者が餌を隠すところを目撃していた人物の指示に従って，開けてもらいたい容器を指し示すことを学習できる（Povinelli et al., 1990）。筆者らの研究室では，黒島妃香らとともに，似たような課題で，フサオマキザルが，入れ物を順次覗いて隠された餌の在りかを目撃した人物と，入れ物に触れるなどの無意味な行為をしただけの人物を弁別し，前者の指示に従って開けてほしい容器を指し示すようになることを示した（Kuroshima et al 2003）。つまり，何かを見ることは何かを知ることにつながるという関

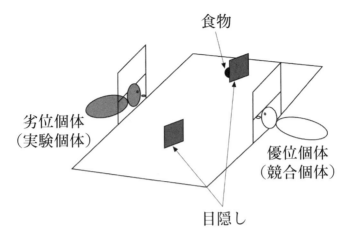

図9-2　ヘアらの，チンパンジーの他者の知識の認識を調べる実験場面（Hare et al. 2001より）

係を，これらの霊長類は認知できる。

　チンパンジーの場合，競合的な場面では，特に訓練をしなくとも，より優れた知識の認識を示す（Hare, Call, & Tomasello　2001）（図9-2）。布バッグが2箇所に置かれた中央の部屋をはさんで，2頭のチンパンジーを準備室に入れる。一方は実験個体，反対側にいるのは高順位の競合個体である。布バッグの実験個体側には食物が置かれている。実験個体側のドアはいつもわずかに開いていて，すべてが見渡せる。4つの条件があった。第1条件では，競合個体側のドアは閉められ，競合個体は何も見ることができない。第2条件では，競合個体側のドアがわずかに開いていて，食物の在りかがわかる。第3条件では，競合個体に食物の在りかをみせたあと，いったんドアを閉じて，こっそり食物を反対側に移動した。第4条件では，競合個体のドアをわずかに開けたまま，条件3同様に食物を移動した。どの条件でも，いったん競合個体のドアを閉めたのち，まず実験個体のドアを開け，実験個体が中央の部屋の床

に手をついたら，競合個体のドアを開けた。すると，競合個体が正しい食物の在りかを知っている第2条件と第4条件では，実験個体はあまり食物を取りに行かなかったのである。

現在のところ，霊長類以外ではあまり明瞭な知識の認識は示されていない。イヌが，実験者がおもちゃを隠すときに部屋にいた人とそうでない人に対して，おもちゃ要求の頻度が変化することが示されているが，知識の有無が手がかりになっていたかどうかは明確ではない（第13章参照）。

（4）意図・目的の認識

他者が何をしようともくろんでいるかは，他者の行動を予測する上で重要である。乳幼児は，同じ人の動作を見ても，状況に応じてその目的を異なったものだと認識する。たとえばゲルゲリーらは，演技者が毛布にくるまって手が使えない状態でランプのスイッチを頭で押す場面と，

写真9-1　ゲルゲリーらの，乳児における他者の意図・目的の認識を調べるための選択的模倣実験の場面（Gergely et al. 2002より）。

手が全く自由なのにあえて頭で押す場面を 14 ヶ月児に見せた。そのあと同じ動作をするように促すと，手が使えるのを見たあとでは，多くの乳児は頭でスイッチを押したが，毛布にくるまっているのを見たあとでは，多くの乳児はスイッチを手で押したのである（Gergely et al. 2002)(写真 9 - 1)。

　意図・目的の認識は，動物ではまだ十分な検討がなされていないが，コールらは，チンパンジーが，食物を渡すことができない人と食物を渡す気のない人を弁別して，行動を変えることを示している（Call et al. 2004)。装置に開けられた小さな穴から，実験者はチンパンジーにブドウを渡そうとする演技をした。たとえば，穴に食物を近づけるが，チンパンジーが来ると引っ込め渡す気を見せない意地悪条件，チンパンジーが取ろうとすると，誤って落としてしまうへたくそ条件，穴が塞がっていて餌が通らない閉塞条件などの数多くの条件がテストされた。指を差し込む行動，装置を動かす行動，ドンドン叩くなどの抗議を示すような行動は，何らかの理由で渡すことのできない条件よりも，渡す気のない条件の時に全般的に多くなった。またあきらめてその場所を離れるまでの時間は，渡す気のない条件の時に短かった。

　このように，ある程度の他者の意図や目的の認識は，霊長類に備わっている可能性がある。またイヌにもできるという報告もあり，霊長類に限られた能力ではないかもしれない。これについては，第 13 章「イヌのこころ」のところで紹介することにする。

(5) 動機づけの認識

　他者の動機づけ状態の認識は動物にも可能なのだろうか。これも直接に見えるものではないが，たとえば直前に食事をしたのを目撃したら，その個体の食べる動機づけは低下していると推測できる。これは適切な

援助をする上で重要な認識である。

服部裕子らとともに，フサオマキザルが他個体にどれほど食物を分配するかを指標にして，これを検討した（Hattori et al. 2012）。条件は4つある。条件1では，テスト個体は，隣のケージにいる個体が，食物を食べているところを目撃した。条件2では，隣の個体は食物を食べるが，不透明の間仕切りのせいで，テスト個体はそれが見えなかった。条件3では，隣の個体が食物を食べられないところをテスト個体は観察した。条件4では，隣の個体は食物を与えられないが，間仕切りのせいで，テスト個体はそれを見ていなかった。これらののち，テスト個体に食物が与えられた。テスト個体は適度に隣接個体に餌が渡るのを許容したが，その量は食事をとるのを見ていた条件1でだけはっきりと少なくなった。つまり，「さっき餌を食べた」個体に対しては，多くの食物分配を許さなくなったのである。この結果は，テスト個体の認識する隣接個体の動機づけ状態によってもたらされた差であると考えられる。

残念ながら，動機づけ状態の認識に関する研究は，これ以外ほとんどおこなわれていないようである。今後の詳細な検討が必要であろう。

4. 本章のまとめ

本章では，動物の社会的知性——社会的場面における行動の調整能力——について論じた。まず社会的知性研究の重要性を述べたのち，さまざまな形の欺き行動や協力行動などといった戦術的社会技能が，少なくとも霊長類には認められることを述べた。後半は，それら戦術的社会技能を可能にする種々の基礎的能力について，霊長類を対象とした研究を中心に紹介した。誤信念課題に代表される一応の完成型としてのこころの理論は，まだ動物では例証されていないが，最も基本的と考えられる他者の視線や注意の認識に関しては，多様な動物種でそれが示されてい

る。もう少し高次と考えられる知識，意図，動機づけなどの認識に関しても，少なくとも霊長類では，少しずつその証拠が挙がってきている。ある程度の他者の心的状態を読む働きは，動物たちにも備わっており，これらも進化の産物であることが示されている。

引用文献

Boesch, C., & Boesch, H. (1989). Hunting behavior of wild chimpanzees in the Tai National Park. *American Journal of Physical Anthropology*, 78, 547-573.

Byrne, R. (1995). *The thinking ape: evolutionary origins of intelligence.* Oxford: Oxford University Press.［小山高正・伊藤紀子訳）考えるサル．大月書店（1998）］

Byrne, R. & Whiten, A. (Eds). (1988). *Machiavellian intelligence: Social expertise and the evolution of intellect in monkeys, apes, and humans.* Oxford Science Publications.［藤田和生・山下博志・友永雅己（監訳）マキャベリ的知性と心の理論の進化論－ヒトはなぜ賢くなったか－．ナカニシヤ出版（2004）］

Call, J., Hare, B., Carpenter, M., & Tomasello, M. (2004). 'Unwilling' versus 'unable': chimpanzees' understanding of human intentional action. *Developmental Science*, 7, 488-498.

フランス・ドゥ・ヴァール(2010)．共感の時代へ－動物行動学が教えてくれること－．紀伊國屋書店

Frith, C. D., & Frith, U. (1999). Interacting minds-A biological basis. *Science*, 286, 1692-1695.

Fujita, K., Kuroshima, H., & Masuda, T. (2002). Do tufted capuchin monkeys (*Cebus apella*) spontaneously deceive opponents? A preliminary analysis of an experimental food-competition contest between monkeys. *Animal Cognition*, 5, 19-25.

Gergely, G., Bekkering, H., & Király, I. (2002). Rational imitation in preverbal infants. *Nature*, 415, 755.

Hamilton, W. D. (1964)a. The genetical evolution of social behaviour I. *Journal of Theoretical Biology*, 7, 1-16.

Hamilton, W. D. (1964)b. The genetical evolution of social behaviour II. *Journal of Theoretical Biology*, 7, 17-52.

Hare, B., Call, J., Agentta, B. & Tomasello, M. (2001). Chimpanzees know what conspecifics do and do not see. *Animal Behaviour*, 59, 771-785

Hare, B., Call, J., & Tomasello, M. (2001). Do chimpanzees know what conspecifics know? *Animal Behaviour*, 61, 139-151.

Hattori, Y., Kuroshima, H., & Fujita, K. (2005). Cooperative problem solving by tufted capuchin monkeys (*Cebus apella*): Spontaneous division of labor, communication, and reciprocal altruism. *Journal of Comparative Psychology*, 119(3), 335-342.

Hattori, Y., Kuroshima, H., & Fujita, K. (2007). I know you are not looking at me: Capuchin monkeys' (*Cebus apella*) sensitivity to human attentional states. *Animal Cognition*, 10(2), 141-148.

Hattori, Y., Leimgruber, K., Fujita, K., & de Waal, F. B. M. (2012). Food-related tolerance in capuchin monkeys (*Cebus apella*) varies with knowledge of the partner's previous food-consumption. *Behaviour*, 149, 171-185.

Kaminski, J., Call, J., & Tomasello, M. (2004). Body orientation and face orientation: two factors controlling apes' begging behavior from humans. *Animal Cognition*, 7, 216-223.

Kuroshima, H., Fujita, K., Adachi, I., Iwata, K., & Fuyuki, A. (2003). A capuchin monkey (*Cebus apella*) understands when people do and do not know the location of food. *Animal Cognition*, 6, 283-291.

Mendres, K. A., & de Waal, F. B. M. (2000). Capuchins do cooperate: the advantage of an intuitive task. *Animal Behaviour*, 60, 523-529.

Povinelli, D. J., & Eddy, T. J. (1996). What young chimpanzees know about seeing. *Monographs of the Society for Research in Child Development*, Serial No.247, Vol. 61(3).

Povinelli, D. J., Nelson, K. E., & Boysen, S. T. (1990). Inferences about guessing and knowing by chimpanzees (*Pan troglodytes*). *Journal of Comparative*

Psychology, 104, 203-210.
Premack, D. & Woodruff, G. (1978). Does the chimpanzee have a theory of mind? *Behavioral and Brain Sciences*, 1, 515-526.
Takimoto, A., & Fujita, K. (2011). I acknowledge your help: capuchin monkeys' sensitivity to others' labor. *Animal Cognition*, 14, 715-725.
Takimoto, A., Kuroshima, H., & Fujita, K. (2010). Capuchin monkeys (*Cebus apella*) are sensitive to others' reward: An experimental analysis of food-choice for conspecifics. *Animal Cognition*, 13, 249-261.
Trivers. R. I. (1971). The evolution of reciprocal altruism. *The Quarterly Review of Biology*, 46, 35-57.
Warneken F, Hare B, Melis AP, Hanus D, Tomasello M (2007) Spontaneous altruism by chimpanzees and young children. *PLoS Biology* 5(7): e 184. doi:10.1371/journal.pbio.0050184
Whiten, A. & Byrne, R. (Eds). (1997). *Machiavellian intelligence II: Extensions and evaluations*. Cambridge University Press.［友永雅己・小田亮・平田聡・藤田和生（監訳）マキャベリ的知性と心の理論の進化論Ⅱ－新たなる展開　ナカニシヤ出版（2004）.］
Wimmer, H. & Perner, J. (1983). Beliefs about beliefs: representation and constraining function of wrong beliefs in young children's understanding deception. *Cognition*, 13, 103-128.
Woodruff, G. & Premack, D. (1979). Intentional communication in the chimpanzee: The development of deception. *Cognition*, 7, 333-362.
Yamamoto, S., Humle, T., & Tanaka, M. (2009). Chimpanzees help each other upon request. *PLoS One*, 4(10): e 7416. doi:10.1371/journal.pone.0007416

参考文献

藤田和生　『比較認知科学への招待－「こころ」の進化学』（ナカニシヤ出版，1998）
藤田和生　『動物たちのゆたかな心』（京都大学学術出版会，2007）

学習課題

1．ペットが人間を欺くことはあるだろうか。身近なエピソードを抜き出して，本当に欺き行動かどうか検討してみよう。
2．身近な動物は人間の注意の状態をどれくらい認識しているだろうか。餌を置いて，動物を見つめる，餌を見つめる，目をそらすなどの演技をして，ノラネコ，カラスなどを対象に実験してみよう。

10 | 認知7—動物たちの感情

藤田和生

《目標&ポイント》 ヒトは喜怒哀楽といった基本的な感情の他に，愛，思いやり，憎しみ，嫉妬，友情などの複雑な感情の働きを示す。近年こうした高次な感情が，ヒト以外の動物でも見られることがわかってきた。本講では最新の知見に基づいて，多様な動物の感情と，それを利用した適応的行動調節について論じる。
《キーワード》 感情，高次感情，共感，思いやり，不公平感，道徳

1. 動物の感情研究への招待

　ヒトは感情の動物だとよく言われる。この言葉はもちろん，ヒトの行動は結局のところ感情で決まる。いくら理屈では分かっていてもどうにもならない，という嘆きを表したものである。しかし文字通りに受け取って，ヒトには多様な感情がある，と理解しても間違いではない。ヒトには**基本感情**と言われる，喜び，悲しみ，怒り，恐怖，驚き，嫌悪の6つ（Ekman, 1992）の他に，**高次感情**あるいは**社会的感情**と呼ばれる多様な感情がある。それらの例としては，愛，慈しみ，友情，思いやり，親切心，感謝，恨み，嫉妬などが挙げられる。
　このようにいろいろな感情を持つのはヒトだけだろうか。本章では，さまざまな動物たちの感情機能を論じる。
　とはいえ動物たちの感情機能を明らかにすることは，容易な作業ではない。感情はまったく主観的な体験であり，行動に表れるとは限らない。

仮に行動に表れるとしても，同じ感情が同じ行動変化を生むとは限らない。さらに，我々にはない感情が存在する可能性もある。

　数十年前まで，感情は理性によって制御されるべき存在と位置づけられていた。しかし実のところ，感情は，我々が行動を決定するために，重要な役割を果たしており，感情機能が損なわれると適応的な行動がとれなくなることもある。たとえばローコスト・ローリターンのカードと，ハイコスト・ハイリターンのカードの選択課題で，前者を引き続けることが最終的には得になる場合（**アイオワ・ギャンブル課題**）で，健常者は次第に前者を選ぶようになるが，感情機能が損なわれていると，どんなに損失をこうむっても，その痛みが分からず，理屈の上では分かっていても，後者を引き続けることが知られている。理性だけでは適応的な行動が取れないのである（Damasio, 1996）。

　つまり，行動を理解するためには，感情の働きを知ることが必要不可欠なのだ。動物のこころの働きを知り，こころの進化を明らかにしようとする比較認知科学において，感情の比較研究は極めて大切な作業であり，いかに困難であろうと，取り組まなければならない課題なのである。

　本章では，まず観察記録から得られたチンパンジーの感情にまつわるエピソードを紹介し，動物たちの豊かな感情世界への導入とするとともに，近年の動物たちの感情機能に関するさまざまな実験的研究を述べ，その性質を論じる。

2. エピソード報告

（1）チンパンジーの多様な感情

　最初の事例は，手話を学習したチンパンジーのウォショウから取ろう（Masson & McCarthy, 1995）。ウォショウは，第1子を虚弱児で失った3年後，第2子のセコイアを生んだ。しかしセコイアも肺炎でやはり

2ヶ月の時に死んでしまった。トレーナーのファウツは，すっかり落ち込んだウォショウを見かねて，八方探し回り，やっとのことで10ヶ月齢の赤ん坊ルーリスを見つけ，ウォショウの養子にしようと決めた。

ファウツはウォショウの部屋に行って，手話で「赤ん坊」と伝えた。ウォショウは「フーフー」という興奮の声を出しながら，「うれしい」「赤ん坊」と手話で何度も綴った。しかしほどなくしてファウツがルーリスを連れてくると，ウォショウの興奮は一気に冷め，力なく「赤ん坊」と綴ったという。ただ，結局その夜，ウォショウはルーリスを抱いて眠りに落ち，養子縁組は成功した。

ファウツによれば，ウォショウはセコイアが帰ってくると思ったのではないか，ところが帰ってきたのはまるで違う赤ん坊だったので，すっかり落胆してしまったのではないかという。もちろん本当のところはわからない。しかしこのエピソードは，チンパンジーが悲しみから歓喜，歓喜から落胆へと急激な感情の変化を示したものとみても，それほど無理があるようには思えない。

2つめの事例は，野生チンパンジーから取ろう（Goodall, 1986）。タンザニアのゴンベ川国立公園で継続的な観察をおこなっていたグドールの報告である。フリントは，8歳半のオス，ヒトでいえば中学生くらいにあたる年齢である。彼は，5歳の時に6ヶ月齢の妹を亡くし，それから年老いた母親のフローに異常なほど依存するようになっていた。

ある日，フローは，老衰で亡くなってしまった。フリントは，長時間死体のそばを離れなかった。そして次第に無気力になり，行方不明になってしまった。再び発見されたときには衰弱し，フローの死後わずか3週間で，後を追うように亡くなってしまったのである。

グドールはその著書の中で，19年間に11例のみなし子を報告している。みな初期にはうつ状態に陥るが，多くはきょうだい等に世話されて

回復するという。フリントの場合には，そういう近親者がいなかったのである。

これらの事例から，チンパンジーたちは，我々と同じように強い感情を持ち，彼らの行動は，それらに深く制御されていることが推察できる。

(2) チンパンジーにおける他者の感情の認識

我々は他者の感情を読み取り，状況に応じて対応の仕方を変える。不機嫌な相手には近づかないようにするし，悲しみに暮れる友人には「どうしたの」と声を掛ける。動物にもそうしたことはあるのだろうか。

ドゥヴァール（de Waal, 2005）は，コートジヴォワールのタイの森で，チンパンジーが見せた共感的行動を紹介している。あるとき，群れの1頭がヒョウに襲われて大けがをした。すると仲間のチンパンジーたちは，傷ついた個体をいたわってゆっくりと歩き，傷口をなめる，ハエを追い払う，泥を取り除くなどの行動をとったという。

写真10-1は，オランダのアーネム動物園のチンパンジーコロニーで撮られたスナップショットである（deWaal, 1982，訳書 p.140）。この集団では，激しいオス同士のリーダー争いが繰り広げられていた。写真は，この時にリーダーを巡る争いに敗北したイエルーンというオスが，ヒステリックな行動を取ったときに，ヴァウターという子どものオスが慰めようとしているところだという。単にうるさく騒ぐ個体を止めようとしただけかも知れないが，この子ど

写真10-1 闘いに敗れたおとなオスをなだめる子どもオス（de Waal, 1982 より）

もは，オスの恐怖，あるいは怒りのような感情を見て取ったとも考えられる。

　また同じ動物園では，オス同士のケンカをメスがよく仲裁したという（de Waal, 1996）。もめ事のあと，オス同士が離れて背中を向けて座っている。仲直りをしたいが，きっかけがつかめない，という状況である。こうしたとき，メスが一方のオスに近づいていき，キスをしたりしてオスを誘うことがよくあった。オスはメスのグルーミングを始める。するとメスはオスがついてくるのを確認しながら，もう一方のオスのところまでゆっくりと歩いて行く。するとこちらのオスもメスをグルーミングし始める。しばらくしてメスがそっと身をひくと，2頭のオスは互いをグルーミングし始めるのである。見事なケンカの仲裁である。

（3）チンパンジーにおける自身の感情の認識

　我々は自身の感情の存在に気づき，状況に応じてその表出を抑制したり，あるいはあえて強調したりすることができる。ありていにいえばこれらは欺き行動であるが，これができないと，まるで子どもだとか社会的訓練を受けていないなどと非難される。動物にもそのようなことはできるのだろうか。

　ドゥヴァールはこれについてもアーネム動物園で見られた面白いやり取りを報告している（de Waal, 1982）。あるとき，ニッキーというオスが，当時第1位だったラウトに挑戦していた。ラウトはメスの支援を受けて，ニッキーを樹上に追い払った。ニッキーは，しばらくすると木の下に背中を向けて座っているラウトに向かって「フーフー」と威嚇の声を出し始めた。ラウトは思わずグリメイス（歯をむき出しにする表情，泣きっ面）と言われる恐れの表情を示した。しかしその瞬間，ラウトは手を口に持っていって上下の唇を押さえ込んだ。同じことが2度繰り返

された．3度目にようやくグリメイスが治まったところで，ラウトはニッキーに向かって威嚇をやり返したのである．

強気に出ていたニッキーの方もラウトとメスが去るのを待っていた．突然背を向けたかと思うと，ニッキーの顔にグリメイスが表れ，静かに悲鳴に似た声を発し始めた．ライバルに怖がっているところを見せると，今後の闘いに不利に働く．2頭のオスは，自身の恐怖心に気づいて，それを相手に悟られないように必死で抑制していたのであろう．

これらのさまざまなエピソードは，多様な感情を持ち，深い感情の世界に生きているのはヒトだけではないこと，他者の感情を認識し共感できるのも，自己の感情を認識し制御できるのも，決してヒトだけに許された特権ではないことを示している．

3. 実験的研究

(1) 基本感情

基本感情は，おそらく多くの動物で共通しているものと思われる．上述の基本6感情のうち，喜び，悲しみ，恐れ，怒りの4つに関しては，ヒトがそれらを経験した場合によく似た行動的変化が比較的明瞭に見て取れ，またある程度の生理的背景も同定されているので，おそらく哺乳類については共通のメカニズムが存在すると考えて良いだろう．

食事などの好ましい出来事を期待すると，多くの動物で活動性の高まりが見られる．それは，チンパンジーのウォショウが赤ん坊の帰還を期待したと思われる場面でも見られた．これには**中脳**の**腹側被蓋野**から主に**側座核**と呼ばれる領域に投射する**ドーパミン神経系**が関係している．この回路は**報酬系**と言われ，ドーパミンの伝達により側座核が興奮すると快感や高揚感が生じる．逆に大切なものを喪失すると，気分や活動性の著しい低下が生じる．みなし子になったチンパンジー・フリントの事

例はそれをよく示している。

　恐れについては，多くの実験的研究があり，広い範囲の動物で確認されている。電気ショックを予告する信号などにさらされると，多くの動物は逃げる，身構える，フリーズするなどの防御的行動をとり，それにともなって，脱糞，排尿，特有の表情の発生などが見られる。恐れに関係する脳内部位は**大脳辺縁系**にある**扁桃体**と呼ばれる小さな核である。ここを損傷すると恐怖条件づけが起こらなくなる。

　怒りの感情に関係するのは資源や身体を防衛しようとするときの攻撃行動であろう。これに関わる脳内部位は**間脳**の**視床下部**にあり，ここの腹内側核と呼ばれる場所を電気刺激すると，怒りの反応が誘発される。

　驚きと嫌悪に関しては，それと同定される行動的反応を取り出すことは少し難しい。期待に反する出来事が生じると，多くの動物でその出来事に注意が向けられる。また動物にも好まない対象物は存在し，それを避けるあるいは攻撃するなどの反応は向けられるが，これらが，我々が経験するような驚きと嫌悪という感情を伴ったものであるかどうかは明確にはわからない。しかし，他の基本感情の類似性を考えれば，多くの哺乳動物において，これらの感情は同じメカニズムによって生じるのではないかと思われる。

（2）他者の感情の認識と利用

　基本感情に生理学的裏付けがあるのだとすると，その表出は，それを観察する他者にとっては信頼するに足る正直な信号だということができる。たとえば，他個体が恐怖の表情を浮かべていたとしよう。もし観察者がこれから何らかの危険物の存在を推理することができたなら，その個体は危険をあらかじめ回避できるだろう。逆に他個体がうれしそうな表情を見せたとしたら，そこには何か良いものが存在することを意味す

る。これが推理できれば，その個体はうまくごちそうにありつけるかも知れない。

　筆者の研究室では，森本陽とともに，フサオマキザルを対象に，そのような場面を模した実験をおこなってみた。2頭のサルを向かい合わせのケージに入れる。一方は感情を表出するモデル個体，他方は感情を読み取るテスト個体である。箱の中に，果物の模型といったサルの喜ぶ物体，あるいはぬいぐるみといったサルの怖がる物体を入れ，フタをする。まず箱をモデル個体の方に近づけて，フタを半分開けて中身を見せる。モデル個体は，内容物に応じて，自然に喜ぶ，怖がるといった正負の反応を示した。テスト個体からは内容物は見えないが，モデル個体の反応は見える。次にフタを閉めてこの箱をテスト個体側に移動した。テスト個体が箱に向かって手を延ばす反応の回数を数えると，それはサルの喜ぶ物体が入っていた条件で有意に多くなった。サルは相手の感情的反応から，その原因を推理したように思われる（Morimoto & Fujita, 2011）。

　しかし，これはモデルザルの感情状態がテスト個体に伝染したことによるものかもしれない。我々は悲しい映画を見ては涙し，楽しいアニメなどを見ると楽しい気分になる。**情動伝染**と言われるこの過程は自動的に生じるもので，これが原因で，モデル個体が怖がったときに自分も身がすくんだだけであれば，相手の感情の原因を推理したとはいえない。

　そこで，次の実験では箱を2つにし，一方にサルの喜ぶもの，他方に怖がるものを入れ，うち片方の箱の内容だけをモデルザルに見せて，そのあとそれを見ていたテスト個体に2つの箱を選択させた。相変わらずテスト個体からは内容物は見えない。しかしこのようにすると，開けられた箱をテスト個体が選択した割合は，モデルザルに喜ぶ物体が見せられたときの方が，怖がるものが見せられたときよりも高くなった（Morimoto & Fujita, 2012）。これは情動伝染では説明できない。つ

まり，少なくともフサオマキザルは，他者の感情を読み取って，その原因をある程度推理することができることが示された。

（3）高次感情
a．不公平感
　ブロスナンとドゥヴァール（Brosnan & de Waal 2003）は，フサオマキザルに棒のような物体（トークン）を渡し，サルがそれを実験者に返却すると食べ物がもらえるという訓練をした。1頭ずつの訓練の後，お互いの様子が見える隣り合わせのケージに2頭のサルを入れ，1頭ずつ交替でトークンを渡し，その返却の見返りにキュウリを与えた。キュウリはサルにとって十分な報酬である。いずれのサルも機嫌良くトークンを差し出し，キュウリを受け取っていた。
　ここからがテスト場面である。最初のテスト場面では，一方のサル（テスト個体）にはいつも通りトークン交換に対してキュウリを与え，他方のサル（パートナー）には同じことをした見返りに大好物のブドウを与えるようにした。するとキュウリを与えられたテスト個体は，トークンを差し出さなくなったり，受け取ったキュウリを投げ捨てたりするようになった。隣のサルに，トークン交換をしなくても無償でブドウを与えるようにすると，この抗議行動はさらに増強した。
　サルは目の前にあるブドウが取れないことに対してフラストレーションを感じていたのかも知れない。そこで最後の条件として，パートナー個体を取り去って，隣の部屋にブドウが溜まっていくだけにしたところ，やはり抗議行動は生じるが，その頻度は隣のサルが不労所得をもらう条件よりも低くなった。
　経済学的視点に立てば，これらの行動は不合理である。キュウリでももらわないよりはもらった方が得だ。取れないブドウにサルがフラスト

レーションを感じていたのも確かであるが，パートナーが不労所得を手にする場合にこの行動がもっとも強くなったことから考えると，サルは同種他個体との不公平な扱いを嫌ったのだと考えることが最も妥当なのではないだろうか。

この行動は，ヒトが「**最後通告ゲーム**」と呼ばれる実験事態で示す行動によく似ている。一方の参加者（分配者）に実験者は，たとえば1000円を預ける。この参加者は，預けられた金額をもうひとりの参加者（パートナー）との間で分配するように求められる。たとえば900円と100円，あるいは500円ずつなど，どのように決めても良い。ただし，この金額を受け取ることができるのは，全てを見ていたパートナーがその分配割合を受け入れた場合だけである。経済学的に言えば，パートナーはどんな金額を提案されても，それが0でない限りは受け入れた方が得だ。しかし実際にはパートナーはあまりに不公平な提案を拒否することが多い。分配者はそれを見越して半分ずつに近い金額を提案することが多いのである。

フサオマキザルが示す不公平の拒絶に似た行動は，チンパンジーでも生じることが確かめられている。こうした行動は我々が「嫉妬」「妬み」などと呼ぶものに類似した複雑な感情につながるものだといえる。

b．第三者評価

上記の行動は，自分自身が被る不利益に対して生じる抗議行動である。しかしヒトは，自身に直接利害の及ばないことであっても，他者の行動を評価し，場合によっては抗議行動をとる。たとえば電車の中で，お年寄りに席を譲らない若者を見ると，なんて不親切な，などと義憤を感じ，時には注意することもある。逆に重い荷物の運搬を手伝う人物などを目にすると，いい人だなあ，などとほほえましく感じる。動物は自身に関係のない場面で他者を評価することはあるのだろうか。フサオマキザル

を対象におこなわれた筆者の研究室の実験を紹介しよう。アンダーソンらとの共同研究である。

　フサオマキザルの前に2人の演技者が座る。一方の演技者（操作者）は一生懸命透明容器のフタを開けて，中の物体を取り出そうとするが，うまくいかず，隣の演技者（応答者）に容器を差し出して助けを乞う。応答者は容器の底を支えてフタ開けを援助する場合と，そっぽを向いて拒絶する場合があった（写真10-2）。いずれの場合にも，このやり取りの後，2人の演技者は食べ物を手のひらに載せて同時にサルに差し出した。やり取りの間もサルに食べ物を差し出している間も，演技者はサルの方を一切見ないようにした。

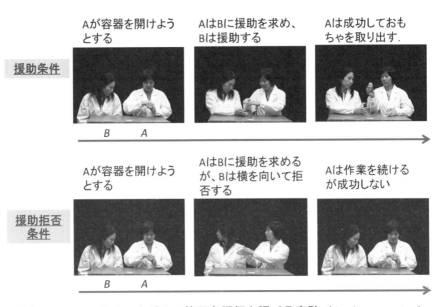

写真10-2　フサオマキザルの第三者評価を調べる実験（Anderson et al., 2013 a）でサルに見せられた演技の例。上段は援助条件，下段は援助拒否条件。

サルはどちらの演技者から食べ物をもらおうと自由である。実際，応答者が操作者を援助した場合には，サルの選択はほぼでたらめであった。ところが，応答者が援助しなかった場合には，サルはこの応答者を避けて操作者の方の食べ物を取ることが多くなった。別の条件で，応答者が自分の作業に忙しくて手伝えなかった場合には，この応答者が避けられることはなかった（Anderson et al., 2013 a）。

少し場面を変えて，2人の演技者がボールの交換をするところをサルに見せた。2人が同じ3個ずつの手持ちのボールの交換をした場合には，その2人の演技者が食べ物を差し出したときの，サルによる演技者の選択はほぼでたらめだった。ところが一方の演技者が3個のボールを他方に渡した後，応答者がボールを渡さない，あるいは1個しか渡さない条件では，サルはこの応答者から食べ物をもらうことを避けるようになった。しかし，もともと応答者がボールを1個しか持っていなかった場合には，この精一杯お返しをした応答者が避けられることはなかった（Anderson et al., 2013 b）。

2つの実験と合わせて考えると，サルは，援助やお返しができるにもかかわらずそれをしない場合に，その人物を回避したのだということができる。

これらから，少なくともフサオマキザルは，自身の利害の直接関係することのない第三者間のやり取りを監視し，それに基づいて人物を評価することがわかる。いずれの演技者を選択してもサルにはまったく関係はなかったので，この選択は理性に基づくものではない。一方を選ぶことを訓練したわけでもない。おそらくこれは感情のなせる業であろう。サルは卑劣な人物から食べ物を受け取ることにわだかまりを感じたのではないかと思われる。

よく似た第三者評価はイヌにもあることが最近あきらかにされた。こ

れについては第13章「イヌのこころ」で述べることにする。

c．思いやりと「感謝」

2節（2）で紹介したように，チンパンジーは他者が窮地に立っているときに優しさや思いやりを感じさせる行動を見せる。これは彼らが他者の福祉に感受性を持ち，他者の不幸を快適に感じないことを意味している。同様のことは他の動物でも見られるのだろうか。筆者の実験室ではフサオマキザルを対象に，食物の分配場面を利用して検討してみた。瀧本彩加らとの共同研究である。

分配者と被分配者のサルがテーブルを挟んで対面した。テーブルの上には2つの透明の餌箱を置いた。餌箱は特殊な作りになっていて，引き出しの一方に分配者用の餌，反対側に被分配者用の餌が見えている。分配者は引き出しを引いてその中の食べ物を取ることができた。他方被分配者には，分配者が引いた引き出しの反対側に置かれた食べ物が落ちるようになっていた。分配者側には，左右の餌箱いずれにも同じ食べ物が入っている。しかし，被分配者側の餌は左右で差があり，一方は分配者が手にするものと同じ美味な食べ物，他方はサルの嫌いな食べ物が入っていた。つまり分配者は被分配者が手にする食べ物を選ぶことができ，被分配者は，不労所得ではあるが，もっぱら受動的に食べ物をもらうことになる。餌箱の左右はランダムに入れ替わる。

分配者は集団の中くらいの順位の4個体，被分配者は集団の最優位個体と最劣位個体が務めた。フサオマキザルが他者の手にするものにまったく関心を持たないなら，分配者はでたらめに引き出しを選ぶだろう。しかし，3節（3）aで紹介したように，フサオマキザルは他者の不労所得を快く思わない。そうであれば，分配者はまずい方の食べ物が被分配者に渡る引き出しの方を選ぶかも知れない。

実際にテストをおこなうと，結果は意外なものだった。分配者は，最

優位個体に対しては，おおむねでたらめに引き出しを引いた。ところが，最劣位個体に対しては，良い食べ物が入っている方の引き出しをより多く引いたのである。つまりサルは弱者に対する思いやりを見せたということができる（Takimoto et al., 2010）。

場面を少し変えて，2つの餌箱を板の上に固定し，まず第1段階で板の場所を調節してから引き出しを引く構造にした（写真10-3）。第1段階の操作を分配者が行う独力条件と，それを被分配者が行う協力条件を設けた。このようにすると，被分配者が優位個体であろうが劣位個体であろうが，独力条件では分配者の餌箱選択はほぼでたらめであった。しかし，協力条件では，分配者は良い食べ物が入っている方の引き出しをより多く引いたのである。つまり，フサオマキザルは，協力に対する「感謝」と呼んで良いような行動をするのである（Takimoto et al., 2011）。

我々が抱く多様な高次感情は，道徳性につながっている。特に愛情や

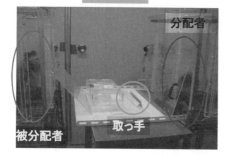

写真10-3　フサオマキザルの食物分配実験。左は分配者が第1段階の取っ手引きをおこなう独力条件，右は被分配者が取っ手引きをおこなう協力条件（Takimoto et al., 2011）。

友情，思いやり，慈しみ，感謝の念などは，我々の社会的行動規範となっている。ヒトはこれらの高次感情を道徳に高めており，それに反する行動は戒められ，場合によっては社会によって処罰される。こうしたものを社会システムにまで昇華させたのはヒトだけであろう。

しかしながら，近年の多くの研究は，道徳性が，ヒトに突如として出現したのではなく，進化的起源を持つものであることを示唆している。少なくとも霊長類は，さまざまな正のあるいは負の高次感情を持ち，自身の利益に直接的には関係しない場面で他者を評価する。動物たちの持つ感情の世界は，これまで考えられてきた以上に奥深いのである。

4．本章のまとめ

本章では動物たちの感情についてまとめた。感情は我々ヒトの行動を決定する最大の要因であり，その進化的起源を明らかにすることは，比較認知科学における極めて重要な研究課題の1つである。野外あるいは準野外で観察された類人のエピソード報告からは，感情が彼らの行動を深く，強く制御する働きを持つことが示されている。彼らは他者の感情を認識し，共感し，慰める。自身の感情を認識し，制御する。実験的にも，基本感情については，おそらく多くの哺乳動物で同じメカニズムが作動しているであろうことが示唆されている。また少なくとも霊長類は他者の感情を利用して環境を知り，嫉妬，思いやり，感謝などの高次感情を持ち，自身の利害に直結しない場面で他者を第三者的立場から評価する。これらはヒト社会における道徳性の進化的起源を暗示するものとも捉えられる。

引用文献

Anderson, J. R., Kuroshima, H., Takimoto, A., & Fujita, K. (2013 a). Third-party social evaluation of humans by monkeys. *Nature Communications*, 4:1561.

Anderson, J. R., Takimoto, A., Kuroshima, H., & Fujita, K. (2013 b). Capuchin monkeys judge third-party reciprocity. *Cognition*, 127, 140-146.

Brosnan, S. F., & de Waal, F. B. M. (2003). Monkeys reject unequal pay. *Nature*, 425, 297-299.

Damasio, A.R. (1996). The somatic marker hypothesis and the possible functions of the prefrontal cortex. *Philosophical Transaction in Royal Society of London, B* 351, 1413-1420.

de Waal, F. B. M. (1982). *Chimpanzee politics: Power and sex among apes, revised edition*. Baltimore, Maryland: The Johns Hopkins Uuniversity Press. ［西田利貞訳（2006）．チンパンジーの政治学－猿の権力と性－．産経新聞社］

de Waal, F. B. M. (1996). *Good natured: The origins of right and wrong in humans and other animals*. Cambridge: Massachusetts, Harvard University Press.［西田利貞・藤井留美訳（1998）利己的なサル，他人を思いやるサル．草思社］

de Waal, F. B. M. (2005). *Our inner ape: A leading primatologist explains why we are who we are*. New York, Riverhead.［藤井留美訳（2006）．あなたのなかのサル-霊長類学者が明かす「人間らしさ」の起源．早川書房］

フランス・ドゥ・ヴァール(2010)．共感の時代へ－動物行動学が教えてくれること－．紀伊國屋書店

Ekman, P. (1992). An argument for basic emotions. *Cognition and Emotion*, 6, 169-200.

Goodall, J. (1986). *The chimpanzees of Gombe: Patterns of behavior*. Cambridge: Massachusetts, Harvard University Press.［杉山幸丸・松沢哲郎監訳（1990）．野生チンパンジーの世界．ミネルヴァ書房］

Masson, J. M., & McCarthy, S. (1995). *When elephants weep: The emotional lives of animals*. Wheeler Publisher Inc.［小梨直訳（1996）．ゾウがすすり泣

くとき－動物たちの豊かな感情世界－．河出書房新社］
Morimoto, Y., & Fujita, K. (2011). Capuchin monkeys (*Cebus apella*) modify their own behaviors according to a conspecific's emotional expressions. *Primates,* 52, 279-286.
Morimoto, Y., & Fujita, K. (2012). Capuchin monkeys (*Cebus apella*) use conspecifics' emotional expressions to evaluate emotional valence of objects. *Animal Cognition,* 15, 341-347.
Takimoto, A., & Fujita, K. (2011). I acknowledge your help: capuchin monkeys' sensitivity to others' labor. *Animal Cognition,* 14, 715-725.
Takimoto, A., Kuroshima, H., & Fujita, K. (2010). Capuchin monkeys (*Cebus apella*) are sensitive to others' reward: An experimental analysis of food-choice for conspecifics. *Animal Cognition,* 13, 249-261.

参考文献

藤田和生　『動物たちのゆたかな心』（京都大学学術出版会），2007
藤田和生編著　『感情科学』（京都大学学術出版会），2007
ジョセフ・ルドゥー（松本元・川村光毅訳）『エモーショナル・ブレイン－情動の脳科学－』（東京大学出版会），2003

学習課題

1．鳥類には感情はあるだろうか。表情を読み取ることは難しいが，食事の時間や飼育係の入室などにともなって活動性や姿勢などに変化は見られないだろうか。動物園などで観察してみよう。
2．一切の感情を示さないイヌやネコがいたとしよう。彼らと私たちの交流はどのように変化するだろうか。それを想像することから感情の存在意義を考えてみよう。

11 | トピック1―チンパンジーのこころ

平田 聡

《**目標&ポイント**》 チンパンジーはヒトに最も近縁な生き物である。本章では，彼らの知性の諸側面について調べた研究の成果を紹介する。それぞれの研究の内容，結果，および意義について理解しよう。
《**キーワード**》 チンパンジー，道具使用，言語，記憶，自己認識，社会的学習，社会的知性

1. チンパンジーとは

　チンパンジーは，霊長目ヒト科パン属に属する。学名は *Pan troglodytes* である。ボノボと並んで，ヒトに最も近縁な生き物である。約500－700万年前にヒトの系統から分かれたと推定される。生息域はアフリカの赤道付近である。熱帯雨林を主な分布域とするが，サバンナや乾燥疎開林にも適応している。約20〜150個体からなる複雄複雌の集団を形成する。集団のメンバーの中に順位が存在し，特にオスでは顕著に直線的な順位を形成する。果実や葉など植物性の食物が主食であるが，昆虫や樹皮なども食べる雑食性である。また，狩猟をおこなって他の動物の肉も食べる。
　チンパンジーの知性が研究され始めたのは20世紀初頭である。先駆者のひとり，ドイツ人心理学者のウォルフガング・ケーラーは，1913年にチンパンジーの知性を調べる研究を開始した（ケーラー，1962）。道具使用の際に見られる洞察的能力を主な研究テーマとした。

1960年代，野生チンパンジーの研究が本格的に始まった。1960年，イギリス人学者ジェーン・グドールがタンザニア・ゴンベ国立公園でのチンパンジーの長期継続観察を開始した（グドール，1990）。また，日本の今西錦司・伊谷純一郎らにより，1965年にタンザニア・マハレ山塊国立公園での観察も緒についた（中村，2009）。その後，アフリカの各地で野生チンパンジー集団の長期継続研究が開始され現在も綿々と続いている。

　チンパンジーの知性の研究の先には，ヒトのこころの理解がある。ヒトに最も近縁なチンパンジーは，ヒトの知性の進化的基盤を探り，その生物学的な意義を理解するために欠かすことのできない羅針盤と言えるだろう。

2. 物理的世界の理解

(1) 道具使用

　チンパンジーは，ヒト以外の動物の中で野生の状態で最も多様な道具を使う。その背景には，定位的操作の能力がある。ある物を別の物の上に乗せる，物を別の物に入れるなど，物と物を関係づける行動である。飼育下では定位的操作は1歳を少し過ぎたころに発達することが観察されており，ヒト乳幼児の発達と重なる。

　野生チンパンジーの観察からこれまで知られている道具使用の例を表11-1に示した。その多くは，2個のものを関係づける比較的単純な道具使用である。シロアリ釣りであれば，「シロアリ」と「枝」という2つのものを関係づけることになる。ナッツ割りは，「台」「ハンマー」「ナッツ」という3個のものを関係づける道具使用である。チンパンジーで一般に知られている道具使用で最も複雑である。ヒトのように，たとえば，鉄板と枠の穴にボルトを挿してワッシャーをはめナットをつけてス

表11-1　チンパンジーの道具使用行動の例

名称	内容
シロアリ釣り	シロアリの巣穴に木の枝や草の茎を挿し込み，それについたシロアリを釣り上げて食べる。
アリの浸し釣り	地面などを移動するアリの行列に木の枝などを向け，それに噛み付いてきたアリを釣って食べる。
葉のスポンジ	木の洞などに溜まった水に葉を浸して水を掬い取って飲む。
葉のナプキン	木の葉で体を拭く。
ヤシの杵つき	ヤシの細長い葉を折り取って，その根元の部分でヤシの木の実の先端部分を突き崩し，木の髄を食べる。
リーフクリップ	木の葉をビリビリと音を立てて噛みちぎり，異性を交尾に誘う。
ナッツ割り	石や木を台にして，その台の上に殻の堅いナッツを置き，別の石や木をハンマーにして殻を叩き割る。

パナで回す，という5個，6個の物を組み合わる道具使用は野生の状態では知られていない。ある道具を使うために別の道具を用いる，といった2次的道具の使用は皆無に近い。ただし，アリの巣穴をまず太い枝で掘って拡大し，そのあとで細いしなやかな草の茎を穴に挿入してアリを釣り上げるといったように，異なる物を一連の道具として用いる道具セットがあることは観察されている。

（2）シンボルの理解

　ヒトに近縁な存在のチンパンジーは，ヒトの言葉を使うことができるだろうか。1940年代，チンパンジーに音声言語を教える試みがおこなわれたが，結果は数語をかろうじて発声できる程度で，うまくいかなか

った（ランバウ，1992）。チンパンジーの喉の構造がヒトと異なり，ヒトの用いる音声言語を物理的に発することができないことも一因である。ただし，音声ではなく手話を用いると，チンパンジーとヒトとの間に双方向的なコミュニケーションが成立する。ゴリラやオランウータンでも数百の手話サインを理解することが報告されている。物や行動，状況に対応する手話サインをチンパンジーなど類人も習得して産出することができる。

　手話に続いて，コンピュータを介して図形文字を呈示する実験もおこなわれ，シンボル理解の研究は精緻化された。チンパンジーが，画面上に呈示された赤や青などの色を見て，それぞれの色に対応する図形文字を選ぶ。また，画面上に呈示された点の数を数えて，それに対応するアラビア数字を選ぶこともできる。アラビア数字を「1」「2」「3」というふうに小さい順に並べることもできる。

　ただし，ヒトの言語との違いも明瞭である。ヒトは複数の単語を文法的に組み立てて多様な意味のある言葉をつむぎ出すことができるが，チンパンジーが組み合わせる単語はせいぜい2，3語である。また，刺激等価性が成立しにくい。赤という色を見て「赤」に相当するシンボルを答えることを学習したら，ヒトの場合はその逆の「赤」というシンボルを見て赤い色を答えることができる。しかし，チンパンジーの場合はそれがきわめて難しい。逆向きの関係をあらためて学習しなければならない。

（3）短期記憶

　上述した数字の理解の実験を応用しておこなわれた短期記憶の研究もある。タッチパネル上に，1から9までのアラビア数字の中からいくつかがランダムな位置に出てくる。それを小さい順にタッチするというの

が課題である（Inoue & Matsuzawa 2007）。このとき，画面上に呈示される時間を制限して，1秒前後の一定時間の後に数字が白黒に塗りつ

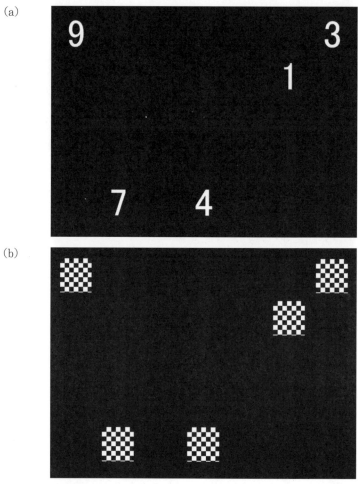

図 11-1　**数字の記憶課題の一例。**(a)の画面が，一定時間の後に(b)のように変わる。(a)のアラビア数字の小さい順に，(b)の四角を順にタッチすれば正解である。

ぶされた四角に替わるようにする。この四角を、四角に替わる前の数字の小さい順にタッチすると正解である。つまり、どの数字がどの位置に現れたのか、四角に替わる前の1秒前後の間に覚えておかなければならない（図11-1）。

　この課題で、チンパンジーの子どもは優れた短期記憶を持つことが示された。5個の数字を0.65秒の間で覚える条件での正答率は、大人チンパンジーで約50パーセント、5歳のチンパンジーで約80パーセントだった。同じ課題をヒトの大人を対象におこなってみても、チンパンジーの子どもの成績はヒトと同等かそれ以上だった。チンパンジーの子どもは、直感像把握と呼ばれる秀でた能力をもっているようである。

（4）長期記憶

　ヒトにおいて長期記憶に分類されるものとして、エピソード記憶がある。日々の私的な出来事の長期にわたる記憶である。エピソード記憶は宣言的記憶に含まれ、その定義上、言語による報告が可能な記憶であるという性質を備えている必要があるため、言語による報告ができないヒト以外の動物で文字通りのエピソード記憶を調べることはできない。

　ただし、エピソード記憶の重要な側面である、偶発的に生じた一度きりの出来事の記憶をチンパンジーも持つことが、アイトラッカーを用いた研究により示されている。映像モニター上でドラマ動画をチンパンジーに見せ、動画の中のどこを見ているのかをアイトラッカーで視線計測した研究である（Kano & Hirata 2015）。

　ドラマ動画では、まず2人の人物が登場し、それぞれ床に落ちたバナナを見つけて喜ぶ。そのとき、この場面の左右にある小窓から、キングコングのコスチュームを着た悪漢が飛び出て来て、登場人物のうちのひとりを襲ってバナナを奪う。このドラマ動画をチンパンジーに見せ、そ

して同じ動画を 24 時間後にまた見せる。すると，24 時間後に同じ動画を見たチンパンジーは，悪漢が小窓から飛び出してくる前から，その小窓のほうをじっと見る。前日に見た動画の内容を記憶していて，悪漢が出てくることを予想して小窓に視線を向けたと考えられる。

　また別のドラマ動画では，登場人物が悪漢に逆襲する。このとき，床に置かれたハンマーと刀という 2 つの武器のうちの 1 つを手に取って逆襲する。チンパンジーにこの動画を 24 時間あけて 2 回見せるのだが，2 回目に見せる動画では，武器の位置を入れ替えておく。2 回目に見たチンパンジーは，1 回目の動画で登場人物が使った武器を，登場人物が手に取るより先に見た。何を武器に使うかをチンパンジーが覚えていたことが示唆される。

　ドラマ動画の中で生じた出来事の話ではあるが，一度だけ見た出来事の内容をチンパンジーが記憶して，その記憶が少なくとも 24 時間は保持されていることを示す研究である。

3. 社会的世界の理解

(1) 自己認識

　社会的世界の理解の基礎は，自己理解である。チンパンジーなど類人は，サルのもつ自己理解とは一線を画した特徴を示す。鏡映像自己認識である。つまり，鏡に映った自分の姿を見て，それが自分だと理解する（写真 11-1）。

　鏡映像自己認識を客観的に調べる方法として，マークテストあるいはルージュテストと呼ばれる方法が考案されている（Gallup 1970）。チンパンジーを麻酔して眠っている間におでこに塗料をつけたり，チンパンジーと実験者が遊びながら頬に塗料を塗ったり，チンパンジーの目で直接見えない部位に，気付かれないようにマークをつける。塗料にはに

おいや触感が残らないよう十分配慮する。そして，麻酔からさめたチンパンジー，あるいは遊んだ後のチンパンジーに鏡を見せてみる。チンパンジーは鏡に映った像を見る。鏡には，自分の顔が映っている。そして，鏡に映った自分の顔のおでこや頬には，塗料が付いている。それに気づいたチン

写真11-1　チンパンジーの鏡映像自己認識。鏡を見ながら口の中を調べている。

パンジーは，鏡を見ながら，自分のおでこを触って，塗料を取ろうとする。こうした行動は，鏡に映った像が自分の顔だと分かっているからこそ出現する行動である。

　ニホンザルなどのサルに鏡を見せても，それが自分だと理解する証拠は見せない。鏡映像自己認識は，チンパンジー，ボノボ，オランウータンといった類人に限って見られる特徴である。

（2）あざむき

　あざむきは，他者との駆け引きの中で生じる，高度に社会的な知性の現れである。次のような場面で実験をおこなってみた（Hirata & Matsuzawa 2001）。チンパンジーの運動場に，バナナを隠しておく場所を適当な位置に5箇所設置した。その中の1箇所に，ヒトがバナナを隠す。チンパンジーのクロエとペンデーサは，バナナを隠す間はそれぞれ別の部屋にいる。クロエのいる部屋からは運動場を覗くことができる。したがって，実験者がバナナを隠すところを見ることができる。ペンデー

サのいる部屋からは，運動場は見えない。ただし，クロエの部屋を見ることは可能で，「クロエがバナナの隠し場所を見ている」様子をみることができる。ヒトがバナナを隠した後，クロエとペンデーサを同時に運動場に出した。

　この実験を何日か繰り返した。最初のうちは，クロエがバナナの隠し場所に直行してバナナを手に入れ，ペンデーサは何もできなかった。しかしやがて，ペンデーサはクロエの先回りをするようになった。クロエの進む方向にある隠し場所に先に走っていき，そこに隠されたバナナを横取りしようという戦略である。するとクロエは，隠し場所に直行しなくなった。まずは何も入っていない隠し場所に向かって進んで行く。ペンデーサは，先回りするつもりで，その先の隠し場所を急いで確かめに行く。しかしそこにバナナはない。その間にクロエは向きを変えて正しい隠し場所に駆け寄り，中のバナナを手に入れた。ペンデーサはクロエにだまされたわけで，クロエのあざむき戦略の成功である。ただし，クロエのあざむき戦略は長続きしなかった。ペンデーサが対抗策を取ったためである。クロエの後ろにぴったりついていき，最後の最後まで先回りをしない。クロエが正しい隠し場所に着いて手を伸ばそうとするまで待って，その瞬間に横取りする。

　チンパンジーはこのように，他者をあざむく戦略を取ることができる。そして，欺きに対抗する策も生み出す。霊長類の中でも，チンパンジーは特に高度なあざむき戦略を見せることが知られている。霊長類の中で，あざむき行動の出現と大脳新皮質の大きさとに関係があるという分析結果も得られている。

（3）協力

　チンパンジーが他者と協力する実験もおこなわれている（Hirata &

Fuwa 2007)。チンパンジーのいる小部屋の外に，食べ物が乗った台がおかれている。台は2つあって，それぞれに食べ物が乗っている。台には紐が通してあり，その紐の両端はチンパンジーのいる小部屋の下の隙間を通って部屋の中に伸びている。隙間からチンパンジーが出ることはできないが，手だけ出すことが可能である。部屋に伸びた紐の両端を同時に持って引っ張ると，台が引き寄せられ，台に乗った食べ物を手に入れることができる。紐の片端だけ引っ張ると，紐だけが引っ張られて台を引き寄せることができない。紐の両端は，チンパンジー1個体が手を広げた幅より遠い位置に設定されている。したがって，2個体のチンパンジーそれぞれ紐の端を持って同時に引っ張らなければならない。

このような状況でチンパンジーがどうするのかをテストしてみた。最初は2個体が協調する兆しはなく，まったくうまくいかなかった。しかし，試行錯誤を続けるうちに，成功するようになってきた。2個体がタイミングを合わせて紐を持ち，一緒に引っ張るのである。相手が遅いと，きちんと待っている（写真11-2）。

これとは別におこなわれた協力行動の実験で，相手が何もしようとしない時，その相手の手を引くなどして催促する行動もみられている。野生の状態でチンパンジーが協力するのかどう

写真11-2　チンパンジーの協力行動。図中の上側の紐と下側の紐を同時に引っ張れば，食べ物を引き寄せることができる。図の上側のチンパンジーは，下側のチンパンジーが紐を持つのを待っている。

かについては必ずしも明確ではない。森の中で，食べ物は基本的にひとりで手に入るからである。しかし，実験的状況を作り出してみると，相手とタイミングを合わせたり，誘ったりという具合に，協力行動に必要な能力をチンパンジーも備えていることがわかる。

（4）社会的学習と文化

　アフリカ各地における野生チンパンジーの観察記録が蓄積されるにつれ，集団間で行動レパートリーが大きく異なることが分かってきた。たとえば西アフリカ・ギニア共和国のボッソウに暮らすチンパンジーたちは，石を道具に使ってナッツの殻を叩き割るナッツ割り道具使用をおこなう。ところが，東アフリカのタンザニアではナッツ割りが見られない。ナッツも石もあるが，どのチンパンジーもナッツ割りをしない。

　アフリカ各地の7つのチンパンジー集団で，ナッツ割り行動など様々な行動パターンの出現の有無を調べてみたところ，合計39の行動パターンが集団間で異なっていた（Whiten et al. 1999）。つまり，何らかの形でそれぞれの集団が固有の行動パターンをもっている。集団に特有の文化があると言うこともできる。

　野生チンパンジーの文化的行動から，チンパンジーに社会的学習の能力が備わっていることがうかがえる。飼育下での詳細な研究から，社会的学習に関わる様々なメカニズムが明らかになってきた。その主要なものとして，刺激強調，目標模倣，真の模倣の3つが挙げられる。

　刺激強調は，他者が扱う物に注目して，自分でも同じ物を扱うことである。その後どうするかは，必ずしも見たとおりでなく，個人の試行錯誤である。目標模倣は，他者がおこなう行動の目標に注目して，自分で同じ目標を再現することである。目標を達成する際の動作は，必ずしも見たとおりでなく，個人の試行錯誤である。真の模倣は，他者がおこな

う動作に注目して，自分でも同じ動作を再現することである。

　真の模倣はチンパンジーもほとんどおこなわない。皆無というわけではないが，少なくともヒトのように多様な場面で多様な動作を模倣するということはチンパンジーでは見られない。チンパンジーの社会的学習は，多くの場合で，目標模倣や刺激強調といった過程によっておこなわれている。

　チンパンジーの文化的行動においてのもう1つの特徴は，積極的教示が基本的にないことである。子どもが新しい行動を身に付けようとしているとき，親が手を取って教えるということがない。

4. 他者のこころの理解

(1) こころの理論

　チンパンジーの研究に端を発して，「こころの理論」の研究が発達心理学などの領域で興ってきた。「こころの理論」という造語を最初に提唱したのは，プレマックとウッドラフである（Premack & Woodruff 1978）。彼らは，サラと名付けられたチンパンジーを対象に，ある実験をおこなった。その実験の中で，何らかの問題に直面している人の場面をビデオでチンパンジーに見せた。たとえば，ある人がバナナを取ろうとしているが手が届かない，といった場面である。そして次に，問題の場面を正しく解決している写真と，解決には無関係の写真をチンパンジーに提示した。するとチンパンジーは，正しく解決している場面の写真を選んだ。この結果から，ビデオの人物が何をしたいかという欲求や意図について，チンパンジーが正しく理解している可能性を指摘できる。

　チンパンジーによる他者のこころの理解に関する実験が，これまでにいくつかなされている。ここで，こころの理解とは，こころの理論よりも広く他者のこころの諸側面についての理解を指す言葉である。逆にこ

ころの理論は，他者の誤った信念の理解について問題にする狭義の定義がなされることが多い。さて，チンパンジーの研究の結果を総合すると，チンパンジーは少なくとも，他者の注意の状態や意図などを理解しているようである（Call & Tomasello 2008）。

　他者理解に関連した興味深い現象として，あくびの伝染がある。目の前の人があくびをすると，自分も思わずあくびをしてしまう。こうしたあくびの伝染がチンパンジーでも生じることが研究によって確かめられた（Anderson et al. 2004）。あくびの伝染は，他者への共感や思いやり，他者との行動の同調といった高次の現象の萌芽ではないかと考えられる。

（2）他者の動作の理解と三項関係

　他者の動作のどこを見るのかを調べることを通しても，他者理解について推測することができる。先述のアイトラッカーを使った視線計測で，ヒトとチンパンジーの違いが明らかになっている（Myowa-Yamakoshi et al. 2012）。

　たとえば，ある女性がオレンジジュースの入った容器を手に持って，テーブルに置かれたコップにそのジュースを注ぐ。この動作を映像モニター上に映し，これを見ているチンパンジーとヒトの視線を比較する。すると，ヒトは女性の動作する手元と女性の顔をよく見比べる。ところがチンパンジーは女性の顔はほとんど見ず，容器やコップばかり見ている。

　チンパンジーが女性の動作を理解していないわけではない。女性が容器からコップにジュースを注ごうとすると，実際に注がれるより先にチンパンジーはコップを見る。これから女性がコップにジュースを注ぐだろうという行為の成り行きを理解して，予期的にコップに視線を移すの

である。

　ヒトがこの動画を見た際に女性の顔をよく見るのは，行為の意図など，動作者のこころの状態を表情から把握しようとする傾向があるためと考えられる。チンパンジーではそうした傾向は極めて弱い。これは動作者がヒトだからというわけではなく，動作者がチンパンジーでも，その顔をほとんど見ない。また，オレンジジュースのような飲食物ではない物体の操作を見せても，チンパンジーは動作者の顔をほとんど見ず，物ばかり見ている。チンパンジーは物の動きに注目して他者の動作を理解し，ヒトは動作者の顔を見てこころの状態を推測しようとしていると考えられる。

　チンパンジーとヒトの違いは，三項関係の成立という観点から考察できる。チンパンジーは二項関係に留まり，ヒトは三項関係を築く。「項」は項目の項であり，2つの項目，3つの項目という意味である。簡単に言えば，二項関係とは，私と物，あるいは私とあなた，という2つの項目の関係のことである。三項関係とは，たとえば私とあなたと物，という3つの項目の関係のことである。

　ヒトの赤ちゃんの発達において，まずは二項関係が成立する。たとえば母親が赤ちゃんの目の前におもちゃを見せると，そのおもちゃに手を伸ばそうとする。私―おもちゃの二項関係である。それがやがて，おもちゃと母親の顔を見比べるようになる。私―おもちゃ―母親の三項関係である。また，おもちゃを指さしながら母親の顔を見て，おもちゃに対する自分の興味を母親と共有しようとするようになる。チンパンジーでは，相手と興味の共有するための指さしは生じない。三項関係の成立という点で，ヒトとチンパンジーの顕著な違いがあるようだ。

引用文献

Anderson, J. R., Myowa-Yamakoshi, M., & Matsuzawa, T. (2004). Contagious yawning in chimpanzees. *Proceedings of the Royal Society of London B: Biological Sciences*, 271(Suppl 6), S 468-S 470.

Call, J., & Tomasello, M. (2008). Does the chimpanzee have a theory of mind? 30 years later. *Trends in cognitive sciences*, 12, 187-192.

Gallup, G. G. (1970). Chimpanzees: self-recognition. *Science*, 167, 86-87.

ジェーン・グドール著・杉山幸丸・松沢哲郎訳『野生チンパンジーの世界』（ミネルヴァ書房，1990）

Hirata, S., & Fuwa, K. (2007). Chimpanzees (*Pan troglodytes*) learn to act with other individuals in a cooperative task. *Primates*, 48, 13-21.

Hirata, S., & Matsuzawa, T. (2001). Tactics to obtain a hidden food item in chimpanzee pairs (*Pan troglodytes*). *Animal Cognition*, 4, 285-295.

Inoue, S., & Matsuzawa, T. (2007). Working memory of numerals in chimpanzees. *Current Biology*, 17, R 1004-R 1005.

Kano, F., & Hirata, S. (2015). Great apes make anticipatory looks based on long-term memory of single events. *Current Biology*, 25, 2513-2517.

ケーラー著・宮孝一訳『類人猿の知恵試験』（岩波書店，1962）

Myowa-Yamakoshi, M., Scola, C., & Hirata, S. (2012). Humans and chimpanzees attend differently to goal-directed actions. *Nature communications*, 3, 693.

中村美知夫『チンパンジー――ことばのない彼らが語ること』（中央公論新社，2009）

Premack, D., & Woodruff, G. (1978). Does the chimpanzee have a theory of mind?. Behavioral and brain sciences, 1(04), 515-526.

ランバウ著・小島哲也訳『チンパンジーの言語研究』（ミネルヴァ書房，1992）

Whiten, A., Goodall, J., McGrew, W. C., Nishida, T., Reynolds, V., Sugiyama, Y., Tutin, C. E. G., Wrangham, R. W., & Boesch, C. (1999). Cultures in chimpanzees. *Nature*, 399, 682-685.

参考文献

平田聡『仲間とかかわる心の進化―チンパンジーの社会的知性』(岩波書店, 2013)
松沢哲郎『想像するちから―チンパンジーが教えてくれた人間の心』(岩波書店, 2011)

学習課題

1. ヒト科には，ヒト，チンパンジー，ボノボ，ゴリラ，オランウータンが属している。それぞれが進化の中でどのように枝分かれしてきたのか，調べてみよう。
2. チンパンジーの母親は子どもに教えないが，ヒトは教える。それでは，教えるという行動をおこなうためにはどんな能力が必要か，考えてみよう。

12 | トピック2 —カラスのこころ

伊澤栄一

《目標&ポイント》 鳥類であるカラスは私たち哺乳類とは遥か遠縁の動物である。近年急速に理解が進んだカラスの知性に関する研究成果を紹介し，哺乳類とは系統進化が大きく異なる鳥類が持つに至った高度な知性の起源について考える。
《キーワード》 カラス，こころの理論，協力，道具使用，因果性の理解

1. カラスとは

　カラスとは，狭義には，カラス科に含まれるカラス属（*Corvus*）46種の総称である。全身が黒い羽毛で覆われた，いわゆる"カラス"のことである。日本には，ハシブトガラス（*Corvus macrorhynchos*）とハシボソガラス（*C. corone*）が生息している。行動研究の対象となっている他の種として，ワタリガラス（*C. corax*）やミヤマガラス（*C. frugilegus*），道具使用で知られるカレドニアガラス（*C. moneduloides*）がいる。広義にカラスというと，カラス科（*Corvidae*）の総称であり，カケスなど約120種が含まれる。本講では，カラスという語をカラス科の総称として用いる。
　カラスは，南米大陸南部と南極を除く世界中に分布しており，多様な環境へ適応した鳥である。カラスの地理的起源は，霊長類の出自がアフリカ大陸であるのに対し，オーストラリア大陸（ゴンドワナ大陸）である。約7000万年前，東南アジアを経由し，種分化をしながら世界中に

進出したと考えられている。カラスが広い生息域をもつ以上，人間の生息域との重複は避けられず，互いに身近な存在となる。日本書紀やイソップ物語などの神話や寓話にカラスが登場することからも，人間とカラスの関係が長い歴史をもつことがわかる。興味深いのは，神話や寓話に登場するカラスが神や賢者の化身・使者として描かれる点である。人間は古くからカラスに知性を感じていたのかもしれない。

しかし，カラスの知性に関する研究が始まったのは比較的最近である。その礎は，動物行動学の祖であるローレンツが名著「ソロモンの指環」に描いたコクマルガラス（*Corvus monedula*）の長期飼育観察による行動研究である。1990年代に入ると，大型類人猿だけに進化したと考えられてきた高度な認知能力が，カラスにおいても解明され始めた。カラスの認知能力の研究は，単なるカラス雑学ではなく，3億年もの間，哺乳類とは異なる進化を歩み，恐竜の子孫として独自の身体形態や脳構造をもつに至った鳥類に，なぜ大型類人猿に匹敵する認知機能が進化したのかという，こころの進化の謎に迫ることができるのである。本講では，カラスの知性について，社会的側面と物理的側面から紹介していきたい。

2. カラスの社会生態

カラスの社会は，なわばりを持つ長期的一夫一妻のつがいと，なわばりを持たずに各地を移動して暮らす若鳥集団とが，離合を繰り返す流動性の高い社会である。つがいのオスとメスは，年中，共に行動し，子育てやなわばり防衛，採餌などを協力して行う。若鳥は数十〜数百個体で集団をつくり広範囲を移動して過ごす。マツカケスやミヤマガラスなど群集性の高い種では，つがいもなわばりを持つことなく，集団に合流する。つがいがなわばり内で眠るのは繁殖期のみで，夜の間は，若鳥の群

れとともに山や森に数百〜数千の大集団ねぐらをとる。このように，流動性の高いカラスの社会は，つがい個体間の協力や，つがいと若鳥，若鳥同士の餌の競合など，個体が行動調節に影響する様々な要素が含まれている。次節では，そのような社会生態に根差したカラスの社会的知性について紹介する。

3. カラスの社会的知性

（1）他個体の認識

　特定の相手と，つがいや優劣順位などの関係を維持するためには，その個体を他個体とは識別し記憶する個体認識が不可欠である。個体認識とは，視覚（姿），聴覚（声），嗅覚（匂い）など，単一の感覚情報が手掛かりとなることが多い。たとえば，なわばりをもつ鳥は，隣接なわばりの個体と，未知の個体とを音声で識別する音声個体認識によって，なわばり防衛のレベルを調節する。これに対し，私たちが友人を認識する場合は，声を聞いても姿を見てもその人だと認識することができる。ヒトは，単一の感覚情報だけによらない，複数の異なる感覚情報を統合し「〇〇さん」という概念を形成することで個体認識しているのである。このような異種感覚情報の統合による個体認識は，ヒト以外の動物ではチンパンジーやウマなど数種でしか明らかにされていない。

　筆者らは，近藤らとの共同研究において，ハシブトガラスが，他個体の姿と声を統合して個体認識していることを明らかにした（Kondo et al. 2012）。この研究では，期待違反法とよばれる方法を用いた。この方法は，出会った友人の声が（かすれ声など）普段と違うと"あれっ"と鋭敏に反応する性質を利用したものである。"あれっ"と反応することは，裏を返せば，友人の「姿（視覚）」と「本来の声（聴覚）」を結びつけて記憶している証拠であり，姿から連想された声と耳に入ってきた

声が違うことを脳が検出したのである。筆者らは，ハシブトガラスの"あれっ"を次のような実験で調べた。テスト個体と刺激個体をケージ越しに60秒間対面させた後，カーテンで仕切って互いに見えないようにした。直後に刺激個体がケージから取り除かれ，それと同時に，「刺激個体の声（一致条件）」あるいは「刺激個体ではない個体の声（不一致条件）」のどちらかが，刺激個体ケージ内のスピーカーからカーテン越しに再生された。再生音声に対するテスト個体の行動を2つの条件間で比べた結果，不一致条件では，テスト個体は刺激個体ケージを覗くためにカーテンに開いた小さな隙間へ，すぐに，長時間，首を伸ばした。一方，一致条件ではそのような行動はみられなかった。カラスの"あれっ"という反応は，直前に会った個体の姿（視覚）と声（聴覚）が一致しないことに対して生じたことから，カラスが他個体の姿と声を結びつけて認識していることが明らかになった。しかし，姿と声の不一致に対する反応は，一度も出会ったことのない個体を刺激とした場合には生じなかった。これは，初対面の相手の姿と声は結びついていないことを示しており，他個体の姿と声を統合した個体認識が群れ生活の中で学習されることを示唆している。

（2）優劣関係形成における推論の利用

数百個体の大集団を営むマツカケス（*Gymnorhinus cyanocephalus*）は，優劣関係の形成に推論を用いることが報告されている（Paz-y-Miño et al. 2004）。優劣関係とは，優れている・劣っているという価値概念ではなく，餌などの資源競合場面にみられる優先権の個体差のことである。この研究は，未知個体と他個体による攻撃交渉場面を観察したマツカケスが，観察した未知個体との初めて対面したときにどのような行動を示すかを調べるものであった。次の2つの条件が設けられた。

1つは、観察個体に対して優位な関係を既に形成した個体（優位個体）が、未知個体に負け服従行動を示す場面である。もう1つは、観察個体と優劣関係を形成していない未知個体が、他の未知個体に負け服従行動を示す場面である。前者の条件では、未知個体は、観察個体よりも強い優位個体が服従するほどの個体であるから、観察個体にとってはなおさら優位であると予想される。とはいえ、対戦したことはないのだから、あくまで予想である。この予想は、推移則という量的関係に関する推論である。「自分＜優位個体」という既知の情報を、「優位個体＜未知個体」という観察から得られた情報と繋ぎ合わせることで、「自分＜優位個体＜未知個体」という関係が論理的に導かれ、これをもとに「自分＜未知個体」という関係が予想される。この推論に従えば、優位個体を負かせた未知個体と初めて対面した時には、むやみに攻撃せず服従したほうが、勝つ見込みのない闘争をせずに済む。一方、後者の条件では、見知らぬ個体とはいえ勝者なので弱くはないのだろうが、観察個体自身とを繋ぐ情報がないため、優劣を予想しようがない。実験の結果、前者の条件では、後者の条件に比べ、観察個体は初対面の未知個体に対して速やかに高い服従性を示し、攻撃性は低かった。マツカケスは、観察から得た情報を既知の情報と繋ぎ合わせる推移則による推論を利用し、無駄な闘争を避け効率的に優劣関係を形成しているのである。

（3）他者の視点と知識の理解

バグニャールとハインリッヒは、ワタリガラスの貯食行動には、他者の視点や知識の理解が関与していることを報告している（Bugnyar & Heinrich 2005）。貯食とは、餌を穴や隙間に隠して後で利用する行動である。冬場の餌は特に貴重なため、隠す個体がいれば、他個体の貯食を観察して盗む"泥棒"個体もいる。貯食個体は、泥棒対策として、餌

を隠し換えるが，隠した餌をむやみに取り出すと，他個体に餌の在り処がばれてしまう情報漏えいのリスクがある。隠した餌を守るために，貯食個体は，貯食を目撃していたライバル個体を「餌の在り処を知っている」泥棒候補として，目撃していない他個体と識別することが必要である。泥棒候補が近くにいるときにだけ餌を隠し換えれば，情報漏えいのリスクを抑えることができる。バグニャールらは，ワタリガラスを対象に，貯食個体の隠し換えが，目撃個体と非目撃個体の識別にもとづいて調節されているのか調べた。金網で仕切られた2つのケージに，貯食個体とそれを目撃するライバル個体を導き入れた。貯食個体がケージ内に呈示された餌を隠す際，ケージ間を板で覆い，ライバル個体が貯食個体を見ることができない条件（非目撃条件）と，板で覆わず，ライバル個体が貯食個体を見ることができる条件（目撃条件）を設けた。貯食後，板を取り除き，ライバル個体が隣のケージにいることが，貯食個体の餌の隠し換えにどのように影響するか検討された。貯食個体は，非目撃条件に比べ，目撃条件において，隠し換えを高頻度で行った。このことは，ワタリガラスが，ライバル個体が自分を見ることができるか否かという他個体の視点を認識し，それをもとにライバル個体が餌の在り処を知っているか否かという他個体の知識を識別していることを示唆する。

　周囲の個体が餌の在り処を知っているか否かを識別することは，泥棒個体にとっても重要である。なぜなら，泥棒が盗みを成功させるためには，ライバルとなる他の泥棒を識別し，盗むタイミングを見定める必要があるからである。泥棒の立場から検討するために，バグニャールらは先と同じ装置を用い，ライバル個体ケージを金網で2区画に分け，テスト個体の背後にライバル泥棒個体がいる状況をつくった。このような状況下で，実験者が貯食ケージ内で餌を隠した。その際，ライバル泥棒個体の区画を，テスト個体から分かるように板で覆い，ライバル個体が貯

食を見ることができない条件（非目撃条件）を設けた。これと比較するために，ライバル泥棒個体の区画を覆わず，2個体とも貯食を見ることができる条件（目撃条件）を設けた。いずれの条件においても，実験者が餌を隠した10分後に，ライバル個体の区画に覆いのない状態で，テスト個体を貯食ケージに招き入れ，隠された餌を盗む行動を調べた。その結果，目撃条件では，非目撃条件に比べ，テスト個体はすぐに餌に接近した。このことは，ライバル個体が餌の在り処を知っている場合，ライバルよりも早く餌に近づくことで盗みを成功させる戦略が反映されたものと考えられる。興味深いことに，非目撃条件では，テスト個体は餌に近づくのに時間をかけ，ライバル泥棒個体が優位個体の場合に最も顕著であった。これは，テスト個体が，餌の在り処を知らない優位個体に，餌の情報が漏れることを避ける行動であるとバグニャールらは指摘している。これらの研究は，カラスが他者の視点および知識の認識能力をもつ可能性を示すものである。

（4）他者の内的状態の理解

　カラスは他者の内的状態を理解する能力をもつことが近年報告された。オストジックらは，カラスの繁殖システムである長期的一夫一妻に着目し，カケス（*Garrulus glandarius*）のつがい個体間にみられる給餌行動が，相手の欲求状態を理解し調節されている可能性を示した（Ostojić et al. 2013）。カケスのつがいにおける給餌は，もっぱらオスからメスへと行われる。オストジックらは，網越しにつがいのオスとメスを対面させ，オスに2種類の餌（蛾の幼虫とミールワーム）を与え，オスがどちらをメスへ給餌するかテストした。テストに先立ち，実験者が一方の餌を満腹にならない程度にメスに与え，その餌に対するメスの欲求を低下させた。この手続きは，ある食物を食べると，それに対する欲求が満

たされ，その食物に対する欲求・価値が一時的に下がる性質を利用した事前摂食という手続きである。実際に，一方の餌を食べたメスは，他方の餌への選択が高まることが確認された。メスが一方の餌を事前摂食している場面をオスに観察させた後，オスからメスへの給餌を調べた。もしオスが，メスの欲求状態を認識し，給餌する餌を選んでいるのであれば，オスは，メスが事前摂食していない餌を給餌することが予想される。結果はこの予想を支持するものであった。メスの事前摂食を観察したオスは，メスへの給餌に他方の餌を選んだのである。メスの事前摂食を観察しなかった場合，オスはそのような選択を示さなかった。オスの給餌行動は，メスの摂食を観察することでその欲求状態を推定して調整される可能性が支持されたのである。この研究では，オスの給餌に対するメスの拒否や要求行動など，メスが主導権をもってオスの給餌を操作している可能性を検討する余地が残されている。それでもなおオストジックらの研究は，鳥の給餌が，雛鳥の大きく開いた嘴（くちばし）という「サイン刺激」によって誘発される固定的な行動（第7章参照）としてこれまで説明されていたのに対し，高度な認知能力が関与するという新たな可能性を指摘した点で意義深い。

(5) 協力と向社会性

カラスは，つがい以外の他個体と協力することができるのだろうか。シードらは，非つがいのミヤマガラスを対象に，ひも引き課題とよばれる課題を実施した（Seed et al. 2008）。この課題では，柵越しに呈示された板の上にある餌をとるために，板の両端から伸びた2本のひもを，他個体と協調して引くことが求められる（図12-1）。2本のひもが手元で束ねられ，1個体だけで餌を手繰り寄せることができる単独条件と，2本のひもが離れ，餌をとるためには他個体の協力が必要となる協力条

図12-1 シードらが用いたひも引き課題＜Bugnyar (2008) CurrBiol 18, R530-R532 の図をそのまま＞

件が設けられる。シードらは，まず，2個体を協力条件の装置へ導き，協調してひもを引くことができるか調べた。その結果，テストされた全8組のミヤマガラスが協調してひもを引き，餌をとることができた。しかし，組み合わせによって成功率に差がみられた。実験外の餌場で観察された個体間の競合行動をもとに，組み合わせた2個体間の寛容性を数値化し，成功率との関係を調べたところ，寛容性が高い組み合わせほど成功率が高いことがわかった。さらに，シードらは，協力条件の装置の前にいる個体が，離れた部屋にいる協力個体の到着を待ってひもを引くか調べた。しかし，装置の前にいる個体は，協力個体を待たずにひもを引いた。最後にシードらは，単独条件と協力条件の2つの装置を同一ケー

ジ内に設け，カラスが，自分1個体だけの状況と，自分と協力個体の2個体がいる状況に応じて，装置を選びかえるか調べた。カラスが，協力可能な状況を理解しているのであれば，2個体状況下で，協力条件の装置を選ぶことが予想される。結果は予想に反し，カラスは他個体がいるからといって協力条件の装置を選ぶことはなかった。この研究によって，カラスは，他個体との協調はできるが，協力が必要な状況を認識し，積極的に協力（あるいは協力要請）することはないという見解が示された。

同様の見解は，野生下の道具使用で知られるカレドニアガラスにおいても示されている。ジェルバートらは，小石を穴に投入すると餌が出る装置を，網で仕切られた2つのケージに越しに設置した（Jelbert et al. 2015）。小石はテスト個体ケージにあり，投入口は協力個体ケージにあった。事前にカラスは，投入口に石を入れて餌をとる行動を訓練されていた。餌は双方のケージに出るように設定された。実験開始後わずか数試行で，テスト個体が網越しに石を押し入れ，協力個体がそれを投入口に入れることで，両個体が餌を得ることに成功した。その上で，同じ装置をもう一台，テスト個体ケージだけに収まるよう設置し，テスト個体が石を協力個体に渡すか，ケージ内の装置に投入するか，選択できるようにした。ただし，テスト個体ケージ内の装置からは小さな餌しか出ないように設定されていたため，隣のケージに協力個体がいる場合，テスト個体は石を協力個体に渡すことで大きな餌を得ることができる。ジェルバートらは，協力個体の有無に応じて，テスト個体が石を使い分けるか調べた。結果は，協力個体の有無に関係なく，テスト個体は隣のケージに石を押し入れた。カレドニアガラスは他個体による協力を理解した上で石を渡していたわけではなさそうである。他個体に協力してもらうことは，他個体を社会的道具として利用するということでもあるが，それはカレドニアガラスにとって，物理的な道具を使うこととは異なるも

のである可能性が高い。

4. カラスの物理的知性

(1) 道具使用

　ニューカレドニアに生息するカレドニアガラスは，木の枝や葉から道具を作り，それを使って採餌をする。道具は2種類あり，V字に分岐した小枝の片側を折って釣り針状にした道具と，小さな棘が縁に並んだ固い葉を直線状に切り取った道具である。カラスは，隙間に潜む虫をフックや棘に引っ掛け，釣り上げ食べる。各個体が使う道具は，親の影響によって，どちらか一方になる。両親の使う道具が同じだと，子も同じ道具を使う。両親が使う道具が異なっても，子の使う道具は次第に一方に落ち着くが，父母いずれの影響が強いのかはわかっていない。いずれにせよ，カレドニアガラスの道具使用は，子が親の道具使用を観察することによる社会的学習の基盤があると考えられている。しかし，観察から何を学習しているのかは明らかではない。一方，親から隔離されて人工飼育されたカレドニアガラスも道具を作ることから，遺伝的な基盤があることも指摘されている。しかし，人工飼育個体がつくる道具は不完全な形状に留まる。したがって，カレドニアガラスの道具使用には，遺伝と学習の両基盤があると考えられている。子が道具を自作し，それを使って採餌するようになるまでには1年以上かかり，それまでは親と共に行動する。一般にカラスは半年で親元を離れることと比べると，カレドニアガラスの親からの自立は極めて遅く，道具の技術習得に相当な時間と労力がかかることが分かる。カレドニアガラスの体を構成するタンパク質の大部分が，道具使用で得られた昆虫由来であることが判明しており，道具使用がカレドニアガラスの生存上不可欠な行動として進化した可能性が極めて高い。

（2）道具使用に関わる因果性の理解

　カレドニアガラスの道具作成は，生得的に固定された行動ではなく，目的とそれを達成するための手段（道具の適切な形状や使用する順序）の理解にもとづいた行動であることが示唆されている。ワイアーらは，透明アクリル製の直立円筒の底に，持ち手つきの餌入りバケツを入れ，まっすぐな針金とともに，ベティーという名のカレドニアガラスに呈示した（Wire et al. 2002，写真12-1）。円筒は嘴よりも長く，直接バケツを引き上げることはできない。するとベティーは，針金の一端を装置の隅に押し当てて固定し，逆端を嘴で曲げて釣り針状に変形させ，それを使ってバケツを引き上げた。ベティーは，10試行中9試行で針金を曲げ，バケツを引き上げた。針金の湾曲度は平均70度であり，バケ

写真12-1　カレドニアガラスのベティーが自ら曲げた針金を使って餌の入ったバケツを引き上げる様子．＜Wire, A. A. S., Chappell, J., & Kacelnik, A. (2002). Shaping of hooks in New Caledonian crows. Science. 297, 981. の図A＞

ツを引っ掛けるのに適した形であった。カレドニアガラスは，目的達成に必要な形を理解して道具を作っている可能性が高い。このことは，カレドニアガラスが，餌をとるのに適した長さや形状の道具を選ぶことからも示唆されている。さらに，実験状況下では，カレドニアガラスは，手元にある道具では直接餌をとることができない場面において，それを使い，餌をとるのに適した他の道具を手繰り寄せ，適した道具を使って餌をとるというメタ的道具使用すら行うことが報告されている。これは，カレドニアガラスが目的達成に至る複数の手順を計画する能力をもつことを示唆しており，因果性の理解能力を反映したものと考えられる。

　カレドニアガラスの研究から，因果性の理解能力と道具使用は強く結びついて進化してきたという仮説を立てることができるかもしれない。もしそうならば，どちらが先に進化したのだろうか。因果性の理解能力があったから道具が使えるようになったのか，道具を使っていたから因果性の理解能力が備わったのだろうか。興味深いのは，野生下の道具使用がみられないミヤマガラスにも，後述する道具作成を含まない実験課題において因果性の理解能力が示唆されていることである。驚くべきは，複数の因果性課題を経験したミヤマガラスは，直接の訓練なしに，ベティーのように針金を曲げてバケツを引き上げるようになったことである。この研究だけから結論を導くことはできないが，因果性の理解能力によって道具使用が生じるというのはおかしなことではない。それでもなお，カレドニアガラスの極めて柔軟な道具使用を見ていると，道具使用と因果性の理解が相乗的にはたらいている可能性まで視野に入れる必要があるように思われる。

（3）イソップ寓話の再現

　「カラスと水差し」はイソップ寓話の話である。長旅で喉が渇いたカ

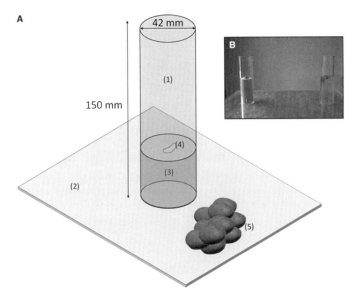

図 12-2　A：バードとエメリーが"イソップ寓話"実験に用いた装置．(1)円筒，(2)土台の板，(3)水，(4)水面に浮かんだ餌，(5)筒に入れるための小石．
写真 12-2　B：おが屑が入れられた筒（左）と水が入れられた筒（右）．＜Bird, C. D. & Emery, N. J. (2009). Rooks use stones to raise the water level to reach a floating worm. *Current Biololy*. 19, 1410-1414 の図 1＞

ラスが水差しを見つけたものの，中の水は少なく，嘴では届かなかった．するとカラスは，集めた石を次々と水差しに入れて水嵩を上げ，ついには水を飲むことができたという話である．バードとエメリーは，これが寓話の世界の話ではなく，実際にカラスがこのような問題解決能力をもつことを示した（Bird & Emery 2009）．バードらは，透明アクリル製の直立円筒を一定程度水で満たして水面に餌を浮かべ，10 個の小石とともに，ミヤマガラスに呈示した（図 12-2A）．7 段階の異なる水量

条件がランダムな順序で呈示された。カラスは，初回から石を筒に入れ，嘴で届く高さまで餌が浮上すると，石の投入をやめた。次に，大小2種類の石を5個ずつと，大きな石3つの投入で餌をとることができる水量の筒がカラスに呈示された。小さな石は，大きな石の4分の1の大きさであったため，小さな石だけでは餌を浮上させることはできない。それゆえカラスは，石の大小を識別し，大きな石を最低2つ投入する必要があった。カラスは，初めの数試行では小さな石ばかりを投入し，餌を得ることに失敗したが，9試行目には，大きな石を投入するようになり餌を得ることに成功した。次に，石の投入によって水嵩が上がることをカラスが理解しているかを確認するために，水を満たした円筒と，おが屑を同じ高さまで満たした円筒を並べ，カラスに呈示した（写真12-2B）。カラスは，初めの数試行の間，おが屑の筒に石を投入し，10試行を経て次第に，水が満たされた円筒に石を投入するようになった。これらのことは，カラスが，嘴が届かない水面に浮いた餌を，石の投入によって浮上させるという問題解決能力があることを示唆する。バードとエメリーは，初めの数試行において，カラスがおが屑の筒に石を投入していたことから，この実験でみられたカラスの行動が，水や石の物理的特性や法則の理解にもとづく行動だと言い切ることはできないと述べている。実験対象となったミヤマガラスは，筒の中に石を投入する実験を経験しており，その行動がこの実験装置に対して生じたにすぎないのかもしれない。しかし，先行経験はあくまできっかけであり，その後わずか数試行で，石の投入によって水面を上昇させ餌をとることを学習した点は興味深い。

引用文献

Bird, C. D. & Emery, N. J. (2009). Rooks use stones to raise the water level to reach a floating worm. *Current Biololy*. 19, 1410-1414.

Bugnyar, T. & Heinrich, B. (2005). Ravens, *Corvus corax*, differentiate between knowledgeable and ignorant competitors. *Proceedings of the Royal Society of London B: Biological Sciences*. 272, 1641-1646.

Jelbert, S. A., Singh, P. J., Gray, R. D., & Taylor, A. H. (2015). New Caledonian crows rapidly solve a collaborative problem without cooperative cognition. *PLOS ONE*. 10, e0133253.

Kondo, N., Izawa, E-I., & Watanabe, S. (2012). Crows cross-modally recognize group members but not non-group members. *Proceedings of the Royal Society of London B: Biological Sciences*. 279, 1937-1942.

Ostojić, L., Shaw, R. C., Cheke, L. G., & Clayton, N. S. (2013). Evidence suggesting that desire-state attribution may govern food sharing in Eurasian jays. *Proceedings of the National Academy of Sciences of the United States of America*. 110, 4123-4128.

Paz-y-Miño, G. C., Bond, A. B., Kamil, A. C., & Balda, R. P. (2004). Pinyon jays use transitive inference to predict social dominance. *Nature*. 430, 778-781.

Seed, A. M., Clayton, N. S., & Emery, N. J. (2008). Cooperative problem solving in rooks (*Corvus frugilegus*). *Proceedings of the Royal Society of London B: Biological Sciences*. 275, 1421-1429.

Wire, A. A. S., Chappell, J., & Kacelnik, A. (2002). Shaping of hooks in New Caledonian crows. *Science*. 297, 981.

参考文献

Heinrich, B. (1991). Ravens in winter. Vintage. 渡辺政隆（訳）『ワタリガラスの謎』（どうぶつ社，1995）

Marzluff, J. & Angell, T. (2012). Gifts of the crow. Atria Books. 東郷えりか（訳）『世界一賢い鳥，カラスの科学』（河出書房新社，2013）

渡辺茂『鳥脳力―小さな頭に秘められた驚異の能力（DOJIN選書32）』（化学同人，2010）

学習課題

1. カラスの行動を観察してみよう（1）。身近にいるカラスに目を向け，ヒトの顔の向きや視線の向きにどのくらい敏感か調べてみよう。カラス同士では互いの顔の向きや距離に敏感だろうか。カラスの行動を観察しながら考えてみよう。
2. カラスの行動を観察してみよう（2）。カラスは餌をどのようにして守っているだろうか。周囲に他個体がいるようなところで食べるだろうか，あるいは，他個体から見えないところに移動して食べるだろうか。そこにはどのような知性がはたらいているか考えてみよう。

13 | トピック3－イヌのこころ

藤田和生

《目標&ポイント》 近年，最古の家畜であり，ヒトの最良の友とも言われるイヌのこころに関する研究が盛んにおこなわれるようになってきた。本章ではそれらの最新の成果を学び，イヌのこころの深い理解に基づく，より良いヒトとイヌの関係を考える。
《キーワード》 イヌ，社会的認知，社会的知性，家畜化，オオカミ

1. イヌという動物

　ヒトの最良の友，とも言われるイヌ。街角を歩けば，必ずイヌを連れた人々に出会う。一般社団法人ペットフード協会の調査によると，この数年間，頭数は減少しているが，それでも2015年度の国内推定飼育頭数は992万頭である。同年8月の総務省の統計によれば，同じ年度の総人口は1億2682万人なので，約13人に1頭の割合で，イヌがいることになる。ちなみに，15歳未満の子どもの数は，1613万人である。子ども3人にイヌが2頭弱いる計算になる。
　イヌはなぜこれほど愛されるのだろうか。正確な分岐年代は確定されていないものの，オオカミ（あるいはオオカミとの共通祖先）から約18000年前に家畜化されたイヌは，さまざまな人為的選択圧を加えられ，大きさも形も色も性格も，他の動物ではあり得ないほど多様になった。国際畜犬連盟（FCI）が公認している犬種は，2015年の時点で343に上る。初期の家畜化の過程がどのようなものであったのかについては諸説

があって未だに明らかではないが，今日ではその役割も多様化している。そこにいるだけでこころのケアをしてくれる福祉犬，献身的なサポーターとなる盲導犬や介助犬，忠実にさまざまな労働をこなす作業犬，我が身の危険を顧みず災害現場に飛び込んでいく救助犬など，我々がイヌから受けている恩恵には，計り知れないものがある。

しかし，こうした直接的な恩恵を受けない多くの一般の飼い主がイヌに魅せられる理由は，犬種を問わず，おそらくイヌの社会性ではないだろうか。イヌとヒトは，異種でありながら同じ環境を分かち合い，互いを思いやり，こころの拠り所としている。イヌとヒトは，互いに信頼しあえる社会的パートナーなのである。ヒトは異種でありながらイヌの死を悼み，時には耐え難い悲しみにうちひしがれることもある。このような関係は，他に類を見ない。

家畜化の歴史は長いが，イヌのこころの働きが科学的研究の俎上に載せられたのは，この20年間のことに過ぎない。我々はイヌについて，いろいろな俗説を持っている。それらの中には根拠のあるものとそうでないものがある。本章では，主に社会的認知と社会的知性に関するものを中心に，代表的な研究を紹介する。そうすることで，正しいイヌの理解に基づいた，より良いイヌとヒトの関係を作り上げるための指針を提供したい。

2. イヌの知覚

(1) 視覚

夜行性のオオカミ (*Canis lupus*) を起源に持つため，イヌ (*Canis familiaris*)[注1]は，基本的に暗い環境でよく見える目を持っている。眼球の奥に**タペタム**という光の反射層を備えていて，網膜の視細胞が往復で光を感知できるようになっている。ネコも同じである。写真のフラッ

注1) オオカミの亜種として，*Canis lupus familiaris* と記載されることもある。

シュで著しく目が光るのはこのためである。色覚は2色型で（第4章参照），赤付近と青付近は色づいて見えるが，中波長の緑付近の色はあまり色づいて見えない。全色盲ではないので，色が見えないわけではない。

　短頭種と長頭種で異なるが，全般的には，イヌの目はヒトのように正面を向いて並んでいない。したがって視野は広く，おおむね250度くらいをカバーする。両眼視できる範囲は30〜60度と言われている。焦点の調節力は優れているが，ヒトでは7〜10cm程度まで焦点が合うのに対し，イヌでは33〜50cmである。視力はおおむね0.1〜0.6程度である。近視なのではなく，網膜に桿体（第4章参照）が多いので，分解能がヒトよりも悪いのである。**ちらつき融合周波数**[注2]（cff）は70〜80Hz（ヘルツ）あるいはそれ以上で，ヒトの50〜60Hzよりも高い。蛍光灯は電源周波数が50Hzの地域では毎秒100回，60Hzの地域では120回明滅しており，通常は定常光に見えるが，古くなって性能が落ちてくると，チラチラしてくる。イヌはヒトよりも早く蛍光灯の劣化を感知しているかも知れない。

　イヌは嗅覚依存なので，視覚はあまり使われないと考えられがちだが，実際にはイヌの信号には視覚的なものが多く，姿勢，耳，表情，毛の立ち方，尾の向きや振り方などが，重要な情報を伝達している（第7章参照）。垂れ耳，短頭などで，こうした視覚信号がうまく伝えられない品種もある。品種の規格に合わせて断尾をするのは，極めて重要なコミュニケーションの道具をそのイヌから奪うことであり，好ましいことではない。

（2）聴覚

　イヌの聴覚は優れている。**可聴範囲**は，ヒトが20Hz〜20kHzなのに対し，40Hz〜47kHzである。可聴最高音はチワワでもセントバーナー

注2）光の点滅がぎりぎり感じ取れる1秒あたりの回数

ドでも同じであるらしい。60kHz まで聞こえるという報告もある。いずれにせよ，**低周波**はよく聞こえないが，ヒトにはまったく聞こえない**超音波**がよく聞こえるということである。感度も高く，イヌが最も良く聞こえる 4000Hz 付近では，ヒトより 10dB（デシベル）程度小さな音が聞こえる。音圧（音のエネルギー）にしておよそ 1/20 の音が聞こえるということである。

音の方向を判断する**音源定位**は，ヒトでは正面では 1.3 度くらいまでの方向の違いが弁別できるが，イヌでは 8 度必要だという報告がある。この面ではヒトの方が優れている。

ヒトの音声はよく弁別できるが，コマンドの最初の音が強い手がかりになり，最後の音は無視されやすいという報告がある。音の調子も重要で，おすわりや待てなどの受動的な行為は，後半下がりの長い音の方が適しており，逆に訓練者のところに来させるなどの命令は，次第に高くなる短い音の系列で訓練する方が容易だという報告がある。

（3）嗅覚

イヌといえば嗅覚，というくらい，彼らの嗅覚は優れている。**嗅上皮**の面積はヒトの 5cm^2 に対して，イヌでは 150cm^2 である。感覚細胞の密度もイヌの方が高いので，物質によっては，イヌの嗅覚の感度はヒトの何百万倍にもなる。これによってイヌは個体の同定やメスの性周期の認識をおこなっている。イヌは匂いの方向も検知できる。鼻の湿りが重要であるらしい。

イヌの嗅覚弁別は驚異的である。隠された麻薬や爆発物などの探知はお手のものである。ヒトの個体臭を識別し，古い臭跡をたどることもできる。ヒトの身体部位の匂いの違いもかぎ分けられる。皮膚がん患者の発見にも応用されている。てんかんの発作前に，イヌは落ち着かなくな

る，あるいは，糖尿病で低血糖になる前に吠えたりして気がつく，などの報告もある。

　イヌどうしの情報交換にも匂いは重要である。尿，糞，汗腺や肛門周囲の分泌腺から出される匂い物質を個体識別に用いている。発情したメスの膣から分泌されるメチルパラヒドロキシ安息香酸は，フェロモンとして，オスの注意を惹く。これは**鋤鼻器**（じょびき）という鼻孔に開口した別の匂い感知器官によって捉えられる。鋤鼻器からの情報は，直接的に脳の**視床下部**に伝えられ，嗅覚皮質には行かないので匂いとしては感じ取られないが，イヌの行動に影響を与える。

（4）味覚

　イヌの味覚についてはよくわかっていないが，ヒトと同様に，甘み，苦み，酸味，塩から味，うま味，の5つの受容体があることが知られている。本来肉食であるイヌにとっては，アミノ酸の味であるうま味が，おそらくもっとも重要ではないかと考えられる。しかし味覚は複雑な感覚で，匂いから大きな影響を受ける。匂いを変えると，別の食物を食べさせることができるので，イヌでは匂いの方が重要ではないかと想像されている。

3．イヌの発達

　行動面から見たイヌの発達を簡単にまとめておこう。

1）新生児期

　出生後0〜12日齢までを**新生児期**と呼ぶ。子イヌは胎膜と呼ばれる袋に入った非常に未熟な状態で生まれてくる。母イヌはこれをなめて破る。中から出てくる子イヌは，眼は閉じており，耳の穴も閉じている。した

がって眼は見えず，音もおそらくほとんど聞こえないであろう。嗅覚と触覚は機能しており，母乳を見つけ出して飲むことはできる。運動機能はずりずり這い回ることができるだけで，体を浮かせることはできない。新生児期の間はこの状態が続く。

2）移行期

　13〜21日齢くらいまでの短い期間を**移行期**と呼ぶ。眼が開き，耳の穴が開き，環境探索のための感覚機能が出そろうまでの時期である。運動能力が向上し，よちよち歩きが可能になる。尻尾を振り始める。環境を積極的に探索し，働きかけを始め，さまざまな事物を学んでいく。

3）社会化期

　移行期の後，84日までを**社会化期**と呼ぶ。この時期はイヌの将来を決める非常に重要な時期である。周囲の仲間とのやり取りが盛んになり，社会的なルールを学んでいく。子イヌはこの時期に触れあった社会的対象は，それがヒトであれ，ネコであれ，ウサギであれ，ネズミであれ，将来の社会的交渉の相手として学習する。この時期に他のイヌから離して育てると，仲間とうまくつきあえなくなる。ペットショップに並ぶ子イヌは，この大切な時期に母イヌから離された個体もいるようである。8週齢くらいまで母イヌのもとで暮らさせて，その後ヒトの家族の下でたくさんの人物や動物との触れ合いを与えるのが理想である。

4）子ども期

　社会化期のあと，性的成熟までの期間を**子ども期**と呼ぶ。行動のレパートリーが拡張し，多様な物理的環境と社会的環境を学ぶ時期である。予防接種も完了したこの時期に，散歩や公園，ドッグラン等で，たくさん

のイヌやヒトと接触する機会を与えることが重要である。

4．イヌの社会的認知・社会的知性

　長年ヒトのパートナーとして進化してきたイヌには，ヒトとの社会的交渉をうまく進めるためのさまざまな能力が備わっていることが近年明らかになってきた。この節で，それらを簡単に紹介したい。

（1）社会的信号の理解

　イヌは，ヒトの出す社会的信号を理解する能力に優れている。コールらは，イヌがヒトの注意の状態に敏感に反応することを明らかにした（Call et al. 2003）。演技者は，まずイヌの前に食べ物を置いて，イヌに対して，「取ってはダメ」と命じた。その後，演技者はイスに座って，4つの演技をした。第1条件では，演技者は目を開けて，イヌをじっと見る。イヌが動けば目で追った。第2条件では，イヌを見ないで，ノートパソコンでゲームに興じた。第3条件では，目を閉じて，イヌを「見た」。目を閉じている以外は条件1と同じである。第4条件では，演技者は後ろ向きにイスに座った。試行は最大3分間であった。テストの結果，イヌが取った食べ物の数は，目を開けてじっと見る第1条件の時に，他の条件よりも少なかった。また，食べ物を取るときに，ぐるっと回って反対側から，演技者に尻を向けて取るなどの間接的アプローチの割合も，目を開けている条件で多かった。取るまでの時間も，この条件で長くなった。つまりイヌは，そばにいるヒトの注意の状態にしたがって，行動を巧みに調整したのである。

　イヌはヒトが積極的に出すコミュニカティブな信号を読み取る能力にも優れていることは，数多くの研究で示されている。たとえば，ミクロシらは，イヌの前に2つの入れ物を置いて，イヌに見せないで一方に餌

を入れた。そのあと，実験者はイヌに対して次の5つの演技をした。第1は，指さしである。正しい方の入れ物を，イヌの方を見ながら腕を伸ばして指さした。第2は，体をかがめて正しい容器を示す演技である。第3は正しい容器の方を見てうなずく演技，第4は，正しい容器の方に頭部を回す演技である。第5は，目だけを容器の方に向ける演技である。演技のあとイヌに容器を選択させた。試行はどの条件でも30回以上繰り返し訓練された。個体差はあったものの，多くのイヌは，どの条件でも手がかりにしたがって容器を取ることを学んだ（Miklósi et al. 1998）。これは類人を用いておこなわれた研究結果よりも優れたものだった。

　その後の研究でも，イヌは特に実験的に訓練せずとも，指さしなど，ヒトが出す明瞭な社会的信号に自発的に従うことが，繰り返し明らかにされている。筆者らの研究室でも，同じことが示されており，欧米と東洋という，全く異なる文化圏に生活するイヌが，同じようにヒトの社会的信号を利用できることがわかった（高岡祥子らとの共同研究）。ヘアらは，ヒトとの関わりをほとんど経験していない生後数週齢の子イヌが，やはりヒトの指さしにしたがって物体を選択することから，これは遺伝的に組み込まれた能力だと示唆している（Hare et al., 2002）。同じことを，イヌ同様に育てられたオオカミでやってみると，飼い主が信号を送る場合にはよくできるが，イヌのように他の人物の信号には従わない。他方，ヒトを恐れず従順なことを基準に，わずか数十年の間，選抜交配したアカギツネの1亜種でテストをすると，イヌ同様によくできることもわかっている。ヒトの社会的信号に従う能力は，家畜化によって容易に獲得されるもののようである。

(2) 視点の理解

　最近カミンスキーらは，イヌが，ヒトから見えるものと見えないもの

を区別できるということを報告している（Kaminski et al. 2009）。この実験では，イヌと実験者が2つの衝立を挟んで向き合った。1つの衝立は不透明，もう1つは透明である。いずれの衝立にも，イヌ側におもちゃが置かれていた（図13-1上）。つまり実験者は，透明の衝立の裏側にあるおもちゃは見えるが，不透明の衝立の裏のおもちゃは見えない。実験者はイヌの名前を呼び，どちらの衝立も見ないで，「それを持ってきて」とイヌに命じた。そうするとイヌは，両側に置かれているおもち

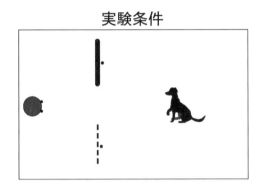

図13-1　ヒトの視点が理解できるかどうかを調べるテストのセッティング。(Kaminski et al. 2009 より)

ゃが違うものである場合には，透明の衝立の側のおもちゃを持ってくることが多かった。おもちゃがどちらも同じものである場合には明瞭ではなかった。また，実験者が後ろを向いている場合や（図13-1下左），実験者がイヌと同じ側にいる場合にも（図13-1下右），持ってくるおもちゃに，衝立による差は見られなかった。つまりイヌは，実験者は見えているおもちゃを要求していると理解して，行動したように見える。

（3）知識状態の理解

ミクロシらは，ヘルパーがおもちゃやそれを取るための道具の在りかを知っているか否かに応じて，イヌが行動を変化させるかどうかを調べた。ヘルパーは，おもちゃと棒（道具）を，実験者と一緒に部屋のどこかに隠す場合と，その場にいない場合があった。一緒に隠す場合には，おもちゃと棒の両方の隠し場所を知っている条件と，どちらか一方だけを知っている条件があった。イヌはすべての場面を見ていた。イヌは，ヘルパーに対し，どの条件の時にもおもちゃの隠し場所をよく示す傾向があり，道具を示すことはあまりなかった。しかし面白いことに，この行動の頻度は，おもちゃを隠すときにヘルパーがいなかった条件で，最も多くなった（Viranyi et al., 2006）。これはイヌがヒトの知識状態に感受性を持っていることを示しているように思われるが，ある事態に参加していなかったことそのものが手がかりであって，「知識状態」とは必ずしも言えないかもしれない，ということを理由に，著者らは慎重に結論を保留している。

先ほど述べたカミンスキーの実験では，第2実験として，衝立は両方とも不透明だが，実験者は一方におもちゃが置かれるのを見ているという条件をテストしている。しかし，この条件では，イヌの行動には違いが見られなかった。つまり，実験者が直前に見たものを欲しがっている

ということは，認識できないことをこれは示しているように見える。イヌが他者の知識状態を認識できるかどうかに関しては，もう少し検討が必要かもしれない。

(4) 感情の認識

　第10章で述べたように，ヒトは多様な感情を持ち，動物界において傑出して表情が豊かな動物である。ヒトと共同生活しているイヌは，どれくらいこの重要な社会的パートナーの感情を理解しているのだろうか。多くのイヌの飼い主にとって，そのようなことは当たり前だと思われてきたようだが，科学的研究がおこなわれるようになったのは最近のことである。

　いくつかの研究で，イヌはヒトの表情を手がかりにして行動を変えることが示されている。たとえば永澤美保らは，イヌがヒトの笑顔の写真と無表情の写真を弁別できることを示している（Nagasawa et al., 2011）。またイヌは，2つの選択肢のうち，ヒトがそれを見て好ましい表情をした物体を，イヤな表情をした物体よりも高頻度に選ぶ傾向がある（e.g., Buttelman, et al. 2013; Prato-Previde et al. 2008）。イヌは，我々がするのと同じように，表情に感情的な意味を見いだしているのだろうか。

　アルバカーキらは，イヌが，音声に現れた感情と表情との関係を認識していることを示した（Albuquerque et al., 2016）。2つのスクリーンにヒトの怒った表情の写真と楽しそうな表情の写真を白黒で対提示し，背後から未知の同じ人物の怒った声と楽しそうな声をイヌの知らない言語で提示した。するとイヌは，音声の感情価に一致した方の写真を長く見ることがわかった。興味深いことに，同じことは，イヌの吠え声とイヌの表情についてテストしても得られている。イヌは，単にヒトあるい

は同種の表情の違いを弁別しているだけなのではなく，その感情的な意味もおそらくは認識しているものと思われる。

多くの飼い主は，イヌが飼い主の感情状態を認識しており，悲しいときには慰めに来てくれると信じている。これは本当だろうか。

これについて検討するために，飼い主の感情状態にイヌがどのように反応するかを調べてみた（森崎礼子らとの共同研究）。イヌをサークルに入れ，その隣に，飼い主に座ってもらい，パソコンで楽しいアニメか悲しいアニメを見てもらった。飼い主は，自然に表情を変化させた。イヌは飼い主を見ることができるが，アニメを見ることはできない。悲しいとき，イヌは慰めてくれるのであれば，イヌは飼い主が悲しいビデオを見ているときに，より長く飼い主を見つめるのではないかと考えられる。ところが，実際に注視時間を測定すると，それは飼い主が楽しいビデオを見ているときの方が悲しいビデオよりも長かったのである。この結果は，確かにイヌが飼い主の感情状態の違いを認識していることを示してはいる。しかしながら，イヌが飼い主を慰めようとしているようには思えない。むしろ，より遊んでくれそうな楽しげな飼い主の方が，好ましいと思ったのではないかと考えられる。

これらのことから，イヌはヒトの感情をかなりの程度理解しているものと思われる。しかし，慰めに来てくれるというのはヒト側の幻想なのかも知れない。

(5) 意図の認識

イヌは他者の意図を認識できるだろうか。日常，イヌが飼い主のほんのちょっとしたサインを読み取って，散歩の時間であることを察知して興奮するというような話はしばしば耳にする。だが，これが飼い主の意図を読んでの行動であるかと言われると，そう結論するのは難しい。散

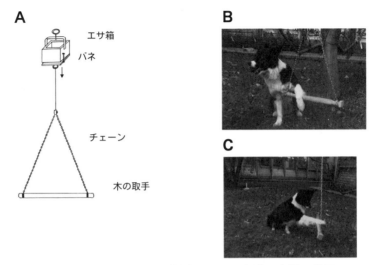

図13-2　A　イヌの選択的模倣を調べる実験。上段は装置。
写真13-1　B　口にボールをくわえて前肢で取っ手の部分を引くモデル。　C　ボールをくわえないで引くモデル。（Range et al. 2007より）

歩に出かける前の飼い主の微妙なクセ，たとえば「さあて」といって立ち上がるとか，新聞をたたむ，リードの方に目をやる，などの何気なくおこなわれる行動の系列を手がかりにすることは，ヒトの信号の読み取りのエキスパートであるイヌにとって，それほど難しいことではないかもしれない。

　しかし，第9章で少し触れたが，イヌは，ゲルゲリーたちが乳児で示したのと同様の，選択的な模倣をすることが報告されている（Range et al 2007）。この実験では，木の枝からぶら下げられたブランコのような，特殊な食べ物の獲得装置が用いられた（図13-2 A）。装置の上部には箱があり，食べ物が入っている。箱の底にはバネがとりつけられていて，底に結びつけられたヒモを引くとバネが延びて底が開き，食べ

物が落ちてくる仕掛けである。ランゲらは、まず1頭のイヌに、前肢を使ってこの仕掛けを引くことを教え込んだ。このイヌがモデルである。第1グループのイヌには、モデルは見せなかった。第2グループには、このモデルが口にボールをくわえて、前肢で装置を引く様子を10回見せた（写真13-1B）。第3グループには、同じモデルが口に何もくわえずに、前肢で装置を引く様子を同じ回数見せた（写真13-1C）。その後、イヌに装置を使わせた。

どのグループのイヌも、ほとんどの個体は装置を引くことができた。しかしその方法を調べると、モデルを見せなかった第1グループと、ボールをくわえたモデルを見せた第2グループのイヌは、ほとんどが口で棒をくわえてヒモを引いたのに対し、ボールをもたずに前肢でヒモを引くモデルを見せた第3グループでは、18頭中15頭が前肢で装置を引いたのである。この行動は、ゲリゲリーらが乳児で発見したものとよく似ている。

こうした選択的な模倣は、必ずしもモデルの「意図」を認識した証拠とは言えないかもしれない。しかし、単なる動作の模倣であるならば、ボールをくわえたモデルを見た場合にも、前肢で引く動作が優位になったはずである。少なくともイヌは、あえて前肢で引かなければならない、ということをモデルの行動から学んだのだと思われる。イヌが、他者の表層的な動作だけを見ているのではないことは明らかであろう。

(6) 第三者的評価

ヒトは、自身に関係のない第三者間のやり取りに注目し、たとえば電車で眠ったふりをしてお年寄りに席を譲らない若者に憤慨する。こうした第三者的評価はヒトの協力社会を作り上げる大きな要素である。第10章で、これがフサオマキザルにもあることは触れた。ヒトとの社会

的やり取りではチンパンジーにも勝るイヌはどうだろうか。千々岩眸らとともに、これに関する簡単なテストをおこなった（Chijiiwa, et al., 2015）。

図 13-3 に示されるように、イヌの前で飼い主が透明の入れ物のふたを開けて中のつまらない物体を取り出そうとする。なかなか開けることができず、飼い主は隣に座っている実験者の 1 人（演技者）に容器を差し出して援助を求めた。演技者は容器を支えて飼い主を手助けする場合（上段）と、そっぽを向いて拒否する場合（下段）があった。援助が得られた場合には飼い主はフタ開けに成功し、援助してもらえなかった場合には失敗した。統制条件として飼い主は援助要請しないのに、演技者は勝手にそっぽを向く場合もあった。このときにも飼い主はフタ開けに失敗した。飼い主の反対側にはもう一人の人物（中立者）がずっと下を向いて座っていた。一連の演技が終わると、演技者と中立者が同時に下

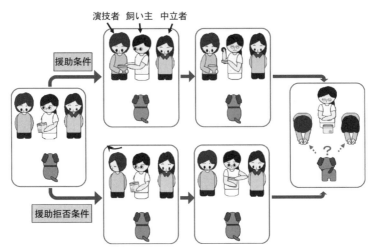

図 13-3　イヌの第三者評価を調べる実験の流れ。（Chijiiwa et al. 2015 より）

を向いて手のひらにおやつを載せてイヌに差し出した。そこでイヌを解放した。

　イヌはどちらからでもおやつを取ることができたが，演技者が援助を拒否した場合に限り，演技者を避けて中立者を選ぶことがわかった。勝手にそっぽを向く人物ではそれは生じなかった。イヌは飼い主に意地悪をする人物からおやつをもらうことに，感情的なわだかまりを感じたものと思われる。他方，援助した人物が中立者より好まれるということはなかった。こうした悪意を持った人物を嫌う一方で親切な人物を特に好むことがないのは，年少の幼児にも見られる傾向である。イヌに見られる第三者評価は，ヒトに見られるような大規模な協力社会の進化を考える上で重要な資料を提供する。

5. 本章のまとめ：これからのイヌ－ヒト関係

　本章では，イヌの知覚と，社会的認知・社会的知性に関する最新の研究を紹介してきた。イヌは嗅覚の動物と言われる通り，嗅感度や匂いの弁別では，ヒトのまったく及ばない領域に到達している。聴感度も優れたものを持っているし，ヒトの音声を聞き分けるだけの弁別力も備えている。色覚は2色型だが，視覚も思いのほか発達していて，視覚コミュニケーションも多い。

　社会的認知・社会的知性に関しては，近年次々と新しい事実が発見されてきており，イヌ愛好者がぼんやりと持っていた印象の通り，イヌのこの領域の認知能力は，これまで考えられてきた以上に優れたものであることが，科学的に明らかにされつつある。

　ほんの数十年前まで，日本では，イヌといえば番犬だった。勝手口につながれ，怪しい人物が現れると吠えて知らせるのがその役割だったのである。しかし今や，イヌは室内で飼われることが増え，飼い主やその

家族と日々の暮らしを共にし，いつも触れ合いながら生活するようになった。

　異種でありながら，その関係はまさに家族そのものである。ヒトは，飼い主として，確かにイヌに食事と快適な空間を与えているが，他方，イヌからたくさんの幸せをもらっていることにも気づくべきである。

　ヒト社会全体においても，イヌは，その特性を活かして，ヒトにはできない仕事をこなし，我々を助けてくれている。あるいは，その存在そのものが，病人やお年寄りや障害者などのこころのケアとなり，その立ち直りや生活の質の向上に役立っている。

　しかし，イヌがヒトに近いさまざまなこころの働きを持っていることが明らかにされてきた現在，一方的にイヌから幸せをもらうだけではいけないのではないだろうか。イヌから幸せをもらうためには，本来そのイヌが幸せでなければならないのではないだろうか。食事をもらうだけでイヌが幸せになれると考えてはいけない。イヌには複雑なこころの働きがある。それが十分に機能し，肉体だけではなく，心理学的に幸福な状態を実現するよう配慮することが重要なのである。

　本章はイヌを扱ったが，これはイヌに限ったことではなく，どの動物にもあてはまる。動物を利用するだけではなく，ヒトと動物がいずれも幸福になれるような関係を，我々はこれから作っていかなければならないと思う。

引用文献

Buttelmann, D., & Tomasello, M. (2013) Can domestic dogs (*Canis familiaris*) use referential emotional expressions to locate hidden food? Animal Cognition, 16, 137-145.

Call, J., Bräuer, J., Kaminski, J., & Tomasello, M. (2003). Domestic dogs are sensitive to the attentional state of humans. *Journal of Comparative Psychology*, 117, 257-263.

Chijiiwa, H., Kuroshima, H., Hori, Y., Anderson, J. R., & Fujita, K. (2015). Dogs avoid people who behave negatively to their owner: third-party affective evaluation. *Animal Behaviour*, 106, 123-127.

Hare, B., Brown, M., Williamson, C., & Tomasello, M. (2002). The domestication of social cognition in dogs. *Science*, 298. 1636-1639.

Kaminski, J., Bräuer, J., Call, J., & Tomasello, M. (2009). Domestic dogs are sensitive to a human's perspective. *Behaviour*, 146, 979-998.

Miklósi, Á., Polgárdi, R., Topál, J., & Csányi, V. (1998). Use of experimenter-given cues in dogs. *Animal Cognition*, 1, 113-121.

Nagasawa, M., Murai, K., Mogi, K., & Kikusui, T. (2011). Dogs can discriminate human smiling faces from blank expressions. *Animal Cognition*, 14, 525-533.

Prato-Previde, E., Marshall-Pescini, S., & Valsecchi, P. (2008). Is your choice my choice? The owners' effect on pet dogs' (*Canis lupus familiaris*) performance in a food choice task. *Animal Cognition*, 11, 167-174.

Range, F., Virányi Zs., & Huber, L. (2007). Selective imitation in domestic dogs. *Current Biology*, 17, 868-872.

Virányi, Zs., Topál, J., Miklósi, Á., & Csányi, V. (2006). A nonverbal test of knowledge attribution: a comparative study on dogs and children. *Animal Cognition*, 9, 13-26.

参考文献

Miklósi, Á. *Dog: Behavior, evolution, and cognition.* Oxford University Press., 2007

猪熊　壽　『イヌの動物学』（東京大学出版会，2001）

学習課題

1. イヌは人間によく協力するが，これはよく訓練された学習行動に過ぎないのだろうか。あるいはイヌには協力したいという動機づけがあるのだろうか。それを調べるにはどのようにすればいいかを考えてみよう。
2. イヌと並ぶ伴侶動物であるネコは，イヌと同等の知性や感情を持っているだろうか。イヌでの研究例を参考に，テストしてみよう。

14 | トピック4―イルカのこころ

友永雅己

《目標&ポイント》 こころの進化を考える上で系統発生的制約という要因だけでなく，それぞれの種が適応してきた進化的環境の要因もきわめて重要である。系統的に近い種でも異なる環境に適応してきた結果，全く異なるこころを獲得した事例は数多くある。また逆に，全く異なる環境に適応してきたにもかかわらず，こころの機能の少なからぬ部分がきわめて類似している事例も数多くある。本章では，私たちヒトが属する霊長類とは全く異なる環境に適応してきたクジラ類の仲間であるイルカたちのこころの一端を探ることにより，こころの進化における系統発生的制約と環境適応について考えたい。
《キーワード》 イルカ類，感覚・知覚，認知，社会的認知

1. 森のこころ，海のこころ

　私たちヒトを含む哺乳類は，現在この世界に 5400 種類以上いるといわれている。そして，地球上のあらゆる環境に適応している。共通の祖先から出発した哺乳類が 1 億年以上の時を経てこのような多様な環境に適応放散していることに驚きを隠せない。彼らはそれぞれの物理的・生態的環境に適応するためにそれぞれに独自の身体を獲得してきた。身体が進化の産物であるのと同じように，認知機能の総体であるこころも進化の産物である。
　私は，これまで 30 年以上，主としてチンパンジーなどの霊長類を対象に彼らのこころを研究し，ヒトのこころの進化について探求してきたが，ここ数年，イルカを対象とした研究も進めてきた。彼らの体は水中

の環境に適応した結果大きく変化してきた。そして感覚の利用においても私たちとは大きく異なっている。自由に環境と関わることのできる四肢をもたず，主として聴覚に依存する彼らは，いかにして彼らを取り巻く世界を知覚し，認識し，理解しているのだろうか。その一方で，クジラ類のいくつかの種では，霊長類に匹敵するような複雑な社会を構成することも知られている。イルカたちのこころを知ることによって，私たちヒトのこころの特殊性と一般性がさらに明確に浮き彫りにできるものと考えている。

2. イルカとは何者か

(1) クジラ類の進化と分類

　本論に行く前に，まず，イルカについての概要を述べておこう。一般の方が想像するイルカはクジラ目の中のハクジラ亜目の中でも比較的体が小さいものを指す俗称である。図14-1にはクジラ目の系統関係を示してある。クジラ目にはマッコウクジラやシャチ，ハンドウイルカなどが属するハクジラ亜目と，ニタリクジラ，シロナガスクジラなどのヒゲクジラ亜目に大きく分類される。ハクジラ亜目のうち比較的小型の種（その多くはマイルカ上科に属する）を総称して「イルカ」と呼ぶ（以後，特に断らないかぎり，目，亜目という分類学用語のかわりに「〜類」という一般的な呼称を用いることにする）。

　クジラ類にもっとも近縁な陸上哺乳類は偶蹄類である。特にカバが最も近縁だ。5000万年から4000万年前にかけて蹄をもったクジラ類の祖先種が海中の環境に適応していったことが化石の証拠からわかっている。ここで強調しておきたいのは，クジラやイルカと一言で言っても，多様な種が各地に生息しているという事実だ。クジラ目には約90以上の種が属しており，私たちが「イルカ」と呼ぶ代表的なマイルカ科の種だけ

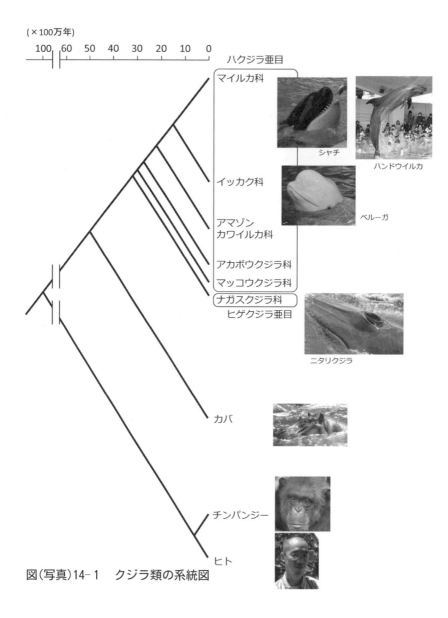

図（写真）14-1　クジラ類の系統図

でも40弱いるのだ。これらの種はそれぞれに多様な形態，生態，社会性を備えている。一概に「イルカの知性」という言葉で十把一絡げにできないのだ。この多様性と収斂を念頭に置いて話を進めていくことにしよう。

（2）イルカの社会

近年少しずつではあるがクジラ類の社会についての研究が進みつつある（Yamagiwa & Karczmarski 2014）。ハクジラ類とヒゲクジラ類を比較すると，ハクジラ類は大きな群れをつくるがヒゲクジラ類はさほど大きな群れをつくらないという一般的な傾向がわかっている。その一方で，ヒゲクジラ類の個体やペアは単独で存在していても周辺地域の他個体と音声コミュニケーションを通して社会的なつながりを形成している可能性も示唆されている。たとえば，セミクジラの音声の中にはコンタクトコールのような社会的機能を持つものがあることが報告されている（Tyack & Clark 2000）。

ハクジラ類はヒゲクジラ類と対照的に数時間程度の規模で個体が集まる「スクール」のサイズが比較的大きくなる傾向がある。しかし，アマゾンカワイルカのように単独や母子ペアでの生活が主体な種から，シャチやハンドウイルカのようにきわめて複雑な社会を形成する種まで非常に大きなバリエーションがある。ここでは，比較的研究が進んでいるシャチとハンドウイルカについて見ていくことにする。

シャチは重層的な社会を構成することで有名だ。母子を中心としたサブポッドがいくつか集まって「ポッド」と呼ばれる母系の血縁集団を形成する。ポッドは長期的に安定したメンバーシップで構成されており，ポッドがいくつか集まってクランが形成され，その上のレベルとしてコミュニティが存在する（Mann et al. 2000）。

ハンドウイルカは日本の各地の水族館で飼育されており，イルカと言えばハンドウイルカ（あるいはミナミハンドウイルカ）を思い浮かべる人も多いだろう。彼らの社会構造に関する研究もいくつかの調査地での継続調査などから明らかになりつつある。それらによると，ハンドウイルカ属は比較的大きな群れを構成する。たとえば，伊豆諸島の御蔵島では 160 頭程度のミナミハンドウイルカの個体群が数頭から数十頭の流動的な群れを構成している（写真 14-2）。ハンドウイルカ属では，母子を中心とした育児集団，血縁集団，そしてワカモノ集団のようなサブグループをもとに，チンパンジーで見られるような離合集散型の社会を

写真 14-2　ラビングしながら遊泳する御蔵島のミナミハンドウイルカの群れ（撮影：酒井麻衣）

構成しているようだ。また，2〜3頭のオスが同盟（alliance）を形成し，さらにその同盟がまた同盟を組むという複雑な構造を示すこともある（酒井 2013）。

　これら複雑な社会構造を持つ種では，社会的認知能力や社会的知性が重要な役割を果たしているはずである。彼らがどのように他者を識別し，情報を伝達し，社会関係を形成・維持・修復しているのかについては，後述することにする。

3. イルカの感覚・知覚

　本項では，イルカの行動・認知を支える感覚・知覚機能について聴覚と視覚を中心に概観していく。

（1）聴覚

　クジラ類にとって，最も重要な感覚モダリティは聴覚である。これは，多くの種が音声によりコミュニケーションをおこない，また，後述するエコロケーションと呼ばれる生物ソナーを用いて環境を認識していることからも明らかである。

　これまでにいくつかの種で聴覚刺激の可聴域や周波数の弁別閾の測定がおこなわれている（中原, 2008）。これらの知見によると，ハンドウイルカの可聴域はおおよそ 1 kHz から 150 kHz 程度である（Ljungblad et al. 1982）。また，最も感度の高い領域は 50 kHz 付近にある。一方，からだの大きなシャチではこの領域が低いことが知られている。ヒトの可聴域は 20 Hz から 20 kHz で，1 kHz から 5 kHz のあたりが最も感度が高い。ハンドウイルカについては周波数弁別閾についても調べられており，水中での行動実験の結果から，2 kHz から 30 kHz の範囲では，基準音の 0.2% から 0.4% の周波数の違いを検出できる。こ

の弁別閾はヒトにおける1kHzから8kHzでの弁別閾にほぼ匹敵する（Thompson & Herman 1975）。

（2）エコロケーション

エコロケーションとは，発した音の反響（エコー）を聴くことによって，反響を引き起こした物体の位置や距離を定位することを言う。クジラ類では小型のハクジラ類がエコロケーションをおこなっている。たとえば，ハンドウイルカは数マイクロ秒というきわめて短いクリック音の

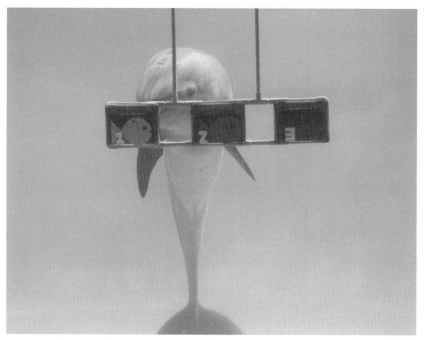

写真14-3　エコロケーションにより箱の中の物体の材質を識別するハンドウイルカ（撮影：南知多ビーチランド）

集まり（クリックス）を発する。

　クリックスは指向性が高く，かつ高周波であるため，遠くにある小さな物体でさえ探知することができる。たとえば，訓練されたハンドウイルカでは100m先にある8cm程度の物体を探知できる（中原 2008）。

　比較認知科学の観点から見て興味深いのは，イルカたちは，エコロケーションを使ってかなり複雑な環境認識をおこなっていることが明らかになってきたことである。エコロケーションによって大きさの違いが弁別できるだけでなく，金属の材質の違いや材質の厚さの違いも弁別できる（写真14-3，Au 1993）。さらに，イルカたちが具体的にどのような形をエコロケーション情報から「表象」しているのかについて，視覚とエコーによる物体のクロスモダル知覚課題を用いて検討がなされている。HermanとPackたちのグループは塩化ビニールのパイプを複雑につないだ3次元形状の物体を用いて視覚および聴覚での感覚様相内の見本合わせ（見本となる物体が提示された後に複数の選択刺激が提示され「同じ」物体を選択すれば正解となる）だけでなく，視覚とエコーという様相間の見本合わせについて調べている（Herman & Pack 1998）。その結果，ハンドウイルカでは視覚→エコー，エコー→視覚のクロスモダル知覚が可能であることが示された。また，ハンドウイルカはエコロケーションによって物体をその局所的特徴ではなく全体的特徴で認識しているとする研究もあるが（Pack et al. 2002），これについてはまださらなる検討が必要である。

（3）視覚

　前項でも見てきたように，イルカたちは主として聴覚（エコロケーション）を用いて環境の認識をおこなっている。では，視覚はどのような役割を果たしているのだろうか。水族館で暮らすイルカたちは，パフォー

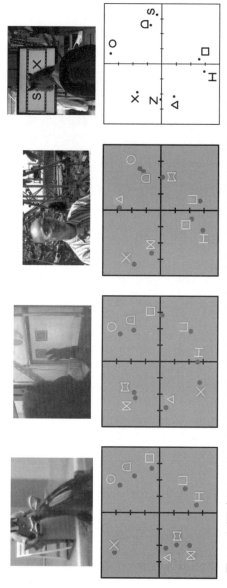

図14-2（写真14-4） イルカ，チンパンジー，ヒト，ウマにおける幾何学図形の知覚．距離が近いほど類似して知覚されていることを示す（Tomonaga et al. 2014, 2015より作成）

マンスにおいて空中のボールに向かってジャンプしたり，飛翔するフリスビーをジャンプしてくわえることができる。また，トレーナーの示すサインにしたがってさまざまな演技をおこなうことができる。これらの事実は，イルカにとっても環境を認識したり他者とコミュニケーションをおこなったりする上で視覚が重要であることを強く示唆している。

　では，イルカの視力はどの程度なのだろうか。心理物理学的手法で調べた結果によると，ハンドウイルカの視力は，空気中では0.08，水中では0.12である（Herman et al. 1975）。これは，ヒトやチンパンジーに比べてもはるかに悪い。彼らはぼやけた視覚世界に生きているのだ。また，行動研究とゲノム研究から色に乏しい世界に生きていることもわかっている（村山 2008）。

　低解像度で色に乏しいにもかかわらず，普段の行動や前項の視覚－エコーのクロスモダル知覚の結果からもわかるように，イルカは視覚でも詳細な環境認識をおこなっている可能性が示唆される。そこで，私たちは見本合わせ課題を用いてハンドウイルカが○×□など複数の幾何学的パターンをどのように知覚し分類しているのかを他の陸上の哺乳類と比較した（Tomonaga et al. 2014, 2015）。すべての組み合わせの成績をもとに知覚的類似度を計算したところ，イルカの見えの世界は，全体的特徴と局所的特徴のどちらにより注意を向けるかという違いはあるものの，私たち霊長類やウマのそれと大差がないことが明らかとなった（図14-2）。同様の傾向はハトによる研究でも報告されているので，この傾向は哺乳類の視覚系の進化という系統発生的制約だけでなく，視覚による環境への適応という収斂進化が生じている可能性を示唆している。またイルカ類ではエビングハウス錯視や心的回転の報告もある（村山 2012）。思った以上に彼らの世界は私たちと同じように見えているのかもしれない。

4. イルカの認知

　イルカたちは，私たちには想像しづらいエコーによる環境認識をおこなうと同時に，私たちとよく似た見えの世界を経験している可能性が示されてきた。では，そうして得た情報をどのように処理し行動選択に役立てているのだろうか。本節では，このような彼らの認知について概観していきたい。

（1）概念形成

　世界を認識するためには，個別の事象のあつまりを１つのまとまりとして認知する必要がある。このようなまとまりを「概念」と呼ぶことができる。概念は大きく事物の概念（たとえば「動物」とか「愛」など）と関係の概念（たとえば「同じ」とか「より強い」など）に大別することが可能だ。比較認知科学研究においてもこの両者を軸にヒト以外の動物における概念形成の研究が精力的におこなわれてきた。ただし，イルカ類においては前者の研究は皆無に近く，見本合わせ課題などを用いた関係概念の研究がなされているに過ぎない。この理由の１つには，事物の概念として取り上げられるもののほとんどが視覚刺激であるため，研究場面の設定が難しいというのがあるのかもしれない。

　見本合わせを用いた関係の概念の研究の大きな柱は「同異概念」である。赤い丸を見本刺激として提示された後，選択肢として赤い丸と緑の四角が提示され，イルカが赤い丸を選べたとしよう。見た目は見本刺激と「同じ」ものを選択しているように見えるが，単に図形ごとにどれが正解かを個別に学習している可能性は否定できない。実際ハトなどでは，訓練事例が少ないと個別学習に陥る場合が多い。個別学習ではなく「同異概念」に基づいて選択していることを証明するには，訓練に使用した

第14章 トピック4——イルカのこころ | 239

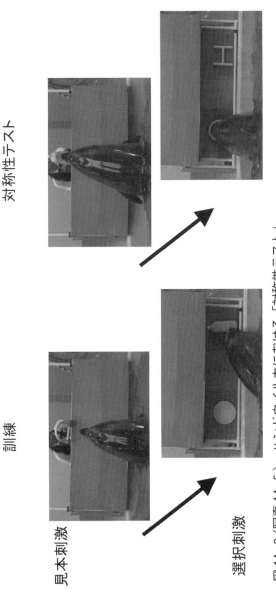

図14-3（写真14-5）ハンドウイルカにおける「対称性テスト」.図形から物体への見本合わせ訓練後に逆方向の関係をテストする（撮影：名古屋港水族館）

刺激以外の新規な刺激を用いた場合に見本と「同じ」ものが選択できるかテストする。ハンドウイルカでは視覚刺激だけでなく聴覚刺激を用いた研究もおこなわれており，同異概念形成が可能であることが分かっている（Herman & Gordon 1974; Herman et al. 1989）。また，先述した視覚－エコーのクロスモダルマッチングの結果も感覚様相を超えた「同異概念」の形成ととらえることができるだろう。

関係の概念としてよく研究されてきたものの1つに「刺激等価性」というものがある。たとえば，「A→B」，「B→C」という条件性弁別課題を訓練しただけで「A→A（反射性）」，「B→A（対称性）」，「A→C（推移性）」が特別な訓練なく成立した場合，この関係は「等価関係」である，ABC の間に「刺激等価性」が成立した，という。ヒトではこれはふつうにみられる現象だが，ヒト以外の動物ではきわめて難しいことがこれまで何度も示されてきた。特に双方向の関係の成立を指す対称性はヒト以外の動物ではきわめて難しい（友永 2008）。イルカ類においても特にこの対称性について研究がいくつか行われているが，最近自発的な対称性の成立を示すベルーガやハンドウイルカの報告がいくつかなされている（Murayama et al. 2012）。私たちも一頭のハンドウイルカに対して幾何学図形を見本刺激，物体を選択刺激とした条件性弁別を訓練し，その後物体が見本刺激，図形が選択刺激の対称性テストをおこなった（図14-3）。その結果，統計的に有意に「正しい」方の選択刺激を選択した。少数事例ではあるが，イルカ類においても複雑な関係概念の獲得が可能であることが示唆される。

（2）道具使用

道具使用とは，「環境に存在する操作可能な物体を用いて，他の物体や他者などの形や位置を効率的に変化させる行為」と定義される

(Shumaker et al. 2011)。要は外界の物体を用いてそれがない場合よりも効率的に目的を達成する行動全般を指すと言ってよいだろう。道具を使用するためには対象操作の能力や物理的な因果関係の理解など，環境認識に必要とされるさまざまな認知能力が必要となる。また，道具使用の多くは遺伝的バックグラウンドを持たないので，個体から個体へ社会的学習によって伝播する。

　ヒト以外の動物でこのような道具使用が最もよく観察され研究されているのは霊長類，特に大型類人猿である（第 11 章参照）。それ以外ではカラス（第 12 章参照）などの例が有名である。では，イルカではどうだろうか。イルカは霊長類のように対象操作に優れた前肢を進化させてこなかったため，口や胸ビレなどでしか物体を操作することができない。飼育下のイルカではさまざまな物体や道具が環境エンリッチメントして活用されているが，野生のイルカでは，ビニール袋や海藻をヒレにひっかけて遊ぶという行動はいくつか報告されているものの（cf. Yamamoto et al. 2014），道具使用と呼べる行動はオーストラリアのハンドウイルカによるカイメンを用いた採餌行動が唯一の事例と言ってよいだろう。オーストラリア西岸のシャークベイに暮らすハンドウイルカは，カイメンをくわえて，吻部をそれで保護しながら砂地の中などを探索して魚をとることが知られている（Smolker et al. 1997）。興味深いことに，この行動は母から子へと社会的学習によって垂直伝播することもわかっている（Kurtzen et al. 2005）。

　イルカ類の採餌行動を見てみると道具使用とはいかないまでも，海水，砂地，泥，泡などの基材（substrate）を道具のように用いる行動がいくつか観察されている。たとえば，ベルーガは海底の砂地に向かって海水を吹きつけたり，吸ったりすることによって隠れている魚を捕食する「吸引採餌」をおこなうことが知られている（Kane & Marshall 2009）。

飼育下のベルーガでは，この行動を利用して水吹きなどのパフォーマンスをおこなっている園館も多い。私たちの研究チームは，これを一種の道具使用行動ととらえ，タアニヤという名古屋港水族館のベルーガで実験的観察をおこなった。プールサイドに遊具のボールを置き，その状態のまま観察していると，タアニヤは吻部がぎりぎり届く範囲では伸び上ってボールをつついて転がすのだが，それよりも遠方に置かれた場合は何の躊躇もなくボールに向かって水を吹いて動かそうとした（写真14-6）。ボールに向かって水を吹くという行動は訓練されたものではないため，既存のレパートリーを用いてこの新奇な場面に対する問題解決をおこなったと考えられる。また，ボールをリングの中において水吹きでもとりづらい状況にすると，距離が遠くても水吹きで取ることができるボールの方に向かって水を吹いた。さらに，水吹きによって得たボール

写真14-6　プールサイドに置かれたボールを水を吹いて取ろうとするベルーガ．（撮影：名古屋港水族館）

で遊ぶだけでなく，そのボールをプールサイドに置かれた別のボールに向かって口を使って「投げつける」ことによってボールをもう1つ得るという行動が自発的に生起するようになった。水を道具的に使用する中でさらに新しい道具使用が生み出されたのである。対象操作に長けた前肢を持たないという身体的制約があるにもかかわらず，イルカたちは道具使用をおこなうために必要な能力を高いレベルで備えている可能性が強く示唆される。

（3）社会的認知

　社会が複雑になるとその中で生起するさまざまな社会的問題を解決しなくてはならなくなる。その結果として知性が進化していくはずだ。霊長類の研究から提唱されたこのような「社会的知性仮説」（Byrne & Whiten 1988）は何も霊長類という系統群に限られた仮説ではなく，比較的長寿で複雑な社会に暮らす種であれば起こりうる進化の道筋かもしれない。第2節（2）に書いたように，クジラ類の中には，ハンドウイルカやシャチのように複雑な社会で暮らす種も多い。彼らにはどのような社会的知性が備わっているかを実証的に調べることによって，社会的知性仮説の妥当性を検証できるかもしれない。

・自己認知

　他者を知るにはまず自分から。イルカたちは自己をどのように認識しているのだろうか。動物における自己認識はその多くが「自己鏡映像認知」の研究によって議論されている。これはクジラ類でも例外ではない。現在のところ，ヒト以外の動物で自己鏡映像認知が可能な種は，大型類人猿以外にはマイルカ科の数種に限られている（Delfour & Marten 2001; Reiss & Marino 2001）。アジアゾウ，カケスの仲間，マカクザ

写真14-7　自己鏡映像認知研究においてマークテストを実施中のハンドウイルカ．（撮影：名古屋港水族館）

ルなどでも報告例があるもののいずれも散発的で，今後さらなる知見の蓄積が必要だ。マイルカ科では，ハンドウイルカ，シャチ，オキゴンドウなどで自己鏡映像認知の報告があるが（写真14-7），カマイルカやイロワケイルカ，イッカク科のベルーガなどでは明確な証拠は見られない。ちなみに，他の海棲哺乳類ではカリフォルニアアシカでも見られないという報告がある（Delfour & Marten 2001）。

　自己の認知は鏡に映った自己像の認識にとどまるものではない。少し違うアプローチとしては，自らがおこなった（あるいはおこなおうとする）行動に対してどれだけ「自信」があるかというメタ認知（自らが行う認知に対する認知）も広い意味で自己認知の枠内で論じることができる。メタ認知に関する研究はここ数年，ヒト以外の動物を対象に幅広く研究がおこなわれている。その中に，ハンドウイルカでおこなわれた先駆的研究が含まれている（Smith et al. 1995）。その研究では，イルカに聴覚刺激の弁別を訓練したのだが，その際に，刺激間の区別がつかない（すなわち「わからない」）時にその問題をキャンセルできる選択肢を用意したところ，刺激間の差が小さい場合にその選択肢を選ぶ確率が増大した。この結果は，ハンドウイルカが自己の認知状態（わかっているかいないか）を認識でき，それを手がかりに行動を変化させることができることを示している。

・他者認知

　複雑な社会に暮らすためには，自分以外の他個体が誰であるか，どういう状態にあるか，といったことを的確に認識する必要がある。そのような社会に暮らすハンドウイルカやシャチはどのように他個体を認識しているのだろうか。１つの可能性は音声コミュニケーションの中に他者を認識する手がかりが含まれていることである。実際マイルカ科の多く

写真 14-8 （左）トレーナーの方を追従するハンドウイルカ。
（右）服装を同じにすると成績はチャンスレベルに低下した。
（撮影：友永雅己，名古屋港水族館）

の種では「シグネチャーホイッスル」と呼ばれる個体性をシグナルしているとされる音声がある。これについては，後述する。では，他の感覚様相での他者認知はどうか。マイルカ科の多くの種ではヒレで他個体に触れるラビングという行動が社会交渉としての機能を持っていることが分かっている（酒井 2013; Yamamoto et al. 2015）。このラビングは特定の個体の組み合わせで多く起こるということが頻繁に観察される。このことは間接的に彼らが何らかの形で個体識別をおこなっていることを示唆している。また，多くの種で，体の配色のパターンに個体差があることが知られており，これが個体識別に利用されている可能性も示唆されている（村山 2008）。しかし，このような間接的証拠はあるものの，彼らが視覚でもって実際どのように他種を含む他者の認知をおこなっているかについてはほとんどわかっていないのが現状である。そこで私たちは，ハンドウイルカが自分たちのトレーナーをどれだけ識別できているのかについて，実験をおこなった（Tomonaga et al., 2015）。対象となるイルカそれぞれに特定のトレーナーを割り振り，通常の演技の訓

練をおこなう。その時，毎回トレーナーはプールサイドに置かれたついたての後ろから現れた。それを何回か繰り返したのち，テストではついたてからトレーナーとそうでない人が同時に現れプールサイドを左右の方に歩いていく。トレーナーはプールサイドの反対側にたどり着いたところで，イルカにサインを出し正しく演技ができたら報酬の魚を与えた。この時，イルカがどちらの人間の方について行ったかを調べたところ，高い確率でトレーナーの方に追従していたことが明らかとなった（写真14-8左）。つまり，イルカは視覚情報を用いて自発的にトレーナーを識別していたのである。では，その手がかりは何だろうか。ヒトを含む霊長類では顔が手がかりになる。そこで，2人に同じ服装を着てもらい顔以外の手がかりがほぼ同じになるようにして再度テストしたところ，追従成績はチャンスレベルになった（写真14-8右）。イルカが個体識別を視覚的におこなう場合，もしかすると顔以外の手がかり，たとえば体の色のパターン，などを利用している可能性を示唆する結果であるといえよう。

・シグネチャーホイッスル

　クジラ類の鳴き声（鳴音）の中に，ホイッスルと呼ばれるものがある。これは純音に近い鳴音で，ハクジラ類の多くの種で見られる（Morisaka & Connor 2007）。この鳴音には群れの凝集性を維持する機能を有しているとされているが，もう1つ大きな特徴がある。それは，このホイッスルは個体ごとに特有のパターンがあり，この個体性がそれぞれの個体をシグナルしていることが分かってきた。そのため，このようなホイッスルは「シグネチャーホイッスル」と呼ばれている。ハンドウイルカ属では，近年このシグネチャーホイッスルについて詳細な研究が進められており，シグネチャーホイッスルが生涯にわたって変化する

ことがないこと，また，プレイバック実験の結果などから，ハンドウイルカは，実際にこのシグネチャーホイッスルを用いて個体識別をおこなっている可能性が強く示唆されている（Janik & Sayigh 2013）。

・**共同注意**

　ヒトでは，他者との社会的交渉において，見つめあいや指さしといった，他者と注意を共有する行動がみられる。このような行動は共同注意という枠組みで議論されることが多い（Moore & Dunham 1995）。ハンドウイルカにおいても，トレーナーが示す指さしなどの社会的手がかりに応じて選択反応を示すことが可能であることが報告されている（Pack & Herman 2004）。さらによく訓練されたハンドウイルカではトレーナーが自分に向けて注意を向けているかいないかという状態に応じて働きかけの仕方を変えるという報告がある（Xitco et al. 2004）。その一方で，イルカはトレーナーが自分の方に注意を向けていなくても，その指示に従うという報告もある（写真14−9；Tomonaga et al. 2010）。ただし，同種他個体間での注意の共有がどのようになされているのかに

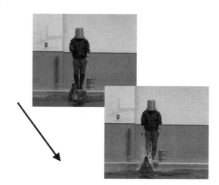

写真 14-9　バケツでトレーナーの視線を遮蔽しても正しく演技を行うハンドウイルカ。（撮影：名古屋港水族館）

ついては，まったくわかっていない。イルカにおける共同注意の問題についてはさらなる検討が必要だ。

・社会的行動：ラビング，呼吸同調，仲直り

先述したように，多くのイルカ類において胸ビレでお互いに接触しあうラビングという行動が観察されている。ハンドウイルカ属では，このラビングは母子ペアや同年代の個体間で頻繁におこなわれることが知られており，霊長類の毛づくろいやカラス類の羽づくろいと同様，社会的機能を有している可能性が示唆されている（写真14-2，酒井2013）。また，その他の親和的行動としては，他個体とヒレを接しながら泳ぐ行動や，近接して泳ぎながら呼吸のために水面に浮上するタイミングを合わせる呼吸同調などが報告されている（Connor et al. 2006）。興味深いことに，これらの行動は攻撃的交渉の後の一定時間内に，さまざまな個体間で生起することが知られており，チンパンジーなどの霊長類と同様，ハンドウイルカにおいても攻撃交渉後の「仲直り」や「なぐさめ」として機能していることが示唆されている（Yamamoto et al., 2015）。

5. おわりに：より正しい理解のために

以上，クジラ類，特にイルカ類のこころについて駆け足で眺めてきた。イルカの認知研究では，この他にも模倣学習（Herman 2002）や人工言語習得（Herman 1986）といった重要なトピックもあるが，紙面の都合上ここでは取り上げなかった。

イルカのこころの研究は，1960年代のJ. C. Lillyらの研究を端緒とするが（Lilly 1978），その研究の顛末から，イルカの知性に関する理解は少なからず歪んでしまった感は否めないのではないだろうか。実際，その反動か，イルカの知性に関する研究成果は彼らの能力を過大評価し

ており，イルカの脳が他の哺乳類に比べて大きくなっているのは体温調整などの恒常性維持のためであるという主張がなされたことがある（Manger 2006）。現在はこの仮説はほぼ否定されているといってよい。イルカの脳の増大も生態学的知性あるいは社会的知性の反映として説明できるというのが現時点での結論だ（Marino et al. 2007, 2008）。

　捕鯨や飼育下での繁殖の問題，そして保全などといったクジラ類を取り巻く様々な問題について正しく理解するためには，ここで紹介したようなイルカの認知研究を含めた総合的なクジラ類研究のさらなる発展が必須である。

謝辞
本章を執筆するにあたり，酒井麻衣，中原史生，丸山啓志，森阪匡通氏らの多大なる助力を得た。ここに謝意を表します。

引用文献

Au, W. W. L. (1993). *The sonar of dolphins*. Springer.

Byrne, R. & Whiten, A. (Eds). (1988). *Machiavellian intelligence: Social expertise and the evolution of intellect in monkeys, apes, and humans*. Oxford Science Publications. ［藤田和生・山下博志・友永雅己（監訳）マキャベリ的知性と心の理論の進化論－ヒトはなぜ賢くなったか－．ナカニシヤ出版（2004）］

Connor, R., Smolker, R., & Bejder, L. (2006). Synchrony, social behaviour and alliance affiliation in Indian Ocean bottlenose dolphins, *Tursiops aduncus. Animal Behaviour*, 72, 1371-1378.

Delfour, F., & Marten, K. (2001). Mirror image processing in three marine mammal species: Killer whales (*Orcinus orca*), false killer whales (*Pseudorca crassidens*) and California sea lions (*Zalophus californianus*).

Behavioural Processes, 53, 181-190.

Herman, L. M. (1986). Cognition and language competencies of bottlenosed dolphins. In R. J. Schusterman, J. Thomas, & F. J, Woods, (Eds.), *Dolphin cognition and behavior: A comparative approach* (pp. 221-252), Laurence Erlbaum.

Herman, L. M. (2002). Vocal, social, and self-imitation by bottlnosed dolphins. In: C. Nehaniv & K. Dautenhahn (Eds.), *Imitation in animals and artifacts* (pp. 63-108). MIT Press.

Herman, L. M., & Gordon, J. A. (1974). Auditory delayed matching in the bottlenosed dolphin. *Journal of the Experimental Analysis of Behavior*, 21, 19-26.

Herman, L M., Hovancik, J. R. Gory, J. D. & Bradshaw, G. L. (1989). Generalization of visual matching by a bottlenosed dolphin (*Tursiops truncatus*): Evidence for invariance of cognitive performance with visual and auditory materials. *Journal of Experimental Psychology: Animal Behavior Processes*, 15, 124-136.

Herman, L. M., & Pack, A. A. (1998). Seeing through sound: Dolphins (*Tursiops truncatus*) perceive the spatial structure of objects through echolocation. *Journal of Comparative Psychology*, 112, 292-305.

Herman, L. M., Peacock, M. F., Yunker, M. P., & Madsen, C. J. (1975). Bottlenosed dolphin: Double-slit pupil yields equivalent aerial and underwater diurnal acuity. *Science*, 189, 650-652.

Janik, V. M., & Sayigh, L. S. (2013). Communication in bottlenose dolphins: 50 years of signature whistle research. *Journal of Comparative Physiology A*, 199, 479-489.

Kane, E. A., & Marshall, C. D. (2009). Comparative feeding kinematics and performance of odontocetes: belugas, Pacific white-sided dolphins and long-finned pilot whales. *Journal of Experimental Biology*, 212, 3939-3950.

Krützen, M., Mann, J., Heithaus, M. R., Connor, R. C., Bejder, L., & Sherwin, W. B. (2005). Cultural transmission of tool use in bottlenose dolphins. *Proceedings of the National Academy of Sciences of the United States of*

America, 102, 8939-8943.

Lilly, J. C. (1978). *Communication between man and dolphin*. Julian Press. ［神谷敏郎・尾沢和幸（訳）イルカと話す日．NTT 出版］

Ljungblad, D. K., Scoggins, P. D., & Gilmartin, W. G. (1982). Auditory thresholds of a captive Eastern Pacific bottle-nosed dolphin, *Tursiops* spp. *Journal of the Acoustical Society of America*, 72, 1726-1729.

Manger, P. R. (2006). An examination of cetacean brain structure with a novel hypothesis correlating thermogenesis to the evolution of a big brain. *Biological Review*, 81, 293-338.

Marino, L. et al. (2007). Cetaceans have complex brains for complex cognition. *PLoS Biology*, 5, e 139.

Marino, L. et al. (2008). A claim in search of evidence: Reply to Manger's thermogenesis hypothesis of cetacean brain structure. *Biological Review*, 83, 417-440.

Mann, J., Connor, R. C., Tyack, P. L., & Whitehead, H. (Eds.) (2000). *Cetacean societies: Field studies of dolphins and whales*. University of Chicago Press.

Moore, C., & Dunham, P. J. (Eds.) (1995). Joint attention: Its origins and role in development. Laurence Erlbaum. ［大神 英裕（訳）ジョイント・アテンション—心の起源とその発達を探る．ナカニシヤ出版(1999)］

Morisaka, T., & Connor, C. (2007). Predation by killer whales (*Orcinus orca*) and the evolution of whistle loss and narrow-band high frequency clicks in odontocetes. *Journal of Evolutionary Biology*, 20, 1439-1458.

村山司 (2008). 視覚，その他の感覚．村山司（編著），鯨類学(pp.155-182)，東海大学出版会．

村山司 (2012). イルカの認知科学: 異種間コミュニケーションへの挑戦．東京大学出版会．

Murayama, T. et al. (2012). Preliminary study of object labeling using sound production in a beluga. *International Journal of Comparative Psychology*, 25, 195-207.

中原史生 (2008). 聴覚．村山司（編著），鯨類学 (pp.133-154)，東海大学出版会．

Pack, A. A., & Herman, L. M. (2004). Bottlenosed dolphins (*Tursiops truncatus*) comprehend the referent of both static and dynamic human gazing and pointing in an object-choice task. *Journal of Comparative Psychology*, 118, 160-171.

Pack, A. A., Herman, L. M., Hoffmann-Kuhnt, M., & Branstetter, B. K. (2002). The object behind the echo: Dolphins (*Tursiops truncatus*) perceive object shape globally through echolocation. *Behavioural Processes*, 58, 1-26.

Reiss, D., & Marino, L. (2001). Mirror self-recognition in the bottlenose dolphin: A case of cognitive convergence. *Proceedings of the National Academy of Sciences of the United States of America*, 98, 5937-5942.

酒井麻衣 (2013). ミナミハンドウイルカにおける社会と行動の研究の動向. 月刊海洋, 45, 267-276.

Shumaker, R. W., Walkup, K. R., Beck, B. B. (Eds.) (2011). *Animal tool behavior: The use and manufacture of tools by animals.* Johns Hopkins University Press.

Smith, J. D., Schull, J., Strote, J., McGee, K., Egnor, R., & Erb, L. (1995). The uncertain response in the bottlenosed dolphin (*Tursiops truncatus*). *Journal of Experimental Psychology: General*, 124, 391-408.

Smolker, R., Richards, A., Connor, R., Mann, J., & Berggren, P. (1997). Sponge carrying by dolphins (Delphinidae, *Tursiops* sp.): *A foraging specialization involving tool use?* Ethology, 103, 454-465.

Thompson, R. K. R., & Herman, L. M. (1975). Underwater frequency discrimination in the bottlenosed dolphin (1-140 kHz) and the human (1-8 kHz). *Journal of the Acoustical Society of America*, 57, 943-948.

Tomonaga, M., Kumazaki, K., Camus, F., Nicod, S., Pereira, C., Matsuzawa, T. (2015). A horse's eye view: Size and shape discrimination compared with other mammals. *Biology Letters*, 11, 20150701.

友永雅己 (2008). チンパンジーにおける対称性の (不) 成立. 認知科学, 15, 347-357.

Tomonaga, M., Uwano, Y., Ogura, S., & Saito, T. (2010). Bottlenose dolphins' (*Tursiops truncatus*) theory of mind as demonstrated by responses to their trainers' attentional states. *International Journal of Comparative Psychology*, 23, 386-400.

Tomonaga, M., Uwano, Y., Ogura, S., Chin, H., Dozaki, M., & Saito, T. (2015). Which person is my trainer? Spontaneous visual discrimination of human individuals by bottlenose dolphins (*Tursiops truncatus*). *SpringerPlus*, 4, 352.

Tomonaga, M., Uwano, Y., & Saito, T. (2014). How dolphins see the world: A comparison with chimpanzees and humans. *Scientific Reports*, 4, 3717.

Tyack, P. L., & Clark, C. W. (2000). Communication and acoustic behavior of dolphins and whales. In: W. W. L. Au, R. R. Fay, & A. N. Popper (Eds.), *Hearing by whales and dolphins* (pp. 156-224). Springer.

Xitco, M. J.,Jr., Gory, J. D., & Kuczaj, S. A. II (2004). Dolphin pointing is linked to the attentional behavior of a receiver. *Animal Cognition*, 7, 231-238.

Yamagiwa, J., & Karczmarski, L. (Eds.) (2014). Primates and cetaceans: Field research and conservation of complex mammalian societies. Springer.

Yamamoto, C., Furuta, K., Taki, M., & Morisaka, T. (2014). Captive bottlenose dolphins (*Tursiops truncatus*) spontaneously using water flow to manipulate objects. *PLoS ONE*, 9, e107796.

Yamamoto, C. et al. (2015). Post-conflict affiliation as conflict management in captive bottlenose dolphins (*Tursiops truncatus*). *Scientific Reports*, 5, 14275.

参考文献

村山司（編著）『鯨類学』（東海大学出版会, 2008）

村山司 『イルカの認知科学: 異種間コミュニケーションへの挑戦』（東京大学出版会, 2012）

村山司・森阪匡通（編著）『ケトスの知恵』（東海大学出版会, 2012）

Yamagiwa, J., & Karczmarski, L. (Eds.) (2014). Primates and cetaceans:

Field research and conservation of complex mammalian societies. Springer.

学習課題

1．イルカやクジラと言っても非常に数多くの種がいる。水族館に行ってどんな種が飼育されているか調べてみよう。また，どのイルカが誰であるか，何を手がかりに見分けているかを飼育係の方に質問して調べてみよう。
2．ぜひ，野性のイルカやクジラを見て，生態とこころの関係について考えよう。北海道の羅臼ではシャチやマッコウクジラが観察できる。九州の天草，伊豆諸島の御蔵島，小笠原ではミナミハンドウイルカのウォッチングが，高知の沖合や沖縄ではニタリクジラやザトウクジラのウォッチングが楽しめる。

15 | 認知8 ―動物たちの意識と内省

藤田和生

《目標＆ポイント》 本章では，こころの内部で生じている事象に対する動物たちの認知能力を，最新の資料をもとにして学ぶ。自己の知っていることや記憶の状態を認識するメタ認知と呼ばれる働きと，自己の私的経験を積極的に思い出すエピソード記憶に関する最新の研究を学ぶ。
《キーワード》 意識，内省，メタ認知，エピソード記憶，心的時間旅行

1. 意識と内省

　さまざまな動物たちのこころの働きを紹介してきた。動物たちが処理している環境情報は考えられてきた以上に複雑で，彼らはさまざまな情報をもとに考え，推理し，行動を調整している。「動物は本能のままに生きている」という考え方は，すでにその根拠を失っている。
　しかし，ヒトの優越性や独自性を主張する人は，「人間には意識があり，内省が可能だ。動物にはそれがない」というかもしれない。確かに，ここまで扱ってきた動物の知性は，物理的情報であれ社会的情報であれ，主体の外部にある環境情報の処理であった。少なくとも我々ヒトは，自身の内部にしか存在しない情報を認識することができる。内部状態には，空腹や内臓痛，心拍数，体温など，身体内部のセンサーで感じ取れるものもあるが，我々の認識の対象は，神経系で表現されている内的表象にも及ぶ。早押しクイズで手早くボタンが押せるのは，答えを思い出す前に，自身の知識の有無を判断できるからである。久しぶりに会った知人

の名前が思い出せないときには，そっと名札を見たり，友人に尋ねたりする。自分の好みや，いまやりたいことなどについて語ることもできる。動物にそういうことはできるのか。

　ぼんやりと，「動物に意識や内省はあるのか」という問いを発しても，それに答えることは難しい。しかし，神経系の内部状態を認知する能力を，**意識**や**内省**という言葉で表現される過程の，あるいは少なくともその一部の，科学的な定義であるととらえれば，いま挙げたような具体的な行動が動物にも可能か否かを問うことから，この大問題にアプローチすることができる。

　道具も文化も言語も，すべてヒトの定義として不十分なことが明らかにされた現在，意識や内省は，ヒトを特別視したい人間にとって，最後の砦かもしれない。本当にこれはヒト特有の過程なのだろうか。近年ようやくこの問いにも検討が加えられるようになってきた。以下では，自己の知識や記憶や自信の有無などの状態を認識する**メタ認知**と呼ばれる働きと，内省的アクセスにより私的経験を積極的に思い出す**エピソード記憶**に関する最新の研究を紹介したい。

2. メタ認知

　のどまで出かかっているのに思い出せない，という経験は誰にでもある。このもどかしい経験は，自分はそれを知っている，という確信を持っていることから生じる。電話番号が分からないときに名簿を繰るのは，自分がその電話番号を知らないことを知っているからだ。メタ認知の働きは，我々の行動を効率よいものにしている。電話番号に関する正しいメタ認知がない場合を想像しよう。知らないのに知っていると思い込むと，我々は何度もかけ直さなければならない。知っているのに知らないと思い込むと，電話の度に名簿を見なければならない。

正しいメタ認知があれば，動物もその恩恵にあずかれるのではないだろうか。たとえば，ある場所の安全性に関する自身の知識や記憶に確信があれば，その場所を通るとき仲間との交渉などに集中すればよいが，確信がない場合には，慎重に周囲を見渡して捕食者をチェックした方が良かろう。間違って確信があると思ってしまうと悲劇が待っている。また自身の感情状態や意図を認識して，それを表に出さないようにすれば，順位争いや餌場争いを有利に運ぶこともできよう。メタ認知は適応的な機能であり，ヒト以外の動物に備わっていても何ら不思議はない。

（1）知覚判断の確信のなさのメタ認知

　この問題に先鞭をつけたのは，スミスというアメリカの心理学者である。彼は，1頭のハンドウイルカ（*Tursiops truncatus*）に，2100Hzの高さの音の時には左のパドル，それよりも低い音の時には右のパドルを押すことを訓練した。テストでは，2100Hzと1200Hzの音の試行に混じって，中間の音の出るテスト試行があった。テスト試行でイルカが「高い」音と答えると，次のテスト試行では音の高さが1段階下げられ，「低い」と答えると上げられた。イルカにはもう1つパドルが与えられており，テスト試行でこれを押すと試行は中止され，1200Hzの簡単な音に変わった。ただしあまり頻繁にこの「逃げ」反応を使わないように，これを選ぶと，1200Hzの音の出現が次第に遅くなるようになっていた。イルカはいつこの「逃げ」反応を使ってくるだろうか。テスト試行での左右のパドル押しがちょうど半々になるのは2085Hzで，ここが高い音と低い音の弁別限界である。「逃げ」反応はこの近辺でピークになった。全く同じ課題を，ジョイスティックを使って大学生におこなわせると，「逃げ」反応のピークは，やはり左右の反応が半々になる2089Hz付近に来た。弁別限界付近で「逃げ」反応を使うのは良い選択に見えるが，

実は，最も多く報酬を稼ごうとすると，もっと簡単な低い周波数から「逃げ」を使う方が，問題が極端に難しくならず理論的には正解である。つまりヒトもイルカも，この点で最適な行為者ではなかった。

ではイルカは，どのような時に「逃げ」を使ったのだろう。イルカにそれを尋ねることはできないので，大学生に尋ねてみると，「高い」「低い」の反応の理由としては，音の高さをその根拠に挙げたのに，「逃げ」反応の理由として挙げたのは，「はっきりわからない」「確信がない」といった心的状態だった。ヒトとイルカで，データはほとんど変わらないことから，スミスらは，イルカも同じように自らの「確信のなさ」を認知していて，それを手がかりに「逃げ」を打っていたのではないかと推測した（Smith et al., 1995）。

その後の研究では，アカゲザル（*Macaca mulatta*）はドット密度を濃いか薄いかに分類する課題で，まったく同じように「逃げ」反応の山を作ることが示されている（Smith et al. 1997）。このサルについては，この「逃げ」反応の性質の詳細な分析もおこなわれている。まずこの「逃げ」反応は，図形の弁別課題や，長短の弁別課題に容易に般化する。つまり課題特有の手がかりを使っているわけではない。さらに「逃げ」反応は，「中間の音」という反応なのではない。ドット密度を密，中間，疎に3分類する課題では，作業記憶に負荷のかかる課題を並行しておこなわせても大きな影響は出ないが，「逃げ」反応の方には大きな影響が出るのである（Smith et al. 2013）。少なくともアカゲザルは，「確信のなさ」を手がかりに使っていたのであろうと考えるのが妥当である。

(2) 知識の有無のメタ認知

電話番号が分からないと名簿を繰るように，我々は自身の知識がないことを認知すると，必要な情報を求める行動をおこなう。動物もそのよ

うなことをするだろうか。

　コールらは，幼児（*Homo sapiens*），オランウータン（*Pongo pygmaeus*），およびチンパンジー（*Pan troglodytes*）の前に，中空の筒を複数水平に並べ，うち1本の実験者側に報酬を入れた。報酬を仕込むところを見せる条件と，衝立で隠して見せない条件があった。筒の選択を求められると，幼児も類人も，「見せない」条件の時には，しばしば筒を覗き込んでから，筒を選択した。筒を覗いた試行では正答率は高くなった。つまり彼らは，報酬の在りかに関する自身の知識を認識し，必要に応じて知識を求める行動を取ったように思われる（写真15-1）(Call & Carpenter 2001)。その後の研究で，同様の行動はボノボ（*Pan paniscus*），ゴリラ（*Gorilla gorilla*），及びアカゲザルでも生じ

写真15-1　類人の知識のメタ認知を調べるためのテストの様子
（Call & Carpenter 2001 より）

ることが示されている。

　コールらはさらに、類人の筒覗き行動が、さまざまに変形した場面に般化することを示している。たとえば報酬を隠すところを見せる代わりに、筒を振って音を聞かせると（第8章参照）、以前の実験で音から報酬の存在を正しく推測できた個体では、筒覗きの頻度が低下した。この行動も、実験場面特有の刺激を手がかりに使っているものではなさそうである。

　コーネルらは、反応系列の学習課題で、アカゲザルが的確に情報を求めることを示している（Kornell et al., 2007）。この課題では、画面に同時に提示される4つの刺激を、定められた順序で触れていくことが求められた。新しい刺激が出されると、サルは試行錯誤で正しい順序を見つけ出すしかない。間違った刺激を選んだ瞬間、試行は終了した。ただし、半分の試行では画面横にヒントキーがあり、サルがこれに触れると、次に選ぶべき刺激がわかるようになっていた。一度でもヒントキーを選ぶと、その試行の報酬の質はチョコレートから固形飼料に低下した。

　ヒントキーのない試行では、サルは刺激をでたらめに選んでいくしかないが、ヒントキーがある試行では、選択すべき順序を知らない時だけ、ヒントをもらうのが得策である。もしサルがそうしているなら、ヒントなし試行の正答率が高いときには、ヒントキーがあってもそれはあまり選ばず、逆に正答率が低いときには、ヒントキー選択が多くなるだろう。結果はまさにそのようになった。つまりアカゲザルは、現在学習中の反応の系列をよく知っているかどうかに応じて、ヒント希求行動を変えたと考えられる。

　筆者の研究室でも、岩崎純衣らとともに、ほぼ同じ課題で、ハト（*Columba livia*）が反応系列に関する知識に基づいたヒント希求をおこなうことを見いだした（Iwasaki et al. 2013）。鳥類においても知識

しつのメタ認知は利用可能なのかもしれない。

（3）課題遂行後の自信の有無のメタ認知

コーネルらは，アカゲザルに，問題を解いたあとで「リスク（賭け金）」が選択できる機会を与えた（Son & Kornell 2005）。問題は9本の線分のうち，いちばん長いものを選ぶもので，1本が明らかに他よりも長い易しい問題と，線分の長さはみな同じで，実験者がでたらめに「正解」を定めた難しい問題があった。サルはどれかを選んだのち，2つのアイコンを選択した。1つは高リスクアイコンで，選択した線分が正解だとコインが2個もらえるが，間違いだと2個奪われた。もう1つは低リスクアイコンで，正誤にかかわらず，コインは1個ずつ貯まっていった。コインがある数貯まると，自動的に餌が出現した。この場面でサルは，自分の解答に自信があるなら高リスクを，自信がないなら低リスクを選ぶのが賢明である。もしそうなら，高リスクを選んだときの正答率は高く，低リスクを選んだときの正答率は低くなるだろう。サルのリスク選択は，まさにそうなった。このリスク選択は，ドット数の異なるものを選ぶ課題にも，円の大きさを弁別する課題にも，さらには記憶課題にも般化した。つまりこれは場面特有の学習ではない。サルは確かに直前の自分の解答に対する自信の有無を認識していたように思われる。

筆者らの研究室では，異なった色を選ぶ課題の直後にリスク選択をさせると，ハトとニワトリは，やはり正答率とリスク選択の間に正の相関を示すことを見いだした（中村哲之らとの共同研究）（Nakamura et al. 2010）。このリスク選択も，他の色選択課題，異なった明るさの刺激選択課題に般化し，1羽のハトでは，線分の長さの分類課題にも般化した。したがって，こうした直前の自身の行動に関する自信の判断も，鳥類に可能であると思われる。

（4）テスト遂行前の記憶痕跡のメタ認知

　ここまで述べてきた課題では，メタ認知的な判断をするタイミングが，基本課題を遂行している最中かあるいは遂行後であった。懐疑的な目で見ると，これらはメタ認知ではない可能性もある。なぜならば，基本課題遂行中では，難しい刺激そのもの，あるいは迷っている自身の反応などを手がかりにして，「逃げ」や「情報希求」が可能だからである。他方課題遂行後では，やはり難しかった刺激そのものや，自身が課題を解くまでの反応時間を手がかりにして，「低リスク」を選べるかもしれない。

　この問題は，課題遂行前にメタ認知的判断が可能かどうかを調べることで回避できる。ハンプトンは，アカゲザルに対し，遅延見本合わせ課題で，遅延時間経過後，比較刺激が提示される直前に，見本合わせをするか，それとも回避するかの選択画面を出した（Hampton 2001）。記憶テストの直前に，テストに行くか回避するかを，2つのアイコンから選ばせたのである。テストを選んで見本合わせに成功すると，サルは好物のピーナッツを手にすることができたが，失敗するとタイムアウトが待っていた。テストを回避すると必ず報酬がもらえたが，それはいつもの固形飼料だった。強制的に記憶テストに行かせる試行もあった。

　この場面では，記憶テストを受けるかどうかを選択できる限り，サルは，見本刺激をしっかり憶えている時だけテストに行き，自信がない時には，回避して固形飼料をもらっておくのが賢明であろう。もしそうなら，自ら選んで記憶テストに行った時の正答率は，強制的に記憶テストをさせられた時よりも高くなるであろう。サルの正答率は，まさにそのようになっていた。遅延時間を長くして課題を難しくすると，回避する試行の割合が増えた。見本を提示しないで，いきなり遅延時間に入る試行（正解が何かはわからない）をときおり挟み込むと，その試行では極

めて高い率でテストを回避した。これらはアカゲザルが，確かにテスト直前の見本刺激の記憶痕跡の強さをメタ認知できることを示す事実であった。記憶痕跡に対するメタ認知を，特に**メタ記憶**と呼んでいる。

筆者も，同じように記憶テスト直前に，テストに行くか回避するかを選択させるよく似た課題で，フサオマキザルをテストした (Fujita 2009)。そうすると，2頭とも，強制見本合わせ試行の正答率が低いときに，テスト回避率が高く，うち1頭では，自らが記憶テストを選んだときの記憶テスト正答率は，強制したときよりも高くなった。またこのサルは，見本を提示しないテストでは，やはり高い率で記憶テストを回避した。

したがって，霊長類では，旧世界ザルも新世界ザルも，自らの記憶痕跡の強さをメタ認知できると思われる。シェトルワースらは，同様の実験を，ハトを対象におこなっている。後藤和宏らもカラスを対象にテストしているが，いずれも結果は否定的であった。しかし筆者らは，系列学習のような長期的な記憶課題を用いると，ハトも事前にヒントを求めることを予備的に示している。また，ケンブリッジ大学の渡辺ありいらは，カップに隠された餌を見つけ出す課題をおこなわせると，アメリカカケス (*Aphelocoma californica*) は，正解の場所をあらかじめ知っておかなければならない部屋を，その必要がない部屋よりも長く覗いて，実験者が餌を隠すところを見ようとすることを示している (Watanabe et al., 2013)。メタ認知がどのような動物種に可能なのかを明らかにするには，種の多様化と課題の多様化が必要だと思われる。

3. エピソード記憶

第6章で述べたように，**エピソード記憶**は個人的体験の偶発的記憶であり，時空間上に位置づけられる長期記憶である。自身の神経系内部に保持されている情報を，後刻必要に応じて意識的に取り出すことにより

手に入る記憶なので，内省過程を含むものと見なされている。

　エピソード記憶を特徴づける性質は2つある。第1は，記憶の内容と場所と時期がセットになっていることである。つまり，いつ，どこで，何が生じたかが，記憶の中に含まれていることである。第2は，それが一度だけ生じた事象に関する偶発的な記憶であること，である。

　研究者によっては，言語がエピソード記憶のための必要条件であると考えるものもいる。しかし近年，多様な系統群の動物を対象として，非言語的課題によるエピソード記憶の検討がおこなわれるようになってきた。研究者によっては，そうした言語を介在しないエピソード記憶は「エピソード記憶様記憶」と呼ぶべきだというものもいるが，ここでは特に区別することなく，エピソード記憶，と呼ぶことにする。

　以下には，上記2点に分けて，代表的な研究を紹介する。両者を合体した唯一の研究も紹介したい。

（1）いつ，どこで，何が

　いつ，どこで，何が，を同時に備えている長期記憶は，簡略化のために，英語の what-where-when から **www 記憶**とも言われている。動物がwww記憶を持ちうることは，貯食性のフロリダカケス[注1]（*Aphelocoma coerulescens*）の実験（第6章）から明らかにされた（Clayton & Dickinson 1998）。簡単に復習しよう。カケスは，2連の餌の隠し場所の一方に腐りやすい餌，他方に保存性の良い餌を隠した。隠したあと取り出すまでの経過時間によって，カケスは餌の探し場所を適切に変えたのである。その後の研究で，同様の行動は，ごく近縁のアメリカカケス（*Aphelocoma californica*）でも確かめられている。

　www記憶は，放射状迷路を使った実験で，ラットでも確かめられている（Babb & Crystal 2005）。8本のアームのうち4本だけを開放し

注1）アメリカカケスの亜種（*Aphelocoma californica coerulescens*）と考える研究者もいる

て，うち3本には通常の固形飼料，1本にはラットの好物であるチョコレート味ペレットが置かれた。残り4本のアームの入り口のドアは閉じられていた。中央にラットを入れ，餌を全部取らせたのち，いったんそこから出して，30分後あるいは4時間後に戻し，全部のアームを開放して選択させた。この時，30分後では，最初のフェイズで閉じられていたアームだけに固形飼料があった。4時間後では，これに加えて，最初のフェイズでチョコレートが置かれていたアームに，チョコレートが置かれていた。この訓練を繰り返し，最初の4本の選択の中にチョコレートアームが含まれている確率を調べると，4時間の遅延の場合には30分遅延の場合より高くなった。これは単純な学習でもなければ，訪れたアームを忘れたのでもない。その証拠に，そのあと食物嫌悪学習（第3章）を利用してチョコレート味ペレットを嫌いにさせると，4時間後のチョコレートアームへの訪問は激減したのである。別の論文で，遅延時間を1時間と25時間に変えても同じ行動が示されているので，1日のうちの時刻を手がかりにしていたのでもない。つまり，ラットは遅延時間に応じて特定の食物の選択を調整し，さらにその食物への嗜好性の変化に応じて，その調整をさらに変化させたといえる。

（2）偶発的な記憶

　エピソード記憶のこの側面については，動物で検討することはなかなか難しい。何かしらエピソードを手がかりにした行動を訓練すると，それは偶発性をなくしてしまうからである。以下にいくつか紹介しよう。メルカードらは，手旗信号のような，一連のジェスチャのサインにしたがって行動することを訓練したハンドウイルカ2頭を用いて，少し前の自身の行動を思い出せるかどうかをテストした（Mercado et al. 1998）。ふだんイルカは，「フリスビーをビート板のところに持って行け」など

の命令に従って行動するのだが，特殊な命令が2つ訓練されていた。1つは「反復（repeat）」という命令で，これは直前の試行と同じ行動を繰り返せと言う命令である。もう1つは「創作（creative）」という命令で，イルカは，ここしばらくおこなっていない動作を，自分で工夫して演技することが求められた。テストでイルカは，連続する2試行で，「創作」に続いて「反復」の命令を与えられた。この場合の「反復」に正解するには，自身の直前の行動を手がかりにする以外にない。2頭のうちの1頭は，4回のうち3回，この命令に対して正解した。

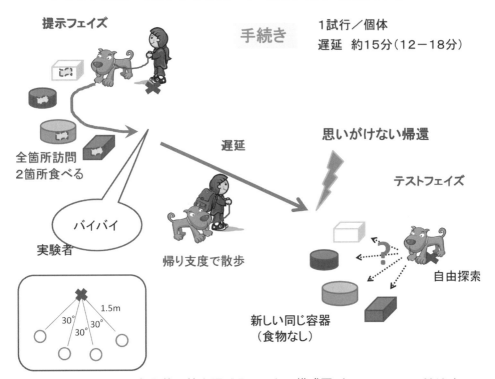

図15-1　イヌの偶発的記憶を調べるテストの模式図（Fujita et al. 2012より）

筆者のラボでは、イヌが一度だけ経験した出来事の記憶を、後刻利用できるかを、訓練を用いない手法で検討した（Fujita et al. 2012）（図15-1）。飼い主にリードを持ってもらい、4カ所に置かれた容器をすべて、順々にイヌに訪れさせる。すべての容器にはフードが入っている。イヌには4つのフードのうち2つだけを取らせた。これが提示フェイズである。そのあと飼い主とイヌに、帰り支度をして外に出てもらい、その間に、容器をすべて同型の新しいものに置き換えて、匂い手がかりは使えないようにした。15分ほど後に調査室に戻ってきてもらい、イヌのリードを外して自由にさせた。この時、もしイヌがフードと容器の場所の連合学習をしていたなら、イヌはフードを食べたところに向かうはずである。しかし実際にはイヌはフードを食べ残したところに向かったのである。これは連合学習では説明がつかない。イヌはそこで経験した一度限りの出来事を思いだして、適応的に行動したのだと考えられる。

これら以外にも、やや複雑な手法でラットも偶発的な記憶を利用できるらしいことが示されている。多くの動物に、こうした偶発的な記憶の利用は可能なのではないかと思われる。

(3) 単回事象の www 記憶

ファーキンらは、ハタネズミ（*Microtus pennsylvanicus*）が、配偶者の選択場面で、1度だけ生じた事象に対する www 記憶を示すことを報告している（Ferkin et al. 2007）。ハタネズミはメスが出産直後に発情し、繁殖可能になる。ハタネズミのオスを中央の部屋に入れ、その両側の通路の奥に、2頭のメスを入れた。1頭は普通のメス、もう1頭は出産直前のメスである。オスはそこを探索したのち、いったんケージに戻され、30分後あるいは24時間後に、同じ装置に入れられた。ただしメスはもういない。オスは、30分後のテストでは部屋の好みを示

さなかったが，24時間後のテストでは，妊娠メスのいた部屋に向かう個体が多かった。オスは，24時間という時間経過を考慮し，メスが出産して発情したことを期待して，行動したように見える。テストは1度しかおこなわれていないので，これは2つのエピソード記憶の基準を同時に満たしている。ただ，この行動は彼らの繁殖戦略そのものであり，まもなく出産しそうなメスのいた場所を記憶し，翌日その場所に戻るという行動が自然選択されてきた結果だと考えることもできる。我々のエピソード記憶の想起と相同なものであるかはわからない。

（4）心的時間旅行

　脳損傷等で，エピソード記憶システムだけが選択的に障害を受けることがある。しかし，そうした患者も，実生活で苦労することはないという。意味記憶システムがうまく作動していれば困らないのである。ではエピソード記憶の意義は何だろうか。エピソード記憶は，いわば過去を現在の神経系に再現する働きであり，心的に時間を超越することを可能にするシステムである。この働きは**心的時間旅行**と呼ばれている。エピソード記憶が役に立つのは，同じシステムを使って未来への心的時間旅行ができるからではないか，つまり将来への計画を現在立てられるからではないか，と近年考えられている。

　動物にもそのようなことはできるのだろうか。クレイトンらは，アメリカカケスが，翌朝の朝食を準備することを示した（Raby et al. 2007）。まず夕方，3連の部屋の中央にカケスを入れ，マツの実の粉末を与えた。左右の部屋には貯食できる皿が置かれているが，粉末を蓄えるのは無理である。翌朝カケスは左右のどちらかの部屋に閉じこめられた。一方の部屋ではいつも朝食が与えられたが，反対側の部屋では朝食は与えられなかった。これを何度か繰り返したあと，夕方中央の部屋に入れたとき，

丸のままの，貯蔵可能なマツの実を与えてみた。そうするとカケスは，これを朝食のない部屋の方にたくさん隠したのである。また続く実験で，朝食の有無ではなく，それぞれの部屋で食べられる朝食の種類を特定の食物にしたところ，カケスはそれぞれの部屋で食べられない方の餌をそれぞれの部屋に多く隠した。これらは将来への計画を示すもののように見えるが，自然選択を受けた貯食行動そのものだと考えることもできるので，我々の将来計画と同じものかどうか判断は難しい。

コールらは，ボノボ（*Pan paniscus*）とオランウータンが，将来使用するための道具を準備できるかを調べた（Mulcahy & Call 2007）。実験室に道具使用課題をセットする。しかし道具を使うことはできないように透明のふたをしておいた。床に何種類かの道具を置いて，類人を導き入れた。5分後，類人を隣室に追い出し，残った道具を全部片付けた。1時間後，課題のフタを外して，類人を再び実験室に入れた。これを繰り返すと，類人は，自発的に適切な道具を隣室に持ち出し，実験室に持ち込んでくるようになった。この道具使用は学習性のものであり，貯食と違って遺伝的に組み込まれたものであるはずはない。つまり，類人たちは，計画的に将来必要な道具を用意したのだということができる。

4. 本章のまとめ

本章では，動物の内省的過程への実験的アプローチを紹介した。メタ認知に関しては，確信のなさ，知識の有無，自信の有無，記憶痕跡の強さ，等の多様な内的状態へのメタ認知的アクセスが，霊長類を中心とするさまざまな動物種で示されている。メタ認知的プロセスが，ヒトと動物の間で共有される高次認知過程であることは，おそらく間違いないであろう。他方，研究の難しさから，エピソード記憶に関しては，一回きりの経験の完全な形の偶発的 www 記憶は，まだ確証されていない。

しかし，多様な実験結果から，おそらくこの内省的過程も，ヒトと動物の間で連続線を引くことは可能であろう。動物は決して現在に縛られているわけではなく，我々と同じように，過去や未来をこころの中に思い描くこともできるのではないかと思われる。今後の研究の発展から，動物の心的過程は，我々が現在考えている以上に，さらに複雑で豊かなものであることが明らかにされるのではないかと期待される。

5. 本講義の総まとめ

15回にわたり，動物たちのさまざまなこころの働きを述べてきた。全体を通していえることは3つある。第1に，動物たちのこころの働きは思いのほか複雑で，高次な認知機能や感情機能の面でもヒトとの間には量的な差違しか見られない。第2に，錯視やパターンの処理，全体と部分の処理などの初期的な環境情報の処理の仕方には，大きな種差があり，ヒトの見ている世界は，決して唯一の究極の解ではない。第3に，ヒトの認知機能は確かに優れているが，それはいつも動物たちの最上位に位置づけられるものではなく，色彩視や嗅覚情報処理，聴覚情報処理などではヒトより優れた動物は数多くいる。

それでもなおかつ，ヒトは特別だ，と主張するなら，同じことはイヌにもネコにもいえる。イヌはヒトとしては生きていけないのと同様，ヒトはイヌとして生きてはいけない。それぞれの動物種は自身がその動物種として生きていくに最適なこころの働きを進化させてきたのであり，その意味ではすべての動物種は特別である。違いはあっても優劣はない。生き方の違いがあるだけである。

生き方の違う生き物たちがいて，地球の生態系はうまく回る。ヒトはたくさんの生き物に支えられて生きている。我々はミツバチにもミミズにもカビにも微生物にも頼って生活している。ヒトだけが栄えることは

できない。地球共生系がこれから先も幸せな未来を描くために，我々がいますべきことを，受講者には考えてほしい。

参考文献

Babb, S. J., & Crystal, J. D. (2005). Discrimination of what, when, and where: Implications for episodic-like memory in rats. *Learning and Motivation*, 36, 177-189.

Call, J., & Carpenter, M. (2001). Do apes and children know what they have seen? *Animal Cognition*, 4, 207-220.

Clayton, N. S., & Dickinson, A. (1998). Episodic-like memory during cache recovery by scrub jays. *Nature*, 395, 272-274.

Ferkin, M. H., Combs, A., delBarco-Trillo, J., Pierce, A. A., & Franklin, S. (2008). Meadow voles, *Microtus pennsylvanicus*, have the capacity to recall the "what", "where", and "when" of a single past event. Animal Cognition, 11, 147-159.

Fujita, K. (2009). Metamemory in tufted capuchin monkeys (*Cebus apella*). *Animal Cognition*, 12(4), 575-585

Fujita, K., Morisaki, A., Takaoka, A., Maeda, T., & Hori, Y. (2012). Incidental memory in dogs (*Canis familiaris*): adaptive behavioral solution at an unexpected memory test. *Animal Cognition*, 15, 1055-1063.

Hampton, R. R. (2001). Rhesus monkeys know when they remember. *Proceedings of the National Academy of Science, USA.*, 98(9), 5359-5362.

Iwasaki, S., Watanabe, S., & Fujita, K. (2013). Do pigeons (*Columba livia*) seek information when they have insufficient knowledge? *Animal Cognition*, 16, 211-221.

Kornell, N. Son, L. K., & Terrace, H. S. (2007). Transfer of metacognitive skills and hint seeking in monkeys. *Psychological Science*, 18, 64-71.

Menzell, C. (1999). Unprompted recall and reporting of hidden objects by a chimpanzee (*Pan troglodytes*) after extended delays. *Journal of*

Comparative Psychology, 113, 426-434.

Mercado, E., III, Murray, S. O., Uyeyama, R. K., Pack, A. A., & Herman, L. M. (1998). Memory for recent actions in the bottlenosed dolphin (*Tursiops truncatus*): Repetition of arbitrary behaviors using an abstract rule. *Animal Learning & Behavior*, 26, 210-218.

Mulcahy, N. J., & Call, J. (2006). Apes save tools for future use. *Science*, 312, 1038-1040.

Nakamura, N., Watanabe, S., Betsuyaku, T., & Fujita, K. (2011). Do birds (pigeons and bantams) know how confident they are of their perceptual decisions? *Animal Cognition*, in press.

Raby, C. R., Alexis, D. M., Dickinson, A., & Clayton, N. S. (2007). Planning for the future by western scrub-jays. *Nature*, 2007, 445, 919-921

Smith, J. D., Coutinho, M. V. C., Beran, M. J., & Church, B. A. (2013). Executive-attentional uncertainty responses by rhesus monkeys (*Macaca mulatta*). *Journal of Experimental Psychology: General*, 142, 458-475.

Smith, J. D., Shields, W. E., Schull, J., & Washburn, D. A. (1997). The uncertain response in humans and animals. *Cognition*, 62, 75-97.

Smith, J. D., Schull, J., Strote, J., McGee, K., Egnor, R., & Erb, L. (1995). The uncertain response in the bottlenosed dolphin (*Tursiops truncatus*). *Journal of Experimental Psychology: General*, 124, 391-408.

Son, L. K., & Kornell, N. (2005). Metacognitive judgments in rhesus macaques: Explicit versus implicit mechanisms. In: Terrace, H., & Metcalfe, J. (eds.), *The missing link in cognition: Origins of self-reflective consciousness*. Oxford University Press (pp. 296-320)

Watanabe, A., Grodzinski, U., & Clayton, N. S. (2014). Western scrub-jays allocate longer observation time to more valuable information. *Animal Cognition*, 17, 859-867.

参考文献

藤田和生編著，日本動物心理学会監修 『動物たちは何を考えている？動物心理学

の挑戦』(技術評論社, 2015)
藤田和生 『動物たちのゆたかな心』(京都大学学術出版会, 2007)
清水寛之（編）『メタ記憶－記憶のモニタリングとコントロール』(北大路書房, 2009)

学習課題

1. メタ認知が一切なくなったとしたら，私たちの生活にどのような支障が生じるだろうか，動物たちの場合にはどうだろうか，考えてみよう。
2. 身近な動物たちの行動から，メタ認知やエピソード記憶の存在を示すものを抜き出してみよう。またそうでない可能性についても考えてみよう。

索引

●配列は五十音順，*は人名を示す。

●あ 行

アカゲザル　95
アイ　118
アイオワ・ギャンブル課題　160
アオカケス　125, 126
アカギツネ　216
アカゲザル　73, 75, 78, 80, 91, 93, 125, 259, 260, 261, 262, 200, 263
赤色盲（第1色盲）　56
アキラ　118
あくびの伝染　188
アゲハチョウ　58, 60, 61
欺き（あざむき，欺き行動）　140, 142, 183
足立幾麿*　127
アトキンソン*　87
アヌビスヒヒ　73
アノールトカゲ　114
アフリカゾウ　111
アメリカカケス　99, 150, 264, 265, 269
アメリカ手話　118
アメンボ　111
アモーダル補間　79
誤った信念　188
アライグマ　43, 89
アリ　110, 145
アルバカーキー　219
アレックス*　119
アンダーソン*　169
移行期　214
意識　256, 257
伊谷純一郎*　177
一次性強化刺激　28
一夫一妻　193
遺伝　202

意図　188
イトヨ（トゲウオ）　112
イヌ　16, 56, 89, 107, 110, 114, 125, 127, 132, 133, 149, 152, 153, 170, 209, 210, 268
今西錦司*　177
意味記憶　88
イルカ　228
色の恒常性　61
色の対比　60
岩崎純衣*　261
因果性の理解　192, 203
隠蔽　20
隠蔽擬態　143
ヴィキ　118
ウィマー*　148
ウォショウ　118, 160
ウォルフガング・ケーラー*　176
牛谷智一*　80
ウタスズメ　48
ウッドラフ*　187
HM　86
鋭敏化　11, 15
エコロケーション　233
エピソード記憶　88, 100, 181, 256, 257, 264
エピソードバッファ　88
エビングハウス錯視　73, 74
演繹　122
演繹的思考　131
縁起　35
円形ダンス　115
演算　135
延滞条件づけ　17
延滞見本合わせ　263
オウム　119

オオアメンボ　111
オオカミ　209, 210, 216
オディティ課題　128
オペラント強化　25
オペラント行動　13
オペラント条件づけ　23, 24
オペラント反応　23
オペラント弁別　29
オペラントレベル　25
おまじない　35
思いやり　159, 171, 172, 188
親子刷り込み　47
オランウータン　118, 132, 133, 179, 260, 270
オルトン*　97
音韻ループ　88
音源定位　212
音声コミュニケーション　245
音素　108

● か　行

ガードナー夫妻*　118
カイコガ　110
回顧的符号化　95, 98
概念　122, 194
概念形成（概念の形成）　123, 194, 238
海馬　87
カイメン　241
鏡映像自己認識　182
学習　11
学習の生物学的制約　38, 39
可視光線　54
家畜化　209, 216
可聴域　233
可聴範囲　211
カニクイザル　126

カミンスキ*　216, 218
カメ　57
カラス　192, 264
カラス科　99, 192
カリフォルニアアシカ　119
ガルシア*　39
カレドニアガラス　192, 201, 202
感覚・知覚　228
感覚登録器　87
関係概念（関係の概念）　123, 240
関係性見本合わせ課題　130
間欠強化　33
眼瞼反射　13
カンジ　119
感謝　171, 172
干渉　85
感情　159
干渉効果　91
桿体　54, 211
間脳　165
記憶　85, 176
幾何学的錯視　73
擬態　143
期待違反法　128, 194
拮抗条件づけ　21
ギニアヒヒ　73, 75, 80, 129
帰納　122
帰納的概念　124
帰納的思考　123
基本感情　159, 164
記銘　85
逆向干渉　91
逆行条件づけ　18
ギャファン*　95
求愛フェロモン　110, 113
吸引採餌　241

給餌　198
休止と連続作業　34
嗅上皮　212
旧世界ザル（オナガザル上科）　56, 64, 264
吸乳反射　13
強化　17, 23, 25
驚愕反射　13
強化刺激　23
強化スケジュール　23, 32
共感　140, 188
共感的行動　162
共同注意　248
恐怖条件づけ　165
協力　140, 184, 192, 193
協力行動　144
キンギョ　57
キンシコウ　56
偶発的記憶　267, 268
クジラ目　229
クジラ類　228
クック*　98
グドール*　45, 161, 177
クモ　111
クラン　231
クリック音　111
グリメイス　163
クレイトン*　269
黒島妃香*　150
クロスモダル知覚　235
KF　87
形状知覚　69
系統的脱感作　21
警報音声　116
ケイミル*　126
系列位置効果　92
系列項目再認　93

血縁選択　145
ゲルゲリー*　152, 221
嫌悪刺激　26
喧嘩の仲裁　163
言語　103, 105, 107, 176, 178
言語習得実験　103
言語の学習　49
検索　85
検索手がかり　86
原始反射　13
健忘症　86
効果の法則　24
高次感情　159, 167
高次条件性強化刺激　28
高次条件づけ　19, 20
向社会性　199
行動形成　30
コウモリ　111
コーネル　261, 262, 265
コール*　132, 133, 153, 215, 260
ゴールデンハムスター　41
呼吸同調　249
ココ　118
こころの理解　187
こころの理論　140, 148, 187, 192
誤信念課題　148
個体識別　248
個体認識　194
固定間隔強化（FI）　35
固定的動作パターン　113
固定比率強化（FR）　34
古典的条件づけ　11, 16, 17
後藤和宏*　264
子ども　89
子ども期　214
小西正一*　48

コミュニケーション　103, 104, 109
コミュニティ　231
孤立項選択課題　128
ゴリラ　56, 118, 132, 133, 179, 200, 260
婚姻色　112
痕跡条件づけ　18
コンタクトコール　231
昆虫類　110

●さ　行
最後通告ゲーム　168
再認　93
サイン刺激　113
さえずり　47
作業記憶　85, 88
錯視　69, 73
サバンナモンキー　116
サル　182
三項関係　188
3項目随伴性　23
3色型　53, 55
恣意性　108
シェトルワース*　41, 264
紫外線　54
ジガバチ　45
時間条件づけ　18
色覚　53
色彩命名関数　62
視空間スケッチパッド　88
シグネチャーホイッスル　246, 247
刺激強調　186
刺激性制御　25
刺激等価性　124, 179, 240
刺激特異性　14
刺激般化　14, 19, 29
思考　122

試行錯誤　24
自己鏡映像認知　243
自己認識　176, 182
自己認知　243
自己理解　182
視細胞　53
指示された忘却　97
視床下部　165, 213
自然概念　123
嫉妬　168
実森正子*　91
自発的回復　14, 19
視物質　53
視野　211
社会化期　214
社会生態　194
社会的学習　176, 186, 202
社会的感情　159
社会的信号　216
社会的促進　134
社会的知性　140, 176, 209
社会的知性仮説　141, 243
社会的認知　209, 228
弱電魚　111
シャコ　58
収穫ダンス　115
就巣性（晩成性）　47
周波数の弁別閾　233
収斂進化　237
主観的輪郭　69, 76
種特異的防御反応　42
手話　103, 161, 179
馴化　11, 14, 15
馴化・脱馴化法　15
順向干渉　91
消去　19, 25

消去抵抗　33
条件刺激　17
条件性強化刺激　28
条件性制止　20
条件反射　17
象徴性　103, 108, 115
象徴見本合わせ　96
情動伝染　166
鋤鼻器　213
食物嫌悪学習　38, 39, 40
初頭効果　92
処理水準　86
シリアンハムスター　135
視力　211, 237
親近性効果　92
ジンクス　36
新生児期　213
新世界ザル（オマキザル上科）　64, 264
心的時間旅行　256, 269
真の模倣　186
シンボル　178
心理物理学　237
推移則　196
水晶体（レンズ）　53
錐体　54
推理　131
推論　122, 196
スキナー*　25, 36
スキャロップパターン　35
図形文字　179
ステラーカケス　113
スペクトル（分光）　54
スミス*　258
刷り込み　38, 46
成型法　30
生産性　108

正事例　123
セイラ　130
性的刷り込み　47
生得的解発機構　103, 113
正の強化　26
正の強化子　26
正の強化刺激　26
正の罰　26
セイファース*　117
生物ソナー　233
セイラ　118, 130
赤外線　54
積極的教示　187
宣言的記憶　88, 181
全色盲　56
戦術的協力　145
戦術的社会技能　142
全体優先処理　73
選択の連合　38, 39, 40, 41
相互的利他行動　145
早成性（離巣性）　46
ソーンダイク*　23
側座核　164
阻止　20

●た　行

ダーウィン*　107
第1色盲（赤色盲）　56
第三者評価（第三者的評価）　168, 222
代置性　108
第2色盲（緑色盲）　56
大脳新皮質　184
大脳辺縁系　165
対比効果　75
唾液反射　13
高岡祥子*　216

瀧本彩加*　171
多次元尺度構成法（MDS）　70
足し算　135
他者の視点　198
ダッサー*　126
脱馴化　14
WWW記憶　265
タベタム　210
ダマトー*　92
短期記憶　85, 87, 179
短期貯蔵庫　86, 87
遅延反応課題　89
遅延見本合わせ　89
逐次接近法　30
千々岩眸*　222
チャクマヒヒ　143
チャンテック　118
注意　188
中央実行系　88
抽象概念　124
中心窩　54
中性点　56
中脳　164
超音波　212
長期記憶　85, 88, 181
長期貯蔵庫　86, 87
貯食　85, 196
貯食鳥類　99
ちらつき融合周波数（CFF）　211
陳述的記憶　88
チンパンジー　56, 65, 70, 73, 78, 80, 107, 118, 130, 133, 135, 143, 145, 147, 149, 150, 151, 153, 161, 162, 168, 171, 176
ツグミ　73
堤清香*　135
定位的操作　177

ディスプレイ　114
ティンベルヘン*　112
手続き的記憶　88
テナガザル　56
同異概念　238
同異概念形成　240
同・異の概念　128
ドゥヴァール*　145, 162, 163, 167
等価刺激　124
道具使用　176, 192, 202, 240
道具的行動　13
統語　108
同時条件づけ　17, 18
道徳　159
道徳性　172
同盟　233
ドーパミン神経系　164
読心　140
ドブネズミ　97
取り出し　85

●な 行
内容　256, 257
永澤美保*　219
仲直り　249
中村哲之*　74, 262
慣れ　14
ニーダー*　78
二項関係　189
2次条件付け　20
二次性強化刺激　28
二重分節性　108
2色型　56, 211
2貯蔵庫モデル　87
ニホンザル　56, 64, 80, 183
乳児　153

乳幼児　152
ニワトリ　44, 47, 56, 73, 78, 81, 262
認知　228
ネコ　56, 77, 78, 114, 133, 210
ネズミ　89
妬み　168
ノイマイヤー*　61

●は　行
把握反射　13
パーナー*　148
バーン*　143
ハーンステイン*　124
ハイイロガン　47
ハイイロホシガラス　99
背反の原理　107
白光色　55
ハクジラ亜目　229
ハシブトガラス　72, 192, 194
ハシボソガラス　150, 192
場所記憶　97
パターン優位性効果　72
ハタネズミ　268
ハチ　145
ハチドリ　64
8の字ダンス　115
罰　23, 25, 26
罰子　26
服部裕子*　146, 154
バデリー*　88
ハト　36, 41, 62, 69, 71, 72, 73, 74, 80, 90, 92, 93, 95, 96, 124, 125, 129, 261, 262
パブロフ*　16
パブロフ型条件づけ　17
反射行動　11, 12
繁殖システム　198

晩成性（就巣性）　47
パン属　176
ハンター*　89
ハンドウイルカ　111, 119, 232, 258, 266
反復学習　86
ハンプトン*　263
般用条件性強化刺激　28
引き算　135
ヒゲクジラ亜目　229
非言語的コミュニケーション　105
ヒト　125, 168
ヒト科　176
ひも引き課題　199
標識擬態　143
表情　105
平田聡*　146
非連合学習　11, 14
敏感期　47
ファーキン*　268
ファウツ*　161
ファゴ*　77
フェロモン　110, 113, 213
フォン・フリッシュ*　60, 115
腹側被蓋野　164
符号化　85
不公平感　159, 167
フサオマキザル　73, 79, 92, 93, 134, 144, 145, 146, 147, 150, 154, 166, 167, 168, 171, 222, 264
負事例　123
ブタ　42
物体の一体性の知覚　79
フナ　73
負の強化　26
負の強化子　26
負の強化刺激　26

負の罰　26
部分強化　33
部分色盲　56
ブラウ*　69, 71, 90
ブラヴォ*　77
フリッカ法　64
プリマック夫妻*　118, 130, 148
プレマック*　187
ブレランド夫妻*　42
プログラム学習　38
ブロスナン*　167
ブロソディ　105
フロリダカケス　99, 265
文化　186
分化強化　19, 29
文化的行動　186
分化的伝達　109
分光（スペクトル）　54
ボンビコール　110
文法　108
ヘア*　216
ヘイズ夫妻*　118
ペパーバーク　119
ベーレンス*　45
ベランジェツパイ　135
ベルーガ　240
ベルベットモンキー　116, 135
変動間隔強化（VI）　35
扁桃体　165
変動比率強化（VR）　34
弁別　19, 29
弁別刺激　23
ボイセン*　135
放射状迷路　97, 98, 265
報酬　26
報酬系　164

ボウルズ*　41
ホエザル　64
補間　69
保持　85
ホタル　109
ボッシュ夫妻*　145
ポッド　231
ボノボ　119, 132, 133, 176, 260, 270
ポンゾ錯視　73, 75
ボンビーコール　110
本能による漂流　38, 42

●ま　行
マーキング　110
マークテスト　182
マイルカ科　229
マカカ属　64
マキ*　96
マキャベリ的知性仮説　142
マタタ　119
マダラチョウ　113
マツカケス　99
松沢哲郎*　65, 70
マリ　118
マンセルの色票　65
マントヒヒ　56
味覚嫌悪条件づけ　40
ミクロシ*　215, 218
ミズスマシ　111
道しるべフェロモン　111
ミツバチ　44, 58, 60, 61, 78, 115
蜜標　58
ミドリザル　116
緑色盲（第2色盲）　56
見本合わせ　62, 238
ミヤマシトド　48

ミュラー・リヤー錯視 73, 74
無彩色（白光色） 55
無条件刺激 16
無条件反射 16
室伏靖子* 118
迷信行動 36
メタ記憶 264
メタ認知 245, 256, 257
メルカード* 266
メンタライジング 148
メンフクロウ 78
網膜 53, 54
目標模倣 186
物の概念 123
模範提示法 30
森崎礼子* 220
森本陽* 166
モルミルス科 111
モンシロチョウ 59
問題解決 122, 206
問題場面 122

●や 行
山本真也* 147
有意味化 86
誘発法 30
優劣関係 195
指さし 189, 216
幼児 260
ヨウム 119
予見的符号化 95, 98
4色型 56

●ら 行
ライト* 62, 93
ラクリン* 41
ラット 39, 97, 98, 134, 135, 265, 268
ラナ 118
ラピング 246
ラングール 56
ランゲ* 221
ランボー* 118
離合集散型の社会 232
リスザル 78, 80, 125
離巣性（早成性） 46
リハーサル 86, 87
両眼視 211
類人 56, 132, 133, 179
累積記録 32
ルージュテスト 182
ルーティング反射 13
ルーリス 118
霊長目 176
霊長類 56, 97, 150, 153, 184, 264
レスポンデント強化 17
レスポンデント行動 13
レスポンデント条件づけ 17
連合学習 11, 15, 23
レンズ（水晶体） 53
連続強化 33
ローレンツ* 46
ロバーツ* 125

●わ 行
渡辺ありい* 264
ワタリガラス 150, 192, 196
ワッサーマン* 129
ワルネケン* 147

分担執筆者紹介

(執筆の章順)

平田　聡（ひらた・さとし）　　・執筆章→11

1973年	東京都に生まれる
1996年	京都大学理学部卒業
2001年	京都大学大学院理学研究科博士後期課程修了
現在	京都大学野生動物研究センター教授・博士（理学）
専攻	霊長類学，比較認知科学
主な著書	仲間とかかわる心の進化－チンパンジーの社会的知性（単著　岩波書店） 社会性の比較発達心理学（分担執筆　アートアンドブレーン） 嘘とだましの心理学－戦略的なだましからあたたかい嘘まで（分担執筆　有斐閣） ソーシャルブレインズ―自己と他者を理解する脳（分担執筆　東京大学出版会）

伊澤　栄一（いざわ　えいいち）

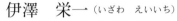・執筆章→12

1975年　福岡県に生まれる
1999年　名古屋大学理学部物理学科卒業
2003年　名古屋大学生命農学研究科生物機構・機能科学専攻 博士後期課程修了
現在　　慶應義塾大学文学部　准教授・博士（農学）
専攻　　比較認知科学，神経行動学
主な著書　『カラスの自然史』（北海道大学出版会）（分担執筆）
　　　　　Integration of Comparative Neuroanatomy and Cognition（Keio University Press）（分担執筆）

友永　雅己（ともなが・まさき） 執筆章→14

1964年	大阪府に生まれる
1986年	大阪大学人間科学部卒業
1991年	大阪大学大学院人間科学研究科博士後期課程所定単位修得退学
1991年	京都大学霊長類研究所助手
現在	京都大学霊長類研究所認知科学研究部門思考言語分野教授（公益財団法人）日本モンキーセンター学術部長（兼任）
学位	京都大学博士（理学）
専攻	比較認知科学・霊長類学
主な著書	『チンパンジーの認知と行動の発達』（京都大学出版会）（編著） 『Cognitive Development in Chimpanzees 』(Springer)（編著） 『新しい霊長類学』（講談社ブルーバックス）（分担執筆） 『動物たちは何を考えている？動物心理学の挑戦』（技術評論社）（分担執筆）
主な訳書	『マキャベリ的知性と心の理論の進化論Ⅱ―新たなる展開―』（ナカニシヤ出版）（共監訳）

編著者紹介

藤田　和生（ふじた・かずお）

・執筆章→1・2・3・4・5・6・7・8・9・10・13・15

1953年	大阪府に生まれる
1976年	京都大学理学部生物系卒業
1982年	京都大学大学院理学研究科動物学専攻博士後期課程修了
現在	京都大学大学院文学研究科教授・理学博士
専攻	比較認知科学
主な著書	『比較認知科学への招待―「こころ」の進化学―』（ナカニシヤ出版）
	『動物たちのゆたかな心』（京都大学学術出版会）
	『感情科学』（京都大学学術出版会）（編著）
	『比較行動学』（放送大学教育振興会）
	『誤解だらけの'イヌの気持ち'』（財界展望新社）
	『動物たちは何を考えている？　動物心理学の挑戦』（技術評論社）（編著）
	Diveristy of cognition: Evolution, development, domestication, and pathology. (Kyoto University Press)（編著）
	Origins of the social mind: Evolutionary and developmental views. (Springer Verlag)（共編著）
主な訳書	『動物コミュニケーション―行動のしくみから学習の遺伝子まで―』（西村書店）（共訳）
	『マキャベリ的知性と心の理論の進化論―ヒトはなぜ賢くなったか―』（ナカニシヤ出版）（監訳）
	『マキャベリ的知性と心の理論の進化論II―新たなる展開―』（ナカニシヤ出版）（共監訳）

放送大学教材　1529188-1-1711（ラジオ）

比較認知科学

発　行	2017年3月20日　第1刷	
	2018年7月20日　第3刷	
編著者	藤田和生	
発行所	一般財団法人　放送大学教育振興会	
	〒105-0001　東京都港区虎ノ門1-14-1　郵政福祉琴平ビル	
	電話　03（3502）2750	

市販用は放送大学教材と同じ内容です。定価はカバーに表示してあります。
落丁本・乱丁本はお取り替えいたします。

Printed in Japan　ISBN 978-4-595-31704-0　C1311